NICOLAI HARTMANN

Das Wertproblem in der Philosophie der Gegenwart

Aufsätze zu Wert und Sinn

Mit einer Einleitung herausgegeben von

MORITZ VON KALCKREUTH

FELIX MEINER VERLAG
HAMBURG

PHILOSOPHISCHE BIBLIOTHEK BAND 773

Bibliographische Information der Deutschen Nationalbibliothek

Die Deutsche Nationalbibliothek verzeichnet diese Publikation in der Deutschen Nationalbibliographie; detaillierte bibliographische Daten sind im Internet über ‹https://portal.dnb.de› abrufbar.

ISBN 978-3-7873-4413-0
ISBN eBook 978-3-7873-4414-7

 Satz: Jens-Sören Mann. Druck und Bindung: Beltz Grafische Betriebe, Bad Langensalza. Gedruckt auf alterungsbeständigem Werkdruckpapier, hergestellt aus 100% chlorfrei gebleichtem Zellstoff. Printed in Germany.

Inhalt

Einleitung

Nicolai Hartmann – Wertforschung in einer Universitätskarriere

> »Wer an Menschen und Menschengeschicken stumpf vorübergeht, wen das Erschütternde nicht erschüttert, das Erhebende nicht erhebt, für den ist es vergeblich da im Leben, er hat keinen Teil daran. Wem das Organ fehlt für das unerschöpflich Bedeutungsvolle von Personen und Situationen, Verhältnissen und Geschehnissen, dem bleibt die Welt sinnlos, das Leben bedeutungslos. Die äußere Leere und Eintönigkeit seines Lebens ist der Reflex seiner inneren Leere, seiner moralischen Blindheit.«[1]

Diese eindrucksvolle Textstelle aus Nicolai Hartmanns *Ethik* umreißt verblüffend genau einen ganzen Komplex von Fragen der praktischen Philosophie, die ihn im Laufe seines akademischen Lebens immer wieder beschäftigt haben: Wie können wir unsere Erfahrungen von Sinn und Bedeutung, unser Erleben von ethischen Ansprüchen philosophisch beschreiben? Welche Werte liegen unseren Sinnerfahrungen zu Grunde und welche Gesetzlichkeiten lassen sich in diesem Feld ausmachen? Wie müssen wir auf philosophischer Ebene mit der Vielfalt und dem Wandel dessen, was wir für wertvoll halten oder als sinnstiftend erleben, umgehen? Der vorliegende Band versammelt verschiedene Aufsätze aus den Jahren 1924 bis 1949, in denen er diese (bzw. einige damit verbundene) Fragen entfaltet und sich zu ihnen positioniert.

Hartmann geht es allerdings nicht einfach nur darum, einschlägige Phänomene in ihrer ganzen Eindringlichkeit anschaulich zu machen, sondern um ihre Behandlung im Rahmen eines

[1] Nicolai Hartmann: *Ethik*. Vierte, unveränderte Auflage, Berlin 1962, S. 8.

systematischen Philosophierens. Damit ist eine Philosophie gemeint, die zunächst einmal Problemgehalte herausarbeitet und dabei verschiedene, mitunter widerstreitende Gegebenheiten ernst nimmt, ohne sich voreilig zu positionieren.[2] Darüber hinaus dürfen Zusammenhänge zwischen einzelnen Phänomenbereichen – etwa von Sollen und Wertfühlen – nicht einfach von vornhinein unterstellt werden, sondern müssen sich aus den Untersuchungen der Einzelphänomene ergeben.[3] Angesichts dieser Ansprüche verwundert es kaum, dass Hartmann bis heute einen der wenigen Werttheoretiker in der deutschen Philosophie des 20. Jahrhunderts darstellt, bei dem sich Interpreten hüten, ihm Prädikate wie »literarisch« oder »unsystematisch« zuzuschreiben.[4]

Nicolai Hartmann (geboren 1882 in Riga, gestorben 1950 in Göttingen) war ein ebenso bedeutender wie institutionell erfolgreicher Philosoph.[5] Im Jahr 1922 übernahm er die ehe-

[2] Besonders deutlich wird Hartmanns Selbstverständnis in seinem überaus lesenswerten Aufsatz: »Systematische Selbstdarstellung«, in: *Kleinere Schriften, Bd. I,* Berlin 1955, S. 1–51.

[3] Siehe zu Hartmanns Philosophieverständnis auch Gerald Hartung, Matthias Wunsch u. Claudius Strube: »Nicolai Hartmann und die Aufgabe systematischer Philosophie«, in: dies. (Hg.): *Von der Systemphilosophie zur systematischen Philosophie – Nicolai Hartmann,* Berlin u. Boston 2012, S. 1–19.

[4] Insbesondere mit Blick auf Max Scheler oder Georg Simmel halten sich derartige Vorurteile beharrlich, obwohl mittlerweile verschiedene Arbeiten auf das Vorhandensein eigenständiger Systematiken hingewiesen haben. Siehe zu Simmel exemplarisch Jörn Bohr, Gerald Hartung, Heike Koenig u. Tim-Florian Steinbach (Hg.): *Simmel-Handbuch. Leben – Werk – Wirkung,* Stuttgart 2021 sowie zu Scheler: Moritz v. Kalckreuth: *Philosophie der Personalität. Syntheseversuche zwischen Aktvollzug, Leiblichkeit und objektivem Geist,* Hamburg 2021, S. 175–277.

[5] Für detailliertere Angaben zur Biographie Hartmanns siehe u. a. Martin Morgenstern: *Nicolai Hartmann zur Einführung,* Hamburg 1997, S. 14–28. Eine kurze, aber wegen ihrer Pointiertheit besonders lesenswerte Beschreibung von Hartmanns Leben findet sich bei Gerhard Danzer: *Wer sind wir? Anthropologie im 20. Jahrhundert,* Heidelberg

malige Professur von Paul Natorp in Marburg – damals eine Universität von Weltrang, die mit großen Namen wie dem bereits genannten Natorp, Hermann Cohen, Rudolf Bultmann, Ernst Robert Curtius und Rudolf Otto assoziiert wurde – und erwarb mit seinem erkenntnistheoretischen Werk *Grundzüge einer Metaphysik der Erkenntnis* (1921) Anerkennung bis in die höchsten Kreise der Philosophie.[6] Von 1925 bis 1931 lehrte er an der neugegründeten Universität zu Köln, wo er unter anderem seinen Austausch mit Max Scheler und Helmuth Plessner intensivierte.[7] Kurz nach seinem Wechsel nach Köln erschien seine noch zu Marburger Zeiten fertiggestellte *Ethik* (1926), die umfassende Überlegungen zu Werten und ihrer Seinsweise, zu dem Verhältnis von Wert und Sollen, zur Person und ihren Akten sowie zu weiteren Themen wie etwa Tugenden und Freiheit enthält. Dieses Buch gilt bis heute als Hauptwerk seiner Werttheorie, Ethik und Moralphilosophie – und diese Einschätzung

2011, S. 46–48. Für eine umfassende und sorgfältigst recherchierte Bibliographie der Schriften Hartmanns siehe Joachim Fischer u. Gerald Hartung (Hg.): *Nicolai Hartmanns Dialoge: 1920–1950*, Berlin u. Boston 2020, S. 457–472.

[6] In Marburg war Hartmann unter anderem akademischer Lehrer von Hans-Georg Gadamer, der ihn in seiner philosophischen Autobiographie ausführlich beschreibt. Siehe Hans-Georg Gadamer: *Philosophische Lehrjahre. Eine Rückschau*, Frankfurt a. M. 1977, S. 14–43. Darüber hinaus begann Hartmann, dort private Disputierzirkel mit Studierenden und Kollegen zu veranstalten, was er über alle weiteren Stationen seiner akademischen Karriere hinweg beibehielt. Für eine kommentierte Auswahl einiger Protokolle siehe Joachim Fischer u. Gerald Hartung (Hg.): *Nicolai Hartmanns Dialoge: 1920–1950*, Berlin u. Boston 2020.

[7] Zur Geschichte dieser »Kölner Konstellation« siehe die Arbeiten von Joachim Fischer, u. a. »Philosophische Anthropologie und Neue Ontologie. Die ›Kölner Konstellation‹ zwischen Max Scheler, Nicolai Hartmann und Helmuth Plessner als philosophiegeschichtliches Ereignis im 20. Jahrhundert«, in: Erik Norman Dzwiza-Ohlsen u. Andreas Speer (Hg.): *Philosophische Anthropologie als interdisziplinäre Praxis. Max Scheler, Helmuth Plessner und Nicolai Hartmann in Köln*, Paderborn 2021, S. 1–23.

ist keineswegs unberechtigt. Allerdings legt diese Betrachtung eine Abgeschlossenheit nahe, die in dieser Form kaum haltbar ist und die auch Hartmann schon im Jahrzehnt nach dem Erscheinen des Werkes nicht mehr so gesehen hat.[8]

Aus heutiger Sicht mag die philosophische Thematik der Werte – ebenso die *Axiologie* als mit ihnen befasste philosophische Disziplin – etwas exotisch anmuten. Entsprechend wichtig erscheint der Hinweis, dass das Thema »Werte« zu Beginn des 20. Jahrhunderts nicht nur in der Philosophie, sondern auch in anderen Disziplinen enorm präsent, geradezu *en vogue* war – vermutlich, weil man sich davon eine Verwissenschaftlichung der Diskurse über Sinn und normative Beurteilungen versprach. So befasste sich etwa Max Weber mit den in der Gesellschaft geltenden »Wertordnungen«, der Theologe und Philosoph Ernst Troeltsch schlug vor, sperrige theologische Begriffe wie »Erlösung« oder »ewiges Leben« als Werte zu formulieren, und in der Philosophie diskutierten Denker wie Wilhelm Dilthey, Georg Simmel, Max Scheler und Heinrich Rickert über das Verhältnis von Werten, Leben und Kulturformen.[9] Mit seiner breiten Systematik hat Hartmann dabei ein Angebot unterbreitet, um die in vielen Fällen zu Einseitigkeiten neigende und von persönlichen Rivalitäten geprägte philosophische Wertforschung zusammenzuführen.[10]

[8] Entsprechend weist er in im »Vorwort zur zweiten Auflage« auf Präzisierungen und Erweiterungen in seinem Denken hin. Vgl. Nicolai Hartmann: *Ethik*, S. VIII–X.

[9] Siehe exemplarisch Max Weber: »Der Sinn der Wertfreiheit der soziologischen und ökonomischen Wissenschaften«, in: ders.: *Gesammelte Aufsätze zur Wissenschaftslehre*, Tübingen 1973, S. 489–540; Ernst Troeltsch: »Eschatologie IV: dogmatisch«, in: Friedrich Michael Schiele et al. (Hg.): *Die Religion in Geschichte und Gegenwart. Handwörterbuch in gemeinverständlicher Darstellung.* Erste Auflage, Bd. 3, Tübingen 1910, S. 622–632; Georg Simmel: *Essays zur Kulturphilosophie*, Hamburg 2020; Heinrich Rickert: *System der Philosophie. Erster Teil: Allgemeine Grundlegung der Philosophie*, Tübingen 1921.

[10] Vgl. Christian Thies: »Was bleibt von Hartmanns Ethik«, in: Gerald Hartung, Matthias Wunsch u. Claudius Strube (Hg.): *Von der Sys-*

Im Jahr 1931 wechselte Hartmann abermals die Universität und wurde ordentlicher Professor in Berlin, wo er bis 1945 blieb. Diese Station wird auch heute noch vorrangig mit seinen Schriften zur Ontologie assoziiert, insbesondere den Monographien *Zur Grundlegung der Ontologie* (1935), *Möglichkeit und Wirklichkeit* (1938) sowie *Der Aufbau der realen Welt* (1940), die seinen Ruf als Urheber einer »Neuen Ontologie« festigten. Die dabei gerne vorgenommene gedankliche Gleichsetzung von Hartmann und Ontologie ist angesichts dieser umfangreichen Schriften zwar naheliegend, bringt aber auch einige Nachteile mit sich: Erstens begründet sie das Stereotyp, Hartmanns Philosophie zeichne sich durch eine Art ›nüchterne Gründlichkeit‹ aus, indem verschiedene Bereiche und Strukturen des Seienden distanziert betrachtet und eine nach der anderen abgehandelt würden. Damit schwingt – zumindest unterschwellig – die Zuschreibung einer gewissen Langweiligkeit mit. Da Ontologie zweitens der theoretischen Philosophie zugerechnet wird, entsteht schnell der Eindruck, Hartmann habe sich nach zwischenzeitlichem Interesse an ethischen Fragen im weiteren Verlauf seines Lebens letztlich doch an die theoretische Philosophie gehalten.

Etwas in den Hintergrund gerät angesichts der obigen Aufzählung sein bereits im Jahr 1933 erschienenes Buch über *Das Problem des geistigen Seins*, das bis heute tendenziell unterschätzt wird, obwohl es eines seiner interessantesten und anschlussfähigsten Werke darstellt. Hier nimmt Hartmann nicht nur seine (an Hegel angelehnte) ontologische Dreiteilung des geistigen Seins in »personalen«, »objektiven« und »objektivierten« Geist vor, sondern beschreibt auch die Lebenssituation von

temphilosophie zur systematischen Philosophie – Nicolai Hartmann, Berlin u. Boston 2012, S. 415–432. Einen sehr plastischen Einblick in die Kontroversen der Wertphilosophie zu Beginn des 20. Jahrhunderts bietet Alexander Nicolai Wendt: »Unsichtbar und unerhört. Kontroversen um Max Schelers Wertphilosophie«, in: Erik Dzwiza-Ohlsen u. Andreas Speer (Hg.): *Philosophische Anthropologie als interdisziplinäre Praxis*, Paderborn 2021, S. 114–133.

Personen innerhalb der verschiedenen historischen und kulturellen Strukturen – und, nicht zu vergessen, auch die daraus folgenden Probleme der Lebensführung.[11] Dabei läuft dieses Werk den beiden gerade dargestellten Annahmen über Hartmann völlig zuwider: Insbesondere wenn es um die Darstellung der personalen Situation und ihrer Lebensorientierung geht, bringt Hartmann originelle Einsichten ungeheuer plastisch auf den Punkt, ohne in seiner Wortwahl übermäßig getragen oder gewollt tiefgründig zu wirken. Nüchtern-distanziert oder gar langweilig ist dabei sicherlich nichts. In der philosophischen Systematik verbinden sich zudem ontologische Analysen mit Überlegungen, die eigentlich in der praktischen Philosophie zu Hause sind (Lebensführung, Miteinander, Gewissen usw.). Genauer betrachtet finden sich auch in seinen Werken zur Ontologie einzelne Kapitel, in denen es um Grundlagenfragen praktischer Philosophie geht. So befasst sich Hartmann beispielsweise in der *Grundlegung zur Ontologie* intensiv mit verschiedenen personalen Akten wie Liebe, Hass, praktischer Antizipation usw., während die letzten Kapitel des Buches das Verhältnis von realem Sein und Werten vertiefen.[12]

Hartmanns Zeit in Berlin fällt realgeschichtlich mit dem Niedergang der Weimarer Republik und der gesamten NS-Zeit zusammen. Auch wenn seine politisch-weltanschauliche Positionierung an dieser Stelle nicht umfassend diskutiert werden kann, so erscheint eine kurze Erwähnung doch insofern wichtig, als gerade die Wertphilosophie im Vergleich zu anderen philosophischen Disziplinen unter Verdacht steht, politisch oder weltanschaulich aufgeladen zu sein. Fest steht, dass Hartmann weder bekennender Nationalsozialist noch glühender Wider-

[11] Vgl. Nicolai Hartmann: *Das Problem des geistigen Seins. Untersuchungen zur Grundlegung der Geschichtsphilosophie und der Geisteswissenschaften*, Berlin 1962, S. 124–183, 205 ff., 272–280. Siehe dazu auch Moritz von Kalckreuth: *Philosophie der Personalität*, S. 119–140.

[12] Vgl. Nicolai Hartmann: *Zur Grundlegung der Ontologie*, Berlin 1965, S. 163–193, 281–296.

standskämpfer war: Mittlerweile hat sich das Bild von einem weitgehend unpolitischen Universitätsprofessoren gefestigt, der im Rahmen seiner offiziellen Ämter und Funktionen durchaus zu Zugeständnissen gegenüber der herrschenden Ideologie bereit war, die politische Meinungsvielfalt und ihre demokratische Institutionalisierung zu Zeiten der Republik jedoch grundsätzlich wertschätzte.[13] Mit Blick auf sein Gesamtwerk passt dazu der Befund, dass die politische Philosophie weitestgehend ausgespart wird und nur denkbar allgemeine Themen wie etwa die Notwendigkeit der Übernahme von politischer Verantwortung, die Demokratie als Modell der fruchtbaren Austragung von Wertkonflikten oder die Gefahr eines blinden ›Wertfanatismus‹ behandelt werden.[14]

Bei der Lektüre der Hauptwerke von Hartmann entsteht nicht der Eindruck, es mit weltanschaulich eingefärbter Philosophie zu tun zu haben.[15] Das gilt insbesondere für die *Ethik*, die noch in der vergleichsweise stabilen Zeit Mitte der Zwanzigerjahre verfasst worden war und dabei die existenzielle Stimmung der Zeit im Sinne einer Suche nach Sinn- und Wertbindungen aufgreift, ohne sie zu politisieren. Aus heutiger Sicht mag diese Betonung von wissenschaftlicher Neutralität angesichts einer Pluralität möglicher normativer Positionierungen einleuchten, ein Blick auf die Arbeiten zur Wertphilosophie zwischen den Weltkriegen lässt allerdings erahnen, wie viele Autoren es damals für die Aufgabe der Philosophie hielten, *die* richtige Lebensweise zu bestimmen und durch den Verweis auf

[13] Vgl. Christian Tilitzki: *Die deutsche Universitätsphilosophie in der Weimarer Republik und im Dritten Reich*, Berlin 2002. Zugeständnisse gegenüber der NS-Ideologie bestanden etwa darin, dass er weltanschaulich opportune Kollegen in von ihm herausgegebenen Publikationsorganen wie dem Band *Systematische Philosophie* zu Wort kommen ließ, oder in wohlwollenden Begutachtungen (siehe ebd.).

[14] Vgl. Nicolai Hartmann: *Ethik*, S. 333, 574–579; sowie ders.: *Das Problem des geistigen Seins*, S. 320–337.

[15] Vgl. Martin Morgenstern: *Nicolai Hartmann zur Einführung*, Hamburg 1997, S. 24–27.

spezifische (z. B. ›deutsche‹ oder christliche) Werte zu stützen.[16] Hartmanns unbeirrtes (und unpolitisches) Festhalten am eigenen Programm und Erkenntnisinteresse ist unter diesen Bedingungen zweifellos lobenswert, scheint aber andererseits in der Nachkriegszeit der Schwere der historischen Erfahrungen von Krieg, (Völker-)Mord und Verfolgung nicht gerecht zu werden: Wenn er im Vorwort zur dritten Auflage seiner *Ethik* von 1949 darauf hinweist, dass die »Lage der Ethik in den deutschen Landen noch die gleiche« sei und die »Unruhe des letzten Jahrzehnts« eine Weiterentwicklung der Wertforschung erschwert habe, so entsteht der Eindruck, als werde die vorangegangene weltgeschichtliche Katastrophe zu einer unleidlichen Verzögerung akademischer Forschung heruntergespielt, anstatt z. B. die naheliegende Frage nach dem Versagen von Wertbindungen bzw. der bürgerlich-philosophischen Ethik überhaupt zu stellen.

Im Jahr 1945 wechselte Hartmann ein letztes Mal die Universität und ging nach Göttingen, wo der Lehrbetrieb schon bald nach Kriegsende wieder aufgenommen wurde. Seine dortige Zeit nutzte er insbesondere zur Veröffentlichung von Neuauflagen seiner mittlerweile vergriffenen Werke aus den Zwanziger- und Dreißigerjahren, zudem stellte er u. a. seine Ästhetik fertig. Im Jahr 1950 starb er in Göttingen in Folge eines Herzinfarkts.

Die Thematik der Werte in Hartmanns Werk

Um die Darstellung und Kontextualisierung der in diesem Band gesammelten Texte zu erleichtern, erscheint es hilfreich, einen kurzen Überblick über Hartmanns Wertphilosophie zu bieten.

[16] Als Beispiele ließen sich etwa das Spätwerk von Rudolf Eucken oder Dietrich Heinrich Kerlers eher populärphilosophisches Buch *Weltwille und Wertwille* anführen. Zur politischen Aufladung der Philosophie zwischen den Weltkriegen siehe allgemein: Gerald Hartung u. Caterina Zanfi (Hg.): *Die Philosophiegeschichtsschreibung im Ersten Weltkrieg*, Freiburg u. München 2022.

Hierfür wird zunächst bei der *Ethik* von 1926 angesetzt, auf die sich die heutige Rezeption konzentriert (bzw. beschränkt), um im Anschluss einige Weiterentwicklungen und Interessenverschiebungen zu benennen.

In seiner mit über 800 Druckseiten geradezu monumentalen *Ethik* beginnt Hartmann mit einer Unterscheidung zweier grundlegender Fragerichtungen: *Erstens* können wir fragen, was uns in unserer Lebenswelt überhaupt als bedeutsam begegnet und warum.[17] Diese erste Frage läuft zunächst auf eine Deskription unterschiedlicher Wertphänomene hinaus – z. B. in Form der Darstellung und Unterscheidung verschiedener Wertarten oder -typen. Dabei weist Hartmann mit großem Nachdruck darauf hin, dass sich die Gesamtheit der Werte (bzw. traditionell ausgedrückt: das »Reich der Werte«) nicht auf »sittliche« (in der heutigen Terminologie: moralische) Werte beschränke, sondern auch Güterwerte, Lebenswerte, Kulturwerte usw. einschließe.[18] So wäre beispielsweise die Zweckmäßigkeit eines Werkzeugs ein Güterwert, die Üppigkeit einer Blumenwiese ein vitaler Wert, die Erhabenheit einer Symphonie ein ästhetischer Wert und die Güte einer Person ein moralischer bzw. sittlicher Wert. Moralische Werte sind also nur ein kleiner Teil dessen, was uns als wertvoll und bedeutsam begegnet, woraus folgt, dass bei weitem nicht jede Entscheidung, die mit der Realisierung von Werten zu tun hat, auch eine moralische Entscheidung sein muss. In unserer Lebenserfahrung begegnen uns zudem ganz unterschiedliche ›Träger‹ von Werten: Dinge, Güter, Lebewesen, Personen, Institutionen, Handlungen, Gesinnungen und vieles andere können wertvoll sein, wobei es verschiedene Kompatibilitäten und Inkompatibilitäten von möglichen Trägern und Wertarten gibt.[19]

[17] Vgl. Hartmann: *Ethik*, S. 8–16.

[18] Vgl. ebd., S. 245 ff.

[19] So können gemäß Hartmann beispielsweise moralische Werte nur von Personen, ihren Akten, Handlungen etc. ›getragen‹ werden, nicht aber von Dingen oder tierischen Organismen. Vgl. ebd., S. 251.

Die Frage nach der erlebten Bedeutsamkeit führt auch zur Besinnung auf das Verhältnis von Werten und Werterfahrung: Hier ist zu klären, auf welche Weise uns Werte gegeben sind, in welchen Akten sie erschlossen werden und wie wir uns für bestimmte Werte ›öffnen‹ können. Hartmann betrachtet diese Thematik insbesondere mit Blick auf das Individuum, indem untersucht wird, welche verschiedenen Akte im personalen Lebenszusammenhang auf Werte bezogen sind. Dabei hebt er – u. a. im Anschluss an die Arbeiten von Max Scheler – hervor, dass der Zugang zu Werten über emotionale Akte und Phänomene des Fühlens, Vorziehens, der Liebe, des Interesses usw. erfolgt.[20] Zusätzlich zu diesen Überlegungen weist er unter Bezug auf Friedrich Nietzsches *Genealogie der Moral* darauf hin, dass unser Erleben von (moralischen) Werten auch durch die jeweiligen Moralen geprägt wird, indem bestimmte Werte durch eine geltende Moral als zentral erfasst, während andere Werte unterschätzt oder ignoriert werden. Für Hartmann zeigt diese Tendenz zur Einseitigkeit aber nicht etwa ein zu behebendes Defizit an, sondern deutet auf eine grundsätzliche Begrenztheit von Moralen hin. Die Moral einer Generation oder Kultur prägt die einzelne Person, indem letztere für bestimmte Werte sensibilisiert wird, wobei die Öffnung für neue, der jeweiligen Moral fremde Werte erschwert werden kann.[21]

Die *zweite Fragerichtung* hebt nicht auf die Werte, sondern auf unser *Handeln* ab: Angesichts der vielfältigen Handlungs-

[20] Vgl. ebd., S. 109–116. In diesem Zusammenhang ist zu bedenken, dass die Metaphern von der Wert*erkenntnis* oder Wert*wahrnehmung* nicht im Sinne von Denk- und Erkenntnisakten zu verstehen sind. Für Schelers Theorie des Wertfühlens siehe Max Scheler: *Der Formalismus in der Ethik und die materiale Wertethik. Neuer Versuch der Grundlegung eines ethischen Personalismus*, Hamburg 2014, S. 260 ff.

[21] Vgl. Hartmann: *Ethik*, S. 157 f. Ähnliche Überlegungen hatte bereits Scheler in seinem Formalismusbuch und in seinem Aufsatz über das Ressentiment entwickelt: Vgl. Max Scheler: *Der Formalismus in der Ethik und die materiale Wertethik*, S. 306–320; sowie Scheler: »Das Ressentiment im Aufbau der Moralen«, in: *Gesammelte Werke, Bd. 3: Vom Umsturz der Werte*, Bern u. München 1955, S. 33–147.

alternativen, mit denen wir in unserer Lebensführung konfrontiert sind, ist zu klären, welche der faktisch vorhandenen oder möglichen Anforderungen an uns einer philosophischen Kritik standhalten bzw. durch sie begründet werden. Diese Frage lässt sich in zwei Zusammenhängen erörtern: entweder etwas enger gefasst als Frage nach dem *moralisch* bzw. *sittlich* richtigen Handeln oder aber als Frage nach einem guten und sinnvollen Leben. Letztere Frage ist insofern weiter gefasst, als ein gutes, sinnvolles und lebenswertes Leben offenkundig auch Dimensionen einschließt, die über das moralisch Richtige im engeren Sinne hinausgehen: Liebesbeziehungen, der Genuss von ästhetischen oder Güterwerten, religiöse Hingabe oder politisches Engagement können als Dimensionen eines guten Lebens erlebt werden, ohne dass sie auf moralische Fragen reduzierbar wären.

Welche Konsequenzen hat diese Unterscheidung für die konkrete Beurteilung unseres Handelns? Aus der Mannigfaltigkeit möglicher Güter- und Kulturwerte folgt für Hartmann, dass es eine Pluralität wertbegründeter Ausrichtungen in der Lebensführung geben muss.[22] Philosophische Wertforschung kann hier zwar eine kritische Perspektive anbieten, indem z. B. gefragt wird, ob bestimmte Werte unter- oder überschätzt werden, ob wir uns fanatisch auf einen Wert beschränken usw.; es ist aber nicht grundsätzliche Aufgabe der Philosophie, uns die Entscheidung über die eigene Lebensführung abzunehmen. Auf der Ebene des Moralischen verhält es sich etwas anders: Bei der Frage nach dem »Tunsollen« wird durchaus eine »Einheit« im Sinne einer philosophisch gerechtfertigten Geltung intendiert.[23] Moralische Werte sollen in der realen Welt realisiert werden und sind hierzu auf das schöpferische Potenzial von Personen angewiesen.

Neben der Frage nach einem Sollen und nach möglichen Handlungsprinzipien, die an die deontologische Tradition in der Ethik anknüpfen, diskutiert Hartmann ausführlich das

[22] Vgl. Hartmann: *Ethik*, S. 213.

[23] Vgl. ebd., S. 288.

Problem der Tugenden, die als Wertqualitäten der Person und ihrer Orientierung auf andere Werte aufgefasst werden.[24] Aus heutiger Perspektive erscheint Hartmanns Interesse an diesem Thema wenig aufsehenerregend, allerdings ist zu bedenken, dass es zu Beginn des 20. Jahrhunderts als ziemlich altbacken galt und in den philosophischen Debatten eher wenig präsent war.[25] Hartmann interessiert sich insbesondere für die Frage, ob sich für aristotelische oder christliche Tugenden korrelierende Wertverhalte aufweisen lassen, wobei er auch hier zu bedenken gibt, dass mit dem geschichtlichen Werterleben auch die Artikulation verschiedener Tugenden einhergehe.

Zuletzt erarbeitet Hartmann noch mehrere Themen, die mit den beiden Leitfragen zusammenhängen. Da sowohl unser Zugang zu Werten als auch die Frage nach dem Sollen in unserer Lebensführung eine Klärung dessen, was wir selbst sind, voraussetzen, entwickelt er eine Theorie der Person, wobei die Person zugleich ontologisch als Seiendes sowie axiologisch als Trägerin, Wahrnehmerin und als Akteurin der Verwirklichung von Werten begriffen wird. Die Verwirklichung eines Sollens in der realen Welt setzt zudem die *Freiheit* der handelnden und zwecksetzenden Person voraus, weshalb er zu zeigen versucht, dass Freiheit unter den ontischen Bedingungen des realen Seins möglich ist.[26]

[24] Vgl. ebd., S. 136–139, 416 ff.

[25] Sehr deutlich wird das damalige Verhältnis zu Tugenden in Max Schelers Aufsatz *Zur Rehabilitierung der Tugend.* Hier weist Scheler darauf hin, dass die Rede von der Tugend etwas hoffnungslos Altmodisches an sich habe, und versucht, einige Tugenden zeitgemäß zu reformulieren. Siehe Max Scheler: »Zur Rehabilitierung der Tugend«, in: *Gesammelte Werke, Bd. 3: Vom Umsturz der Werte*, Bern u. München 1955, S. 13–31. Dass Tugenden heute wieder zum Standardrepertoire der Ethik gehören, liegt vor allem daran, dass dieser Begriff aus den angelsächsischen Debatten ›reimportiert‹ wurde, wo die (im Vergleich zum deutschen Tugendbegriff weiter gefasste) Rede von »virtues« bis heute populär ist.

[26] Vgl. Hartmann: *Ethik*, S. 215 ff., 621 ff.

Bereits im Vorwort zur zweiten Auflage der *Ethik* von 1935 gibt Hartmann zu bedenken, dass sich seine philosophische Auffassung mittlerweile weiterentwickelt habe, und verweist dabei auf seine Bücher *Zur Grundlegung der Ontologie* (1935) und über *Das Problem des geistigen Seins* (1933). Tatsächlich beinhalten beide Bücher zwar keine fundamentalen Änderungen hinsichtlich der Konzeption der Werte an sich, wohl aber wichtige Überlegungen in Bezug auf einschlägige Fundamentalprobleme: In der *Grundlegung* widmet Hartmann ein komplettes Kapitel der Frage nach dem Verhältnis von realem und idealem Sein, wobei er die Werte (wenig überraschend) dem idealen Sein zuspricht und von dem »real-Wertvollen« unterscheidet.[27] Anstatt jedoch anzunehmen, dass aus dem idealen Sein der Werte selbst ein Primat gegenüber dem ›bloß‹ sekundären Wertvollsein in der realen Welt folge, vertritt er umgekehrt die Auffassung, dass das real Wertvolle deshalb besonderen Schutz verdiene, weil es einmalig, vergänglich und verletzlich sei.[28] Darüber hinaus kommt es zu einer Vertiefung der Überlegungen zu »emotional-transzendierenden Akten« der Person.[29]

Besonders erwähnenswert sind die Erweiterungen, die sich aus Hartmanns Philosophie des geistigen Seins ergeben: Hier beschreibt er die Moral als ein Gebiet des objektiven Geistes, d. h. als Kultursphäre (heute würden wir vermutlich von einer Lebensform sprechen), die das Miteinander von Personen vermittelt und dabei von ihnen vorausgesetzt wird.[30] Wenn ich

[27] Vgl. Hartmann: *Zur Grundlegung der Ontologie*, S. 281 ff.

[28] Vgl. ebd., S. 291.

[29] Vgl. ebd., S. 163–193.

[30] Vgl. Hartmann: *Das Problem des geistigen Seins*, S. 175 ff. Eingedenk der Mannigfaltigkeit von Werten ist darauf hinzuweisen, dass es natürlich auch andere Gebiete des objektiven Geistes gibt, die unseren Zugang zu bestimmten Werten vermitteln. So kommt es u. a. zu einer Sensibilisierung für bestimmte ästhetische Werte durch vorherrschende Kunststile und Geschmäcker, für religiöse Werte durch die vorherrschende religiöse Praxis usw. Siehe auch Moritz v. Kalckreuth: »Moral als Gebiet des objektiven Geistes. Überlegungen und Poten-

z. B. das Verhalten einer anderen Person in der U-Bahn missbillige, geschieht meine Stellungnahme zwar spontan und intuitiv, setzt dabei aber voraus, dass ich in eine geltende Moral hingewachsen bin (was auch die Möglichkeit einschließt, vom ›Mainstream‹ abzuweichen). Als Teil der Soziokultur steht die Moral in Wechselwirkungen mit anderen Geistgebieten (z. B. Wissenschaft, Religion, Recht), unterliegt historischem Wandel und kultureller Vielfalt – weshalb das Vorhandensein verschiedener Moralen eben nicht als Indiz für eine Art unfertiges Zwischenstadium auf dem Weg zu einer universellen Moral, sondern zunächst einmal als Ausdruck von Eigengesetzlichkeiten der Kultur zu verstehen ist. Für eine philosophische Auseinandersetzung mit Moral bedeutet dies, dass sie nicht zwingend auf eine inhaltliche Bestimmung, Reflexion und Rechtfertigung moralischer Prinzipien, Urteile oder Tugenden hinauslaufen muss. Sie kann auch – gewissermaßen als eine Art *Kultur-* und *Geschichtsphilosophie der Moral* – nach Gesetzlichkeiten im Wandel, nach unterschiedlichen Wertbezügen in Generationskonflikten oder nach Wechselwirkungen zwischen Moral und anderen Geistgebieten fragen.

Ein Spezifikum der Moral besteht gemäß Hartmann in der Weise des Hineinwachsens: Anders als etwa in der Wissenschaft, wo ein Hineinwachsen in den jeweiligen Forschungsstand durch bewusste Auseinandersetzung mit der Materie und durch die Lehrbemühungen anderer erfolgt, sind in der Moral zwingend die eigene Einsicht und Lebenserfahrung erforderlich. Es ist also durchaus denkbar, dass wir ein moralisches Urteil in seiner Allgemeinheit zwar intellektuell begreifen und ihm an und für sich zustimmen, dass wir aber in einschlägigen Situationen des Alltags für denselben Sachverhalt ›blind‹ sind. Hier bedarf es einer Einsicht im Sinne eines praktischen »Betroffenseins« durch Handlungsfolgen, Werterfah-

ziale im Anschluss an Nicolai Hartmann«, in: Matthias Wunsch u. Steffen Kluck (Hg.): *Geistige Allmende und objektiver Geist. Überindividuelle Phänomene menschlicher Lebenswelten*, Paderborn 2024.

rungen usw., durch die die jeweilige Moral für uns ›lebendig‹ wird.[31]

Insgesamt lassen sich zwei Tendenzen recht deutlich beobachten: Zum einen vertieft Hartmann sein Interesse an verschiedenen Phänomenen auf dem Gebiet des realen Seins, die für das Erleben und die Verwirklichung von Werten einschlägig sind (u. a. Person und personale Akte). Zum anderen integriert er seine Überlegungen vom historischen Zugang zu Werten (u. a. über die Moralen) in eine Kultur- und Geschichtsphilosophie. Gerade letztere Erweiterung ist insofern vielversprechend, als sie es gestattet, die Geschichtlichkeit und kulturelle Relativität unseres Werterlebens zu thematisieren, ohne auf die schroffe Entgegensetzung von axiologischen Wahrheiten und ›bloß‹ positiver Moral hinauszulaufen.

Die Texte dieser Ausgabe

Die in der vorliegenden Ausgabe gesammelten Aufsätze aus den Jahren 1924 bis 1949 sind thematisch geordnet, wobei sich der erste Teil auf systematische und philosophiehistorische Beiträge zur Thematik der Werte konzentriert.

Den Anfang macht der kurze, aber enorm dichte und instruktive Text über *Das Wertproblem in der Philosophie der Gegenwart* (1936). Dieser Aufsatz, der aus einem Vortrag beim achten »Congrès internationale de Philosophie« in Prag hervorging, fasst zentrale Überlegungen der Wertphilosophie Hartmanns zusammen und berücksichtigt zugleich die oben beschriebenen Veränderungen in Hartmanns Position, was ihn trotz seiner Kürze zu einem ungemein vielschichtigen und informativen Text macht. Angesetzt wird bei der Beobachtung, dass das Wertproblem eine »gewisse Spruchreife« erlangt habe, womit gemeint ist, dass es als eigenständiges philosophisches Problem anerkannt und nicht auf andere Probleme (etwa die Frage

[31] Vgl. ebd., S. 226–231.

nach Zwecken oder dem Sollen) reduziert wird.[32] Grundsätzlich verweist Hartmann auf mehrere Intuitionen, die als unstrittig vorausgesetzt werden und denen eine systematische Wertphilosophie gerecht werden müsse: So ist für ihn evident, dass unser Leben »voll des Wertvollen« ist, uns aber auch »Wertwidriges« begegnet, wobei allgemein zwischen verschiedenen »Wertgruppen« unterschieden werden muss.[33] Auch die Erfahrung, dass sich die Geltung von Werten etwa in der Geschichte ändert, wird als evident angesehen.

Das eigentlich Problematische am Wertproblem besteht nun in der Gegenläufigkeit dieser Gegebenheiten: Wie kann das Sein von Werten ausgehend von der Erfahrung einer gewissen Absolutheit unseres Werterlebens einerseits und der offenkundigen Geschichtlichkeit von Wertgeltung andererseits verstanden werden? Dürfen wir überhaupt von einem »Sein« der Werte sprechen? Hier wendet sich Hartmann von vornherein gegen zwei mögliche Extrempositionen: Entweder wird behauptet, dass es genau genommen gar keine Werte gebe, sondern nur historisch kontingente Wertungen – womit die Annahme einer Beliebigkeit einhergeht, die bestimmten Regelmäßigkeiten unserer Werterfahrung (z. B. der Zuordnung von Werten und möglichen Wertträgern) nicht angemessen ist. Oder es wird angenommen, dass die Geltung von Werten übergeschichtlich und objektiv sei, was mit der Leugnung oder Marginalisierung von Erfahrungen der Geschichtlichkeit einhergeht. Da beide Extrempositionen darauf angewiesen sind, bestimmte Gegebenheiten auszublenden, und damit unserer Erfahrung nicht

[32] Nicolai Hartmann: *Das Wertproblem in der Philosophie der Gegenwart*, s. u., S. 51. Interessant ist, dass Hartmann diese Spruchreife zu einem Zeitpunkt feststellt, zu dem die Thematik der Werte ihre größte Popularität schon wieder hinter sich hat.

[33] Ebd., S. 51. Aus der Erfahrung des Wertvollen können unterschiedliche »Anforderungen« an uns folgen – was zur Frage nach dem »Ethos« im Sinne einer wertbezogenen Lebensführung überleitet, die Hartmann in diesem Text nicht näher behandelt. Siehe dazu den Text *Vom Wesen sittlicher Forderungen*.

voll gerecht werden, muss ein Weg gefunden werden, die berechtigten Momente beider Perspektiven zu verbinden.[34]

Hierzu weist Hartmann zunächst darauf hin, dass das Sein der Werte nicht als reales Sein verstanden werden könne.[35] Auf der Ebene des Realen ist vielmehr das uns begegnende Wertvolle anzusiedeln, während die Werte selbst einem »idealen Sein« zugeordnet werden.[36] Dabei ist die Rede von der Idealität jedoch nicht zu stark zu nehmen: Zwar ist dem Wertabsolutismus dahingehend zuzustimmen, dass Werte als ideale Entitäten von unserer jeweiligen Werterfahrung unabhängig sind (dass es z. B. moralische Werte gibt, hängt also nicht von meinem Vermögen ab, sie zu erkennen), ihre Realisierung hängt jedoch durchaus an verschiedenen »Seinsbedingungen«.[37] In einer Realität ohne Musik, Malerei und andere künstlerische Praxis könnten z. B. bestimmte ästhetische Werte nicht verwirklicht werden.

Mit Blick auf die historische Relativität arbeitet Hartmann heraus, dass unter verschiedenen historischen und kulturellen Bedingungen unterschiedliche Werte »aktuell« werden, wobei es sich um ein Grundphänomen der »Selbstbewegung des geschichtlichen Geistes« handeln soll.[38] Die Anerkennung der jeweils aktuellen Prioritäten in der Werterfahrung führt zudem zu einem Wandel der *Geltung* von Werten in den zeitgenössischen Moralen, Stilen usw., was aber auch die Möglichkeit einer übertriebenen Gewichtung oder sogar einer fanatischen Versenkung einschließt.[39] Insgesamt geht es Hartmann also darum, ein irreales Sein der Werte selbst mit einer geschichtlich und kulturell vermittelten Konzeption des Erlebens und der Realisierung von Werten zusammen zu bringen.

Wie bereits mehrfach angesprochen, geht Hartmann von einer großen Mannigfaltigkeit der Werte aus. Moralische bzw.

[34] Ebd., S. 56 f.
[35] Ebd., S. 53.
[36] Ebd., S. 53, 57.
[37] Ebd., S. 55.
[38] Ebd., S. 55, 58.
[39] Ebd., S. 58.

sittliche Werte stellen somit nur *eine* Wertgruppe von vielen dar, womit einhergeht, dass auch der ggf. von Werten an uns gestellte Anspruch nicht immer als Sollen im moralphilosophischen Sinne gedeutet werden kann. Dennoch stellt sich umgekehrt die Frage nach dem (Sonder-)Status sittlicher Werte und ihren Forderungen an uns, die Hartmann in dem längeren Aufsatz *Vom Wesen sittlicher Forderungen* (1955)[40] behandelt. Dieser Text beginnt mit der Feststellung, dass bereits im Alltag unzählige kleine Anforderungen an uns gestellt werden, was die grundlegende Frage aufwirft, woher sittliche bzw. moralische Ansprüche überhaupt kommen. Diese wird zunächst aus der Perspektive des handelnden Individuums angegangen: Unter Rückgriff auf wesentliche Elemente seiner Philosophie der Person arbeitet Hartmann heraus, dass Personen in ihrer Lebensrealität ständig in neue Situationen »geraten«, die sich ihnen mal mehr, mal weniger aufdrängen und in denen sie sich orientieren, entscheiden und letztlich handeln müssen, wobei die Situationen in der Regel das ›Wie‹ ihrer Bewältigung offen lassen.[41] Die Suche nach authentischen und vertretbaren Maßstäben des Handelns und Lebens ergibt sich damit streng genommen schon aus der Seinsweise von Personen.

Wo kommen nun aber die Maßstäbe und Prinzipien unserer Handlungen und normativen Urteile her? Hier räumt Hartmann zunächst einmal ein, dass wir in die Moral unserer Gesellschaft, Kultur und Generation hineinwachsen, indem wir verschiedene Prinzipien, Normen usw. gewohnheitsmäßig übernehmen.[42] Allerdings ist damit längst nicht alles gesagt: Zunächst einmal schließt das Hineinwachsen in eine Moral kei-

[40] Dieser Text wurde zwar im Jahre 1949 verfasst, erschien aber erst posthum 1955. In den *Kleineren Schriften* wurde seinerzeit das Entstehungsjahr angegeben. Vgl. Joachim Fischer u. Gerald Hartung (Hg.): *Nicolai Hartmanns Dialoge: 1920–1950*, Berlin u. Boston 2020, S. 468.

[41] Ebd., S. 67. Für Hartmanns Überlegungen zur Person vgl. auch Hartmann: *Das Problem des geistigen Seins*, S. 130–174. Siehe zudem v. Kalckreuth: *Philosophie der Personalität*, S. 123–155.

[42] Hartmann: *Vom Wesen sittlicher Forderungen*, s. u., S. 73, 76.

neswegs Zweifel an moralischen Forderungen aus, insbesondere dann, wenn allgemeine Prinzipien und einzigartige Situationen zusammengebracht werden müssen.[43] Ebenso führt uns die Erfahrung, dass es verschiedene Moralen und Perspektiven der moralischen Beurteilung gibt, zur Frage, *welchen* Anforderungen wir Autorität zusprechen – und warum.[44] Wir geraten also recht schnell aus der praktischen Teilhabe an der Moral in die Reflexion ihrer Rechtfertigung und Begründung, was gemäß Hartmann letztlich zum philosophischen Grundproblem der Bestimmung des Guten führt.[45] Während die Versuche der Bestimmung des Guten in der Geschichte oftmals von *einem* einheitlichen und allgemeinen Prinzip ausgingen (z. B. Platons Idee des Guten oder Kants kategorischem Imperativ), beruft sich die Wertphilosophie auf die bereits bei Aristoteles durch die Tugenden eingesehene *Mannigfaltigkeit* des Guten im Sinne unterschiedlicher moralischer Werte (und Tugenden).[46]

Werte werden nicht erkannt, sondern *gefühlt*: Hartmann folgt Max Scheler dahingehend, dass unser Zugang zu Werten generell ein intuitiver und emotionaler sei, was auch die Möglichkeit der »Blindheit« für bestimmte Werte einschließt.[47] Dabei hängt die Möglichkeit des Zugangs zu einzelnen Werten nicht nur vom Wertfühlen der einzelnen Person, sondern auch von den geltenden Moralen ab, denn letztere sind für bestimmte Werte oder Wertgruppen mehr oder weniger offen (wobei die einzelne Person natürlich auch gegen die Moral ihrer Zeit oppo-

[43] Ebd., S. 73.

[44] Vgl. ebd., S. 76–78.

[45] Vgl. ebd., S. 74.

[46] Vgl. ebd., S. 75. Die unterschiedlichen moralischen Werte werden an dieser Stelle nicht näher dargestellt, sodass sich ein ergänzender Blick in die einschlägigen Abschnitte der *Ethik* anbietet, wo er u. a. zwischen dem Guten, Edlen, der Reinheit und der Fülle als sittlichen »Grundwerten« differenziert. Siehe Hartmann: *Ethik*, S. 369–416.

[47] Hartmann: *Vom Wesen sittlicher Forderungen*, s. u., S. 88–90. Siehe auch Max Scheler: *Der Formalismus in der Ethik und die materiale Wertethik*, S. 260 ff.

nieren kann).[48] Aus dem bloßen Fühlen von Werten muss jedoch keineswegs folgen, dass sich die Wertgegebenheit maßgeblich auf unser Handeln auswirkt: Wir können z. B. den funktionalen Wert eines Gegenstands anerkennen, ohne ihn deswegen besitzen oder gebrauchen zu wollen, oder eine ästhetisch wertvolle Landschaft in unserer Lebensführung als bereichernd erleben, ohne dass sich daraus ein besonderer Handlungsbedarf ergibt.[49]

Ein Alleinstellungsmerkmal *moralischer* Werte besteht nun darin, dass sie ein Seinsollen anzeigen, womit eine Forderung an uns als handelnde und freie Personen einhergeht.[50] Da die Werte selbst keine Macht haben, das Gesollte zu verwirklichen, bedarf es der Person als Instanz der Realisierung oder, wie Hartmann auch schreibt, als »Mittler« zwischen dem »idealen Reich der Werte und der Härte des Realen«.[51] Das Wertgefühl spielt dabei insofern eine besondere Rolle, als es uns in erster Linie anzeigt, wenn die Realität *nicht* dem Sollen entspricht und wir deshalb mit Empörung, Enttäuschung oder Gewissensbissen auf Betrug, Gemeinheit, Vertrauensbruch usw. reagieren.[52] Dem Wertfühlen kommt somit eine Doppelfunktion zu: Zum

[48] Hartmann gibt allerdings zu bedenken, dass das Fühlen von Werten eine gewisse »Bereitschaft« und »Reife« voraussetze, woraus sich die Frage nach der *Vermittlung* von Wertorientierungen ergibt. Ebd., S. 88, 90. Von entscheidender Bedeutung scheinen dabei (ebenso wie bei Scheler) *Vorbilder* zu sein, also Personen, an denen bestimmte Werthaltungen erfahrbar werden. Siehe dazu Max Scheler: »Vorbilder und Führer«, in: *Gesammelte Werke, Bd. 10*, Bonn 2000, S. 255–318. Siehe zur Problematik von Werterfahrung, Erziehung und Reife Moritz v. Kalckreuth: »Werterfahrung und ›moralische Reife‹«, in: A. Katarina Weilert: *Werteerziehung durch die Schule. Begriffliche Grundlagen, staatstheoretische Basis und institutionelle Ziele*, Tübingen 2023, S. 23–44.

[49] Anders verhält es sich, wenn z. B. die ästhetisch wertvolle Landschaft oder ein bedeutsames Kulturgut in ihrem Fortbestand bedroht sind: In derartigen Fällen können Werterfahrungen durchaus ein politisches oder soziales Engagement begründen.

[50] Vgl. ebd., S. 79.

[51] Ebd., S. 82.

[52] Vgl. ebd., S. 89–91.

einen eröffnet es einen Zugang zu Werten überhaupt, zum anderen realisiert sich dieser Zugang im Falle moralischer bzw. sittlicher Werte von vornherein unter Einschluss des Erlebens einer Forderung. *Dass* es zu einer solchen im Werterleben fundierten Forderung kommt, bedeutet aber natürlich nicht, dass die Person sie auch zwingend umsetzen muss.[53]

Fasst man die vielfältigen Überlegungen des Textes zusammen, so werden letztlich zwei Perspektiven der Reflexion über sittliche Forderungen miteinander verschränkt: Personen bedürfen in ihrer Lebensführung einer normativen Richtung, die sie aus der Werterfahrung gewinnen können, während die moralischen Werte einer Realisierung bedürfen, wie sie nur Personen zu leisten vermögen.

In Hartmanns *Ethik* erwähnt, aber nicht in ihrer Spezifik beschrieben wird die Gruppe der *ästhetischen Werte*. In seinem kurzen Text *Über die Stellung der ästhetischen Werte im Reich der Werte überhaupt* (1927)[54], der auf einem Vortrag in Cambridge (MA) anlässlich des sechsten »International Congress of Philosophy« von 1926 beruht, nimmt Hartmann eine Beschreibung dieser Wertgruppe vor. Ausgangspunkt ist die Feststellung, dass die zeitgenössische Ästhetik der Tradition des 19. Jahrhunderts folge und als Analyse des ästhetisch schauenden oder produktiven Aktes auftrete.[55] Hartmann selbst schlägt stattdessen vor, beim Gegenstand und seinen Werten

[53] Auch schreibt uns die erlebte Forderung nicht vor, was *en detail* zu tun ist: Als handelnde Personen müssen wir selbst einen Weg finden, die in der Werterfahrung begründeten Anforderungen zu erfüllen, wobei auch hier die jeweils gültige Moral, unsere Sitten und weiteren Kulturformen unterschiedliche Möglichkeiten bieten.

[54] In den *Kleineren Schriften* wird als Erscheinungsjahr 1926 angegeben, was jedoch lediglich das Jahr des Kongressvortrags war. Da andere Vorträge Hartmanns in den *Kleineren Schriften* anhand des Publikationsjahres datiert wurden, scheint hier tatsächlich ein Fehler in der Edition vorzuliegen. Entsprechend wird hier das Publikationsjahr 1927 angegeben.

[55] Vgl. Nicolai Hartmann: *Über die Stellung der ästhetischen Werte im Reich der Werte überhaupt*, s. u., S. 109.

anzusetzen, wobei es ihm auch darum geht, eine Verhältnisbestimmung ästhetischer Werte zu anderen Werten (insbesondere moralischen) vorzunehmen. Interessant ist, dass er auch hier genau genommen einen Mittelweg zwischen zwei Extrempositionen beschreitet: Weder möchte er (subjektivistisch) behaupten, dass es der Ästhetik nur um Geschmacksurteile oder ein Schauen der betrachtenden Person gehe, noch möchte er so weit gehen, anzunehmen, dass z. B. ein Kunstwerk völlig unabhängig von einer möglichen Betrachtung schön sei. Stattdessen nimmt er an, dass ästhetische Werte zwar immer Werte des Gegenstands seien, räumt aber zugleich ein, dass diese Werte den Gegenständen nur im Gegen-Stehen bzw. »für uns Sein«, d. h. in einer Relation des Rezipiert-Werdens durch die Betrachtenden oder Hörenden anhaften können.[56] Aus dieser eigentümlichen Art und Weise, wie ästhetische Werte ›getragen‹ werden, folgt ein tiefgreifender Unterschied zu moralischen Werten: Während letztere gegen die Widerstände der Realität verwirklicht bzw. realisiert werden, lässt sich im Falle ästhetischer Werte genau genommen nicht von Verwirklichung bzw. Realisierung sprechen, weil ihr Vorhandensein an das Erscheinen bzw. Rezipiert-Werden, also die Relation zu Betrachterinnen gebunden bleibt.[57] Sie werden vielmehr ›zur Erscheinung gebracht‹, was gemäß Hartmann auch den Umstand ausdrückt, dass hier ideal seiende Werte plötzlich ›durchscheinen‹.[58]

Im »Zur-Erscheinung-Bringen« liegt deshalb ein besonderer Reiz, weil es »ein ganz anderes Maß an Freiheit« ermöglicht als die Realisierung moralischer Werte.[59] Letztere muss nämlich gegen Widerstände in der Realität erfolgen, was den realisierenden Personen einiges abverlangt. Beim Ästhetischen ist dies anders: Da die ästhetischen Werte *nicht* realisiert werden, ist in der Kunst nahezu alles möglich. Dabei nimmt Hartmann allerdings auch zur Kenntnis, dass ästhetische Werte vermit-

[56] Ebd., S. 110.
[57] Ebd., S. 113 f.
[58] Ebd., S. 114.
[59] Ebd., S. 115–117.

telt über die Rezeption durch die Personen letztlich auf die Lebensführung oder sogar den Lauf der Geschichte einwirken können, was er als »eigenartiges Grenzkapitel von Ethik und Geschichtsphilosophie« bezeichnet.[60]

Für eine Wertphilosophie, die sich mit konkreten Gütern und Phänomenen in der Welt befassen will, sind einige Gedanken vom Anfang des Aufsatzes besonders prägnant, wo Hartmann schreibt: »Die allgemeinen Wertklassen [...] betreffen nur immerhin wichtige, aber doch unbestimmte, weil generelle Unterschiede des Wertvollseins. Sie wirken, in solcher Allgemeinheit gefasst, abstrakt und leblos. Ästhetische Werte sind im Grunde stets Werte eines einzigen Gegenstandes [...], und alles Vergleichbare, Gemeinsame, ja Typenhafte betrifft nicht ihr Wesen, sondern nur etwas ›an ihnen‹.«[61] Und wenig später heißt es: »Hier [d. h. in der Deskription individueller und einmaliger Wertgehalte – MvK] besteht eine Grenze aller Wertanalyse.«[62] Was ist damit gemeint? Mit Blick auf die ästhetische Wertreihe des Erhabenen ließe sich beispielsweise sagen, dass sowohl der Anblick der aufgewühlten See als auch der Hauptteil von Carl Nielsens »Rhapsodischer Ouvertüre« erhaben seien. Nun besteht aber nicht nur die Herausforderung, dass das Erhabene (als Wert- und Urphänomen) kaum weiter zu definieren ist, sondern zudem noch das Problem, dass die spezifische Weise des Erhabenseins (also der individuelle Wertcharakter) von *diesem*

[60] Ebd., S. 118. Diese Überlegung Hartmanns, die in der Forschung bislang nicht diskutiert worden ist, trifft den Nerv einer Diskussion, die wir momentan insbesondere mit Blick auf die Darstellung in Medien führen: Die Abgelöstheit des Ästhetischen von der Realität kann von den Rezipierenden als Anspruch für die eigene Lebensführung fehlinterpretiert werden – etwa indem Jugendliche glauben, Liebesbeziehungen aus TV-Serien seien als Maßstab für die eigene Lebensführung zu nehmen. Zudem lässt sich der Bezug auf die Lebensführung auch bewusst nutzen, um die Rezipierenden (etwa durch Bilder in der Werbung) gezielt zu manipulieren.

[61] Ebd., S. 109 f.

[62] Ebd., S. 110.

Anblick der See und *diesem* Musikstück nicht näher bestimmt werden können, weil es dafür an Ausdrucksformen mangelt.

Die Herausforderung, die Hartmann mit Blick auf den Bereich des Ästhetischen darstellt, scheint tatsächlich einen Großteil der höheren Werte zu betreffen: Es leuchtet ein, dass sich das Wertvollsein einer einzelnen Freundschaft, eines einzelnen Kulturguts oder auch der personale Selbstwert einer bestimmten Person von anderen, jeweils auf ihre eigene Art wertvollen Freundschaften, Kulturgütern und Personen unterscheidet, weshalb es uns eigentlich ein Anliegen wäre, das jeweils Spezifische des individuell Wertvollen zu fassen. Uns fehlen jedoch schlicht Mittel und Kriterien der Beschreibung, sodass eine Wertphilosophie bei der Beschreibung konkreter Phänomene selten über die Zuschreibung allgemeiner Wertqualitäten (im Sinne von: Dieser Anblick ist erhaben.) hinauskommt. Hier wird noch zu klären sein, ob die Wertforschung mehr tun kann als »hinweisen und an das lebende Wertgefühl appellieren«.[63]

Abgesehen von den reichhaltigen Einsichten, die teilweise erheblich über das Gebiet des Ästhetischen hinausgehen, ist der Text auch insofern eine lohnende Lektüre, als er sich als Ergänzung zu Hartmanns Buch über das *Problem des geistigen Seins* anbietet, in dem zwar umfangreiche Überlegungen zu Genese und Rezeption von Kulturgütern und Kunstwerken angestellt werden, die Wertdimension jedoch nur am Rande diskutiert wird.[64]

Nach diesen drei systematischen Beiträgen folgen zwei Aufsätze, die die Wertthematik von philosophiehistorischen

[63] Ebd., S. 110.

[64] Aus werkshistorischer Perspektive würde sich hier die Frage anbieten, ob bzw. inwiefern Hartmann seine Verknüpfung von Werttheorie und Ästhetik vom genannten Aufsatz über *Das Problem des geistigen Seins* bis hin zu seiner tatsächlichen *Ästhetik* (1950) weiterentwickelt hat. In diesen Zusammenhang ließen sich auch die einschlägigen Protokolle von Hartmanns Disputierzirkel auswerten. Siehe u. a. Joachim Fischer u. Gerald Hartung: *Nicolai Hartmanns Dialoge: 1920–1950*, Berlin u. Boston 2020, S. 193–254.

Überlegungen her entwickeln und, dies ist ihr Hauptanliegen, eine inhaltliche Verhältnisbestimmung zu philosophischen Klassikern vornehmen. So fragt Hartmann in dem Aufsatz *Die Wertdimensionen der Nikomachischen Ethik* von 1944 nach dem Verhältnis von aristotelischer Tugendethik und moderner Wertethik, wobei seine Motivation u. a. darin besteht, aufzuzeigen, dass die Tugendethik auf einigen vielversprechenden Grundgedanken aufbaut, die ausgehend von der Wertphilosophie aktualisiert werden können. Damit wendet er sich gegen die (oben bereits erwähnte) Auffassung, Tugendethik laufe darauf hinaus, altbackene Tugenden zu predigen und diese kasuistisch auf Einzelfälle anzuwenden. Tatsächlich sieht er zunächst die grundlegende Gemeinsamkeit, dass sowohl Tugendethik als auch Wertethik von einer »Vielheit sittlicher Werte« bzw. Qualitäten ausgehen, die in Opposition zur platonischen oder kantischen Einheit des Guten steht.[65]

Nun stellt sich ihm jedoch die Frage, auf welcher Grundlage diese Vielheit an Tugenden (mit ihnen korrespondierenden Werten) bestimmt werden soll. Entscheidend scheint dabei die Betrachtung unterschiedlicher Lebens- bzw. »Seinsgebiete« zu sein: Gemäß Aristoteles ist eine Differenzierung der Tugenden nötig, weil es im Leben verschiedene Typen von Situationen gibt, die jeweils unterschiedliche Anforderungen an uns stellen. So kommt etwa in Situationen, in denen Geld ausgegeben wird, die Tugend der Freigiebigkeit zur Anwendung (ebenso wie die Laster des Geizes und der Verschwendung) und nur in Situationen der Gefahr ist die Tugend der Tapferkeit angemessen.[66] Woher kommen nun aber wiederum die Seinsgebiete, die

[65] Hartmann: *Die Wertdimensionen der Nikomachischen Ethik*, s. u., S. 121.

[66] Ebd., S. 124–127. An diese Stelle wendet er sich auch gegen das Missverständnis, das aristotelische rechte Maß (als Tugend, die zwischen zwei Untugenden oder Lastern steht) sei als eine Art Lob der Mittelmäßigkeit zu verstehen: Stattdessen stehe die Tugend zwar ›ontologisch‹ in der Mitte zwischen zwei Extremen, sei aber axiologisch das Höchste. Vgl. ebd., S. 123 f.

die Differenzierung der Tugenden begründen? Stellen sie eine Art ideale Ordnung dar oder werden sie einfach empirisch aus der Lebensrealität des antiken Menschen hergeleitet? Tatsächlich ist gemäß Hartmann auch die Wertphilosophie mit einer ähnlichen Frage konfrontiert, nämlich der nach der Herkunft der »Wertmaterie«.[67] Die Auflösung besteht darin, dass es eine Form der Korrespondenz von Tugenden und ontischer Beschaffenheit von Situationen – bzw. in Hartmanns eigener Terminologie: von (sittlichen) Werten und der Struktur personalen Lebens – geben muss.[68]

Die Unterscheidung einzelner, ontisch bestimmter Seinsgebiete bietet auch die Möglichkeit, geschichtlichen Wandel und kulturelle Unterschiede einzubeziehen, indem bestimmte Seinsgebiete und die mit ihnen korrespondierenden Tugenden und Laster mehr oder weniger »aktuell« sein können: In einer historischen Lebenssituation, in der die Konfrontation mit Gefahr und ihre Abwendung durch eigenes Handeln kaum präsent sind, ist die Tugend der Tapferkeit weniger aktuell, d. h., sie spielt eine geringere Rolle bei der konkreten Beurteilung eigener Lebensführung.[69] Dies kann sich im Laufe der Geschichte aber wieder ändern.

Zuletzt weist Hartmann noch auf das Potential der Wertphilosophie hin, um eine bei Aristoteles offen bleibende Frage zu klären: »Wie eigentlich soll die rechte Mitte zwischen den unrechten Extremen erfasst werden, und welche Handhabe hat der Mensch im Leben dafür, sich des rechten Ideals seiner Handlungsweise zu versichern?«[70] Als eine solche Instanz der Orientierung innerhalb der verschiedenen Seins- und Lebensgebiete mit ihren unterschiedlichen Werten und Unwerten dient seines Erachtens das von der phänomenologischen Wertphilosophie entdeckte *Wertgefühl*, indem es uns einen Wert immer schon als positiv oder negativ erleben lässt. Zusammenfassend besteht

[67] Vgl. ebd., S. 131.
[68] Vgl. ebd., S. 132 f.
[69] Vgl. ebd., S. 152.
[70] Ebd., S. 144.

eine große Stärke dieses Beitrags darin, die historisch-systematische Auseinandersetzung mit der aristotelischen Tugendlehre und ihren Vergleich mit der Wertphilosophie der Gegenwart auf eine Weise durchzuführen, bei der grundlegender Probleme aus einer Meta-Perspektive erläutert werden.

Der kurze Aufsatz *Kants Metaphysik der Sitten und die Ethik unserer Tage* aus dem Jahr 1924 behandelt schließlich das Verhältnis von kantischer Ethik und Wertethik, wobei insbesondere der Status des kategorischen Imperativs diskutiert wird.[71] Dabei weist Hartmann auf zwei Verdienste der Wertethik hin: Erstens bietet sie (teilweise bereits bei Nietzsche, vor allem aber bei Scheler) Ressourcen, um die Mannigfaltigkeit des Guten über die Unterscheidung verschiedener Wertklassen und -arten einzuholen.[72] Damit wird auch der Anspruch aufgegeben, ein einzelnes und einheitsstiftendes Prinzip des Guten nachweisen zu wollen, was – so Hartmann – bislang entweder zu einer inhaltlichen Unbestimmtheit des Guten oder zu einer einseitigen Festlegung auf einzelne Werte (z. B. Glückseligkeit, Nützlichkeit) geführt hat.[73] Zweitens integriert sie plausible Einsichten des Relativismus, indem angenommen wird, dass sich unser Zugang zu Werten und die im Vorziehen erlebte Gewichtung ändere.[74] Diese Einsicht in Geschichtlichkeit und Pluralität bedeutet aber gerade keine Beliebigkeit, sondern muss mit der Herleitung von Gesetzlichkeiten, die a priori gelten, verbunden werden.

Da Scheler sich polemisch gegen Kant und dessen »Formalismus« richtet, ist nun zu klären, wie Kants kategorischer Imperativ beurteilt wird. Hier fällt Hartmanns Einschätzung bei weitem milder aus als Schelers: Gerade dadurch, dass der moralische Maßstab von Handlungen in der formalen Generalisierung der Maxime besteht, wird ein Raum geschaffen, um die

[71] Vgl. Hartmann: *Kants Metaphysik der Sitten und die Ethik unserer Tage*, s. u., S. 155.

[72] Vgl. ebd., S. 156.

[73] Vgl. ebd., S. 155 f.

[74] Vgl. ebd., S. 156.

inhaltliche Spezifik einzelner Fälle zu berücksichtigen, weshalb sogar individuelle Persönlichkeitswerte (also Werte, die die Einzigkeit von Personen einfangen) mit dem kategorischen Imperativ vereinbar sein sollen.[75] Wird bedacht, dass Hartmann diesen optimistischen Befund in den folgenden Jahrzehnten nicht in vergleichbarer Deutlichkeit wiederholte, dann ist wohl davon auszugehen, dass er später von dieser Lösung weniger überzeugt war. Folgt man konsequent seiner eigenen Position, dann wäre festzuhalten, dass es auch in der moralischen Beurteilung auf die materialen Zusammenhänge ankommt, von denen der kategorische Imperativ letztlich abstrahiert. Gleichwohl bleibt festzuhalten, dass Hartmann Kant weit positiver rezipiert als andere Werttheoretiker seiner Zeit.

Der zweite Teil der Aufsatzsammlung behandelt verschiedene Einzelphänomene, die mit der Wertthematik verbunden sind, auch wenn sie sich nicht auf axiologische Fragestellungen reduzieren lassen. Seinen Beitrag über *Sinngebung und Sinnerfüllung* von 1934 beginnt Hartmann mit der These, dass die Frage nach Sinn nicht nur auf die normative Verfasstheit des Menschen oder der Welt, sondern auf beides hinauslaufe: Wenn es in der Welt Sinn gibt, so geht damit auch eine Sinngebung für den Menschen einher, denn ihm wird eine *Aufgabe* zugewiesen. Umgekehrt fordert die Suche nach der sinnerfüllten Lebensführung auch die Frage heraus, ob es in der Welt überhaupt Sinn gebe. Im Anschluss rekapituliert Hartmann die Geschichte des Sinngedankens: Ausgehend von Platon gibt es eine wirkmächtige Tradition, Sinn als etwas anzusehen, was nur durch etwas Außerweltliches, Unbedingtes, Einheitliches und Ewiges hervorgebracht werden kann.[76] Zwar tritt mit Kant und Hegel eine ernsthafte Alternative auf den Plan, indem Sinn als etwas gedacht wird, was in der Vernunft begründet ist und sich im

[75] Vgl. ebd., S. 159.

[76] Vgl. Hartmann: *Sinngebung und Sinnerfüllung*, s. u., S. 164–182. Auffällig sei dabei auch die andauernde Schwierigkeit, ein solches sinnbegründendes Prinzip positiv zu beschreiben. Vgl. ebd., S. 169 f..

geschichtlichen Leben entfaltet, allerdings bleibt es auch hier bei einem weitgehend inhaltsleeren »Generellen«.[77]

Eine neue Saite wird gemäß Hartmann erst mit der Wertphilosophie angeschlagen, die es gestattet, die »inhaltliche Seite des Sinnproblems« zu thematisieren.[78] Zwar ist einzuräumen, dass Werte und Sinn nicht dasselbe seien, aber Sinnerfüllung und -erfahrung beruhen prinzipiell auf Werten und sind deren »Vermittlung an das Leben«.[79] Worin besteht nun aber diese »Vermittlung«? Auffällig ist, dass Hartmann an dieser Stelle nicht von (abstrakten) Werten, sondern von realem Wertvollsein spricht.[80] Damit ist ein erstes Spezifikum angedeutet: Während die Werte an sich als ideal begriffen werden, spielt sich die Sinnerfüllung im realen Sein ab, und zwar sowohl auf der Ebene des individuellen Personseins wie auch auf der kol-

[77] Vgl. ebd., S. 179–182.

[78] Ebd., S. 182. Für Hartmann ist es im Übrigen kein Zufall, dass in Bezug auf das Sinnproblem erst im 20. Jahrhundert ein Durchbruch erfolge: Er beschreibt die philosophische Situation dieser Zeit so, dass es ein neues Interesse an metaphysischen (d. h. nicht nur rein positivistischen) Fragestellungen gebe, die dann jedoch (anders als in der ›alten‹ Systemphilosophie) ohne wilde Spekulation diskutiert werden. Auf diese Weise ist es möglich, grundlegende Probleme wie das Wertproblem oder das Sein der Person zu behandeln – also Themen, deren Schwierigkeit gerade darin besteht, dass sie wegen ihrer Nähe zur alltäglichen Orientierung zunächst selbstverständlich erscheinen. Hartmann resümiert: »Das Wesentlichste an seinem eigenen Wesen liegt seinem Sich-selbst-Verstehen am fernsten, und es bedarf der verschlungenen Umwege der Jahrhunderte, ihn darauf zurückzuführen.« Ebd., S. 163.

[79] Vgl. ebd., S. 188 f.

[80] Vgl. ebd., S. 184 ff. Hartmanns Überlegungen zum Verhältnis von (idealen) Werten und realem Wertvollsein entsprechen an dieser Stelle seinen Ausführungen im Buch *Zur Grundlegung der Ontologie*. Besonders originell ist dabei seine Schlussfolgerung, dass gerade die Vergänglichkeit des real Wertvollen zur Sinngebung beitrage, *weil* dadurch das Schicksal des Wertvollen gewissermaßen in die Hände der Menschen gelegt werde. Vgl. ebd., S. 195–203.

lektiven Ebene des objektiven Geistes.[81] Auf beiden Ebenen werden Werterfahrungen nicht nur erlebt, sondern unter den jeweiligen individuellen und historischen Bedingungen in ›Visionen‹ und Aufgaben überführt. Vielleicht wäre die Klimabewegung der Gegenwart hierfür ein gutes Beispiel: Eine intakte und lebendige Umwelt ist demnach prinzipiell wertvoll, aber unter spezifischen historischen Bedingungen, die ihren Fortbestand bedrohen, wird ihr Schutz als sinnerfüllende Aufgabe und die Vision eines nicht-ausbeuterischen Naturverhältnisses als sinngebendes Narrativ wahrgenommen.

An dieser Stelle deutet sich an, wie die schöpferische Rolle des Menschen und des objektiven Geistes zu verstehen ist: Die Rede, dass wir unserem individuellen oder kollektiven Leben einen Sinn *geben*, könnte so missverstanden werden, dass wir uns einfach einen Sinn ›aussuchen‹. So funktioniert die Sinngebung aber gerade nicht! Zwar hängt die Entdeckung einer sinngebenden Aufgabe durchaus von unserem Wertfühlen (z. B. unserem Offensein für bestimmte Werte) sowie von der letztlich auch durch uns hervorgebrachten historischen Situation ab, sie wird aber keineswegs intendiert und ist letztlich unverfügbar. Mit Blick auf das Beispiel bedeutet dies, dass die Aufgabe des Schutzes der Umwelt zwar in Zusammenhang mit unserer Wertschätzung der Natur und der durch unsere Gesellschaften geschaffenen Krisen steht, wir sie uns deshalb aber gerade nicht ›aussuchen‹. Es geht vielmehr darum, dass uns nicht intendierte Folgen unserer bisherigen kollektiven Lebensform als Aufgabe ›einholen‹ können, sofern sich unsere Werthaltung ändert.

[81] Hartmann beschreibt im weiteren Verlauf recht prägnant die geschichtliche Dynamik, wobei sich seine Ausführungen weitestgehend mit Passagen aus *dem Problem des geistigen Seins* decken. Es gibt jedoch zwei Unterschiede: Zum einen wird hier ein deutlicher Akzent auf normative Zusammenhänge gesetzt. Zum anderen misst er dem »Volk« im vorliegenden Aufsatz weit größere Bedeutung bei als in der genannten Monographie – vermutlich ein Zugeständnis an den damaligen Zeitgeist und den weltanschaulichen Hintergrund der *Blätter für deutsche Philosophie*. Vgl. ebd., S. 203–211.

Wie ist in der Folge das Verhältnis von objektivem Geist und personalem Leben hinsichtlich der Sinnerfüllung zu verstehen? Für Hartmann ist klar, dass auch die als sinnstiftend erlebte Aufgabe einer Gesellschaft oder Generation nur vermittelt über die Teilhabe der einzelnen Person realisiert werden kann.[82] Erfahrungen der Sinnerfüllung für die einzelnen Personen können somit darin bestehen, einen Beitrag zu etwas Größerem geleistet zu haben. Dennoch scheint sich die Sinnerfüllung im Leben der Person nicht in einer bloßen Mitwirkung an den ›Aufgaben‹ ihrer Generation zu erschöpfen: Es gibt Erfahrungen der Sinnerfüllung, die höchst individuell und unteilbar sind – z. B. das Gefühl, mit sich selbst und der Welt im Reinen zu sein oder das Erleben von Liebe, Freundschaft und Vertrauen. Auch diese Sinnerfahrungen finden zwar ›innerhalb‹ von Kultur und Gesellschaft statt, sprechen die einzelne Person jedoch in ihrer Einzigkeit an – d. h. als Persönlichkeit.

Insgesamt handelt es sich bei diesem Aufsatz Hartmanns um einen Text, der an unterschiedlichen Erwartungen vorbeimäandert: Von jemandem, der Sinnphänomene ausgehend von Werten versteht, würden wir vielleicht erwarten, dass er uns die Realisierung von Wert XY als sinnstiftend anempfiehlt, wobei bei einem Wert*ethiker* insbesondere der Verweis auf moralische Werte nahe läge. Das ist aber nicht der Fall: Ebenso wie die schon oft erwähnte Vielheit der Werte scheint es eine Vielheit von Sinn zu geben. Ferner mag Sinnerfüllung zwar gewiss ein Teil dessen sein, was wir als »gutes Leben« bezeichnen, sie ist aber nicht einfach nur ein Spezialfall des Moralischen. Enttäuscht werden auch etwaige Hoffnungen, den Sinn entweder ganz aus der Rechnung zu streichen oder als etwas zu verstehen, was wir uns einfach selbst setzen. Sinnerfahrungen hängen zwar durchaus von historischen und soziokulturellen

[82] Zur Frage nach dem Erleben von Sinnerfüllung in der eigenen Biographie vgl. ebd., S. 191–196. Dabei wird auch die These aufgestellt, dass Glück letztlich eine Form der Sinnerfüllung sei und somit »auf Wertteilhabe« beruhe. Ebd., S. 192.

Bedingungen ab, werden dabei aber als ›absolut‹ und unverfügbar erlebt. Die Vermittlung zwischen den Extremen, die konzisen Analysen Hartmanns und die zugleich aufgebotene intellektuelle Redlichkeit zeichnen den vorliegenden Beitrag aus.

Hartmanns Aufsatz über *Zeitlichkeit und Substantialität* von 1938 fällt insofern ein wenig aus der in diesem Band vertretenen Sammlung heraus, als er ein Grundproblem behandelt, das vor allem die theoretische Philosophie zu betreffen scheint. Die Frage danach, wie sich Zeitlichkeit und Substantialität zum Seienden verhalten, ist tatsächlich insbesondere dann einschlägig, wenn wir über materielle Dinge, Artefakte, Organismen, Prozesse und andere Phänomene der realen Welt sprechen. Hier unterscheidet Hartmann u. a. verschiedene Aspekte und Modi von Zeit wie die kategoriale Trennung von Vergangenheit, Gegenwart und Zukunft oder aber (zugleich) die Verknüpfung in einem Kontinuum.[83] Das Problem der Substantialität wird dabei als Thema gefasst, das eng mit der Zeit verknüpft ist: Angesichts unserer Erfahrung vom Werden und Vergehen stellt sich die Frage, was über die Zeit hinweg ›beharrt‹ – wobei es nicht an Versuchen gefehlt hat, ein solches Beharrendes entweder metaphysisch als etwas Absolutes oder aber als bloße Materie zu fassen.[84] Hartmann weist dabei die Forderung, etwas unvergänglich Ewiges im Realen verorten zu wollen, zurück. Als sinnvoll betrachtet er hingegen die Frage, auf welche Weise sich die Dauer verschiedener Entitäten im Realen (z. B. im organischen Leben oder im geschichtlichen Geist) vollziehe.[85]

[83] Vgl. Hartmann: *Zeitlichkeit und Substantialität*, s. u., S. 218 ff.

[84] Vgl. ebd., S. 232, 244–248.

[85] Vgl. ebd., S. 252–261. Mit Blick auf den objektiven Geist fällt auf, dass Hartmann auch in diesem Text oft vom »Volksgeist« spricht – was vermutlich als Zugeständnis an den Zeitgeist im NS-Deutschland und die *Blätter für deutsche Philosophie* als damals wichtigstes Publikationsorgan aufgefasst werden kann.

Vor dem Hintergrund seiner Werttheorie und Ethik ist insbesondere die normative Einschätzung von Zeitlichkeit einschlägig: Hier weist Hartmann darauf hin, dass höchste Werte und Sinnerfüllung bis in die Gegenwart mit *Ewigkeit* assoziiert wurden. Diese Assoziation besteht aber zu Unrecht, denn das vergängliche real Wertvolle spielt für unsere Wert- und Sinnerfahrungen eine weit größere Rolle als die idealen Werte an sich, die bloß schematisch bleiben.[86] Die Annahme von Werten als idealen Gebilden darf daher nicht als Aufforderung zu einer »Weltflucht« verstanden werden.[87]

Bei dem letzten im Band enthaltenen Text über *Das Ethos der Persönlichkeit* von 1949 handelt es sich wiederum um einen kurzen Beitrag, der aus einem Kongressvortrag (dem »Primer Congreso Nacional de Philosophia« in Mendoza) hervorgegangen ist. Hier ist es Hartmann zunächst ein Anliegen, die Persönlichkeit von der Personalität bzw. dem Personsein zu unterscheiden. Im Anschluss an seine Theorie der Personalität gibt er zu bedenken, dass Personsein auf etwas Allgemeines rekurriere, nämlich die Teilhabe am objektiven Geist und sich daraus ergebende Selbst- und Weltverhältnisse.[88] Die Persönlichkeit hingegen ist gerade *nicht* das »Typenhafte«, sondern das, was eine Person einzig, unersetzbar und besonders macht, was uns an ihr fasziniert und dem wir mit Sympathie oder Antipathie begegnen.[89] Damit ist diese Lesart keinesfalls zu verwechseln mit Persönlichkeit im Sinne ›großer‹ Individuen, an denen typen-

[86] Vgl. ebd., S. 213–216, 251 f.

[87] Ebd., S. 215.

[88] Vgl. Hartmann: *Das Ethos der Persönlichkeit,* s. u., S. 263–265. Wie im *Problem des geistigen Seins* weist Hartmann auch an dieser Stelle darauf hin, dass der objektive Geist selbst nicht personal strukturiert sei, weshalb seine geschichtliche Bewegung und Entfaltung letztlich von den Einzelpersonen abhänge. Eine Besonderheit dieses Textes besteht allerdings darin, dass die besondere »Verantwortung« betont wird, die mit der »Lenkung des Geschichtsprozesses« einhergeht. Vgl. ebd., S. 265.

[89] Vgl. ebd., S. 270 f.

hafte Züge in herausragendem Maße auftreten (etwa St. Martins Barmherzigkeit, Bismarcks Willenskraft usw.). Hartmann schreibt: »Auch schwache, stille, unaufdringliche Menschen können Persönlichkeit haben«.[90]

Was hat nun aber Persönlichkeit mit Werten oder Sinn, d. h. mit normativen Fragen zu tun? Hartmann nimmt an, dass es individuelle Selbst- bzw. Persönlichkeits*werte* gebe. Mit der Persönlichkeit, die jede einzelne Person hat, korrespondiert demnach ein ebenfalls einzigartiger Selbstwert, der im Leben der Person realisiert, aber auch verfehlt werden kann.[91] Dabei unterscheidet er den Zugang zur Persönlichkeit (und ihrem Wert) von der Anerkennung als Person: Wenn wir andere anerkennen, ihnen Achtung und Respekt erweisen, dann sprechen wir sie als Vertreter von etwas Allgemeinem (dem Personsein) an, während uns Persönlichkeit nur da zugänglich ist, wo uns andere Personen als einzigartig und unersetzlich begegnen. Paradigmatisch für diesen Fall ist die Liebe, die hier sehr allgemein als Hinwendung und Bejahung zu verstehen ist und die neben Paarliebe auch Freundschaft umfasst.[92] Persönlichkeit

[90] Ebd., S. 265.

[91] Vgl. ebd., S. 271 f. In der Darstellung eines solchen Wertes schließt Hartmann insbesondere an Scheler und dessen Konzeption vom »individuellen Wertwesen« an, wobei auch bei Scheler die Realisierung dieses Wertes als »Bestimmung« gefasst wird. Vgl. Max Scheler: *Formalismus*, S. 509–512; sowie zum Begriff der Bestimmung ders.: »Ordo Amoris«, in: *Gesammelte Werke, Bd. 10*, Bonn 2000, S. 345–376. Siehe auch Inga Römer: *Person und Persönlichkeit bei Max Scheler und Nicolai Hartmann*, in: Gerald Hartung, Matthias Wunsch u. Claudius Strube (Hg.): *Von der Systemphilosophie zur systematischen Philosophie – Nicolai Hartmann*, Berlin u. Boston 2012, S. 259–276, sowie Kalckreuth: *Philosophie der Personalität*, S. 140–147, 221–226.

[92] Vgl. Hartmann: *Das Ethos der Persönlichkeit*, S. 270 f. Mit Blick auf die Liebe verweist er fast wörtlich auf Scheler, dem zufolge wir in der Liebe etwas an der anderen Person sehen können, was anderen verborgen bleibt. Sie macht also »sehen«, nicht »blind«. Max Scheler: »Wesen und Formen der Sympathie«, in: ders.: *Gesammelte Werke, Bd. 7*, Bern u. München 1972, S. 160.

tritt aber auch da in Erscheinung, wo wir für Dinge oder Aktivitäten Hingabe und besonderes Engagement aufbringen, sie uns also sprichwörtlich ›am Herzen liegen‹.

Die Rede von der Persönlichkeit und dem individuellen Selbstwert birgt ein Risiko, das Hartmann selbst anspricht: Es könnte naheliegend erscheinen, dass sich die Person zur Erkenntnis ihrer Persönlichkeit in sich selbst zurückziehen, ihre Persönlichkeit pflegen oder sich in ihrem Wirken zumindest auf den eigenen Selbstwert konzentrieren sollte. Dies wäre gemäß Hartmann jedoch gerade das Falsche, denn es würde lediglich in eine übertriebene Selbstbezogenheit führen. Persönlichkeit entfaltet sich ihm zufolge dort, wo wir in unserem Wollen, Lieben und Handeln auf andere Menschen, Güter usw. gerichtet sind, wo wir uns für etwas oder jemanden einsetzen, wo wir lieben und hassen, vertrauen und glauben. Kurz gesagt: Persönlichkeit ist insbesondere dort, wo es uns *nicht* um uns selbst geht, sondern wo wir durch jemanden oder etwas außerhalb unserer selbst ›bestimmt‹ werden.[93] Dieser Zusammenhang erscheint auf den ersten Blick widersprüchlich, passt jedoch zur von Hartmann erarbeiteten Beziehung von Personen und objektivem Geist: Wenn jeder Vollzug von Personalität und jedes Wertfühlen nur vermittelt über die Teilhabe an einer Soziokultur stattfinden, dann kann sich auch die Persönlichkeit nicht einfach außerhalb vollziehen, sondern muss innerhalb des Miteinanders mit Personen und (wertvollen) Dingen im objektiven Geist realisiert werden.

Insgesamt ist dieser kurze (und in seinem Stil etwas getragene) Text insofern informativ, als hier die Frage nach dem Individuellen und Einzigartigen der Person mit der Wertphilosophie und dem Problem der Ethik im Sinne der Lebensführung verknüpft wird. Zudem trifft er durchaus einen Nerv im Zeitgeist: Während in der heutigen Philosophie oftmals die

[93] Vgl. Hartmann: *Das Ethos der Persönlichkeit*, S. 268, 272. Hier deutet sich eine enge Beziehung von Persönlichkeit und Sinnerfüllung an. Siehe oben die Ausführungen zu *Sinngebung und Sinnerfüllung.*

Vorstellung vorherrschen dürfte, dass die eigene Persönlichkeit als Gegenstand bewusster Entscheidungsprozesse und der Selbstreflexion völlig zugänglich sei, finden wir in der außerakademischen Ratgeberliteratur ein reichhaltiges Angebot an Anregungen vor, wo wir bei der ›Arbeit‹ an unserer Persönlichkeit ansetzen können. Hier bieten Hartmanns Überlegungen eine kritische Perspektive, ohne Einzelphänomene gleich in große Narrative wie z. B. das der Entfremdung einzuordnen.

Hartmanns Werttheorie im Lichte der Philosophie der Gegenwart

Nach einer kurzen Darstellung einiger Lebensstationen Hartmanns, einer Übersicht über die Entwicklung seiner praktischen Philosophie und einer kontextualisierenden Darstellung seiner Aufsätze im vorliegenden Band soll nun abschließend skizziert werden, inwiefern der Bezug auf Hartmann für die gegenwärtige philosophische Debatte über Werte und damit verknüpfte Phänomene attraktiv sein könnte. Diese Abschlussdiskussion liegt auch insofern nahe, als sie zu einer bündigen Zusammenfassung wesentlicher Grundgedanken Anlass bietet.

Auffällig ist *erstens*, dass es in der Forschungsliteratur der Gegenwart an Versuchen mangelt, die Rede von ›den‹ Werten (bzw. im Englischen: ›the‹ values) genauer zu differenzieren. Dies ist überraschend, denn angesichts der vielberufenen ›Ungenauigkeit‹ des Themas wäre es dringend nötig zu klären, welche normativen Phänomene selbst zu den Werten gehören und welche mit ihnen in irgendeiner Weise zusammenhängen, ohne jedoch selbst Werte zu sein. Werden etwa Freiheit, Ehrlichkeit, Pünktlichkeit, Vertrauen, Tradition, Selbstverwirklichung, Familie, Freundschaft usw. allesamt als Werte bezeichnet, droht ein inflationärer Wertbegriff, der alles umfasst, was irgendwie normativ wertvoll ist – seien es nun Tugenden, Prinzipien oder Einstellungen. Hier muss man Hartmann zugestehen, dass er mit der Differenzierung von Werten, Wertvollem, Gütern, Tugenden, Gesinnungen und verschiedenen weiteren Wertträgern wie Personen, Handlungen, Akten etc. ein diskussionswürdiges Angebot vorlegt.

Ebenfalls zu diesem Punkt gehört die Unterscheidung verschiedener Wertarten oder -klassen. In den angelsächsischen Debatten ist völlig unstrittig, dass es moralische Werte gibt.[94] Aber was für Werte gibt es noch? Im Rahmen von Einzelbeschreibungen kommen u. a. soziale, politische, epistemische und ästhetische Werte vor, wobei allerdings kaum Ansätze vorhanden sind, die die verschiedenen Wertarten nebeneinander betrachten und auf Übereinstimmungen, Unterschiede und Charakteristika untersuchen.[95] Hier besteht ein echter Vorzug Hartmanns darin, dass er eine Systematik verschiedener Wertarten entwickelt (in dem vorliegenden Band kamen insbesondere moralische und ästhetische Werte vor, andere, wie z. B. vitale Werte und Güterwerte, wurden zumindest erwähnt) und ihr Verhältnis zu unterschiedlichen Wertträgern (z. B. Gütern, Personen, Handlungen usw.) bedenkt.[96]

Die Frage nach der Differenzierung verschiedener Wertarten und ihrer Charakteristika ist für eine Werttheorie durchaus folgenschwer: Wenn herauskommt, dass bestimmte Wertarten Eigengesetzlichkeiten aufweisen, dann muss Versuchen, alle

[94] Vgl. Ronald Dworkin: *Gerechtigkeit für Igel*, Berlin 2014.

[95] Mit Blick auf ästhetische Werte siehe Christoph Halbig: »Ethische und ästhetische Werte. Überlegungen zu ihrem Verhältnis«, in: *Gert Althoff: Zeichen – Rituale – Werte*, Münster, 2004, 37–53. Mit Blick auf soziale und politische Werte siehe zudem Dworkin: *Gerechtigkeit für Igel*; sowie mit Blick auf epistemische Werte Bernard Williams: *Wahrheit und Wahrhaftigkeit*, Berlin 2013.

[96] Attraktiv ist dabei übrigens auch, dass Hartmann – ebenso wie Scheler – von vitalen Werten ausgeht, die vom Vorhandensein menschlicher Personen unabhängig sind. Mit anderen Worten: Die Natur hat einen in Werten begründeten normativen Status, und zwar unabhängig von einem Nutzwert oder ästhetischen Wert für den Menschen. Mit Hartmann könnte man auch sagen, dass der Einsatz zum Schutz der Natur deshalb als sinngebend erlebt werden kann, weil hier Werte verwirklicht werden.

Werte über einen Kamm scheren zu wollen, eine Absage erteilt werden. In den gegenwärtigen Beiträgen zur Werttheorie fällt immer wieder die Tendenz auf, Werte überhaupt nach dem Vorbild *moralischer* Werte zu denken. Daraus folgt zweierlei: Zum einen wird oftmals unterstellt, dass Werte prinzipiell handlungsbezogen seien. Zum anderen führt der Fokus auf das Gebiet der Moral zu einer Überbetonung universalistischer Ansprüche, um widersprüchliche moralische Einschätzungen zu vermeiden. Hartmann geht hier einen anderen Weg: Ausgehend von den mutmaßlichen Wertarten und den entsprechenden Phänomenbereichen arbeitet er Probleme heraus, die diese Wertarten auszeichnen. Ein gutes Beispiel hierfür wären die Überlegungen aus den Aufsätzen über *Das Wesen sittlicher Forderungen* und zu der *Stellung der ästhetischen Werte* im vorliegenden Band: Während er den sittlichen bzw. moralischen Werten zugesteht, eine Forderung an unser Handeln zu begründen, kann von einer solchen Forderung bei den ästhetischen Werten keine Rede sein. Dafür liegen dort andere Probleme vor, etwa die Zuspitzung des Konflikts von Allgemeinheit und Besonderheit im Wertvollsein, ebenso das Verhältnis von Wert und materiellem Gebilde. Hartmanns Vorsicht bei der Anwendung großzügiger Analogien ist dabei durchaus vorbildlich.

Zweitens stellt sich im 21. Jahrhundert die gewichtige Frage, inwiefern die Annahme von Werten mit unserer Erfahrung eines historischen Wandels und kultureller Vielfalt von Werthaltungen vereinbar sind: Bereits mit Blick auf eine einzelne Soziokultur fällt auf, dass unterschiedliche Generationen und Milieus verschiedene Werthaltungen aufweisen oder verschiedene Güter und Tugenden wertschätzen. Dieser Eindruck verstärkt sich beim vergleichenden Blick auf die Kulturen, sodass sich die Frage stellt, wie eine Wertphilosophie mit dieser Erfahrung umzugehen hat.[97] Interessanterweise haben die meisten

[97] In der gegenwärtigen Diskussion ist es insbesondere das Verdienst von Hans Joas und Matthias Jung, auf die Notwendigkeit der Einbeziehung von Geschichtlichkeit und Kultur hingewiesen zu haben. Ihre eigenen Ansätze unterscheiden sich zwar konzeptionell von

angelsächsischen Beiträge zu dieser Frage kaum etwas zu sagen, was u. a. daran liegt, dass die in der Regel vorgenommene Begriffsanalyse einzelner Wertbegriffe oder die Rekonstruktion mentaler Zustände, die sich auf Werte beziehen, gerade von kulturellen Perspektiven abstrahiert.[98] Kurzum: Der wertbezogene Geist ist immer der (isolierte) ›Mind‹ einer individuellen Person. Selbst wenn auf die Bedeutung sozialer Zusammenhänge hingewiesen wird, besteht das Hindernis, dass es an einer ausführlichen Kultur-, Sozial- und Geschichtsphilosophie mangelt, um die Wechselwirkungen der unterschiedlichen Phänomene einfangen zu können.[99]

Wie im Laufe dieser Einleitung schon mehrfach hervorgehoben, verbindet Hartmann seine Werttheorie mit einer Auffassung zu historischem Wandel und kultureller Vielfalt: Da sich unsere Werterfahrung innerhalb des objektiven Geistes abspielt (bei moralischen Werten innerhalb einer geltenden Moral, bei ästhetischen Werten innerhalb vorherrschender Stilrichtungen und Geschmacksformen), ist unser Wertfühlen immer schon soziokulturell eingefärbt. Darüber hinaus weist er darauf hin, dass Werte als ideale Entitäten zwar unabhängig von der geschichtlichen Wirklichkeit bestehen, allerdings unter verschiedenen historischen Bedingungen mehr oder weniger *aktuell* werden. Sein Kritikpunkt gegen verschiedene Ansätze der Gegenwart beliefe sich darauf, dass eine Begriffsanalyse einzelner

Hartmanns Vorschlag, führen aber zu ähnlichen Resultaten. Vgl. Hans Joas: *Die Entstehung der Werte*, Frankfurt a. M. 1997; Matthias Jung: *Gewöhnliche Erfahrung*, Tübingen 2014; sowie ders.: *Symbolische Verkörperung*, Tübingen 2017.

[98] So führt beispielsweise Ronald Dworkin eine Analyse von Wertbegriffen durch. Vgl. Ronald Dworkin: *Gerechtigkeit für Igel*, Berlin 2014. Für das Verhältnis von Werten und mentalen Zuständen siehe z. B. Íngrid Vendrell Ferran: »Feeling as Consciousness of Value«, in: *Ethical Theory and Moral Practice*, Jg. 25 (2022), S. 71–88.

[99] Joseph Raz weist in seinen insgesamt sehr lesenswerten Studien auf die Bedeutung von Kultur und Geschichte hin, ohne dies weiter auszuführen. Siehe Joseph Raz: *Value, Respect, and Attachment*, Cambridge 2001; ders.: *The Practice of Value*, Cambridge 2003.

Wertbegriffe von einer bestimmten Aktualität im Zeitgeist ausgehen müsse, ihr gegenüber also nicht neutral sei.[100]

Drittens stellt sich – auf der Basis der bisherigen Überlegungen – aus einer Meta-Perspektive die Frage nach der disziplinären Verortung von Wertphilosophie. Heutzutage wird sie in der Regel der Metaethik zugeordnet, da es hier um Fundmentalprobleme geht, die die Genese moralischer Rechtfertigungen betreffen. Diese Lesart scheint aber wiederum sehr stark auf moralische Werte zugeschnitten zu sein. Nimmt man hingegen Hartmanns Überlegungen zur Unterscheidung verschiedener Wertarten, zur Einbeziehung soziokultureller Vermittlungsfiguren und zu den einschlägigen Einzelphänomenen ernst, so ergibt sich eine deutlich breitere Auffassung von Wertphilosophie, die u. a. mit Grundlagenproblemen der Ethik, aber auch der Ästhetik oder der politischen Philosophie befasst ist *und* die dabei kultur- und geschichtsphilosophische Überlegungen einschließt. Die Folgen einer solchen Denkhaltung lassen sich etwa in der Behandlung des Sinnproblems andeuten: Während in der Gegenwartsphilosophie schon aufgrund der eigenen disziplinären Zuordnung der Trend vorherrscht, Sinn als Sonderproblem der Moralphilosophie zu verstehen, arbeitet Hartmann heraus, dass Sinngebung und Sinnerfüllung eben nicht nur durch

[100] Das Verhältnis von Aktualität und Begriffsanalyse ließe sich anhand der Tugend der *Tapferkeit* illustrieren: Diese Tugend ist gemäß Hartmann weniger aktuell, wenn das entsprechende Seinsgebiet (Bewährung angesichts gefährlicher Situationen) in unserer geschichtlichen Realität keine wesentliche Rolle spielt. Sie wird dann entweder weniger wertgeschätzt oder aber uminterpretiert: Heute ist Tapferkeit keineswegs nur für Situationen von Kampf und physischer Gefahr reserviert, sondern umfasst vielmehr auch das ›tapfere‹ Eintreten für bestimmte Rechte vor Gericht, zivilgesellschaftliches Engagement gegen Widerstände usw. Für eine Begriffsanalyse würde dies aber offenkundig einen Unterschied bedeuten. Dass normative Begriffe und Güter unter verschiedenen historischen Bedingungen unterschiedlich »artikuliert« werden, hat in der angelsächsischen Diskussion Charles Taylor herausgearbeitet. Vgl. Charles Taylor: *Quellen des Selbst. Die Entstehung der neuzeitlichen Identität*, Frankfurt a. M. 2009, S. 15–204.

sittliche Werte, sondern auch auf dem Wege interpersoneller Wertschätzung oder der persönlichen Hingabe für verschiedenste Wertarten erfolgen können.[101] Diese Formulierung des Phänomens auf der Grundlage einer breit aufgestellten Wertphilosophie erfordert zwar die Berücksichtigung verschiedener Teilprobleme, hat jedoch offenkundig einen Vorteil, wenn es darum geht, unsere Alltagserfahrung von Sinnphänomenen überzeugend einzuholen.

Insgesamt wird deutlich, dass sich ausgehend von Nicolai Hartmanns Wertphilosophie Anregungen für die heutige Wertdebatte gewinnen lassen, die bereits deshalb attraktiv sind, weil sie dabei helfen können, derzeit brachliegende Fragestellungen neu zu erschließen. Wie auch sonst bei der Lektüre von Klassikern von Aristoteles über Kant und Hegel ergibt sich hier die Möglichkeit, die Perspektive Hartmanns zu nutzen, um Unterscheidungen und Beschreibungsmuster, die sich aus den jeweiligen Denkgewohnheiten der Traditionen entwickelt haben, auf ihre tatsächliche Überzeugungskraft zu überprüfen.

Abschließende Bemerkungen

Die in diesem Band versammelten Beiträge richten sich nach den Fassungen letzter Hand, wie sie in Nicolai Hartmanns *Kleineren Schriften* erschienen sind. Die einzigen Überarbeitungen betreffen altgriechische Fachtermini, die von Hartmann in Originalsprache zitiert wurden und die in dieser Ausgabe übersetzt werden, um die von einer Studienausgabe erwartete Verständlichkeit zu erreichen. Dabei kommen Hartmanns

[101] Siehe zur Darstellung des Sinnproblems etwa Christoph Halbig: »Sinn – eine dritte Dimension des guten Lebens?« In: Zeitschrift für Praktische Philosophie, Band 5 (2018), Heft 2, S. 55–78. Zur allgemeinen Frage nach dem Primat der Moral in der praktischen Philosophie der Gegenwart siehe Martin Hoffmann, Reinold Schmücker u. Héctor Wittwer: *Vorrang der Moral? Eine metaethische Kontroverse*, Frankfurt a. M. 2017.

Texte diesem Anliegen insofern entgegen, als er zusätzlich zu den altgriechischen Termini stellenweise auch passende Übersetzungen anführt, auf die bei der Bearbeitung zurückgegriffen werden konnte.

Dem Felix Meiner Verlag und hier insbesondere meiner engagierten Lektorin Ulla Hansen danke ich dafür, dieses schöne Projekt angeregt und mit vielen guten Ideen, großer Hilfsbereitschaft und einer vertrauensvollen Atmosphäre bereichert zu haben. Für einige hilfreiche Hinweise zu den von Hartmann verwendeten altgriechischen Termini danke ich Paula Greiner-Bär. Der Deutschen Forschungsgemeinschaft danke ich für die Möglichkeit, mich im Rahmen meiner Walter-Benjamin-Förderung mit den werttheoretischen Grundlagenfragen befassen zu dürfen, auf die in diesem Buch sowohl in der Einleitung als auch in den edierten Texten Bezug genommen wird.

NICOLAI HARTMANN

Das Wertproblem in der Philosophie der Gegenwart

(1936)

I

Die Vielheit der Lehrmeinungen darf darüber nicht täuschen, daß das Wertproblem in unserer Zeit, spät aber eindeutig, eine gewisse Spruchreife erlangt hat. Eine Verwechslung mit dem Zweckproblem ist heute nicht mehr möglich. Darüber sind sich auch die Gegner einig, daß Zwecke etwas sind, was auf Grund vorbestehender Wertfühlung gesetzt wird, daß also Werte Bedingungen möglicher Zwecke sind.

Es ist ferner kein Streit darüber, daß 1. unser Leben voll des Wertvollen ist; daß 2. dieser Wertgehalt überall vermengt mit Wertwidrigem auftritt; daß 3. die Anforderung an uns besteht, dem Wertvollen in der Welt gerecht zu werden, desgleichen 4. die Anforderung, Werte zu realisieren. Die beiden letzteren Anforderungen umspannen den ganzen Umfang des Ethos.

Ebenso steht fest, daß noch andere als sittliche Werte ins Leben hineinspielen: Vitalwerte, künstlerische, Erkenntniswerte u. a. m. Von diesen Wertgruppen hat jede ihre besondere Problematik; von ihr soll hier abgesehen werden, nur das allgemein Grundsätzliche des Wertvollseins steht in Frage. Dieses konvergiert in den praktischen Werten.

Weiter besteht Einigkeit darüber, daß die Geltung der Werte im Leben einem Wechsel unterworfen ist. Das zentrale Phänomen ist hierbei die geschichtliche Vielheit der Moralen, der kulturellen und ideellen Richtungen, der vorherrschenden Tendenzen und geistigen Strömungen. Werte sind nur im Wertbewußtsein gegeben, aber man kann sich beim Wertbewußtsein nicht auf Einhelligkeit berufen; also auch nicht auf bleibende Geltung.

Schließlich ist auch darüber kein Streit, daß dieser Wechsel der Geltung seinen Boden in den geschichtlich gewordenen und selbst veränderlichen Seinsverhältnissen des Menschenlebens hat. Der Mensch ist immer wieder vor die Bewältigung anderer Aufgaben gestellt, die er nicht gesucht, aber durch sein Tun mit heraufbeschworen hat. Was an ideellen Gesichtspunkten in die Richtung möglicher Lösung weist, erscheint ihm jeweilig als zentraler Wert; es hat für ihn Aktualität, beansprucht prärogative Geltung.

II

Dem steht zweierlei gegenüber, worin keine Einhelligkeit ist. Das erste ist das Inhaltliche. Über Werte wie Gerechtigkeit, Freiheit, Charakterstärke und viele Güterwerte ist zwar kein Streit; wohl aber über Härte und Nachgiebigkeit, Stolz und Demut, Wagemut und Vorsicht usw. Das aber ist keine prinzipielle Divergenz. Von ihr kann hier abgesehen werden.

Prinzipiell dagegen ist der Streit, ob Werte überhaupt etwas absolutes oder relatives sind, ob sie vom Realbestande der Welt abhängig oder unabhängig sind, ob sie dem Dafürhalten des Menschen unterliegen (ihm etwa gar entspringen) oder nicht; ferner ob ihr Bestehen in ihrer »Gültigkeit« aufgeht oder auch ohne sie fortdauert. Schließlich kann man fragen, ob sich von einem »Sein« der Werte sprechen läßt oder nicht. In diesen Fragepunkten steckt die Grundfrage: was eigentlich »sind« Werte?

Die extremen Thesen seien hier gleich ausgeschaltet: die Auffassung der Werte 1. als ewiger Normen ohne Beziehung auf das Reale, und 2. als bloßer Setzungen des Menschen, die seiner Willkür anheimgegeben wären. Das Erstere ist durch die Arbeit der Aufklärung und des Historismus, das Letztere durch die Tatsachen der Ethik genügend widerlegt. Beides entspricht den Phänomenen nicht.

Die Folge ist: es gibt eine gewisse Relativität in der Geltung der Werte, aber sie bedeutet nicht Abhängigkeit vom menschlichen Dafürhalten. Fällt also das »an sich Gelten« und das

»subjektive Gesetztsein« hin, welches ist dann der positive Sinn ihres Bestehens?

Es handelt sich bei dieser Frage nicht um die Wertobjekte; diese können erschaffen oder vernichtet werden, ihr Wertvollsein aber ist etwas anderes. Werte sind nur die Arten des Wertvollseins selbst. Sie werden nicht geschaffen, wohl aber »realisiert«; denn es liegt nicht in ihrem Wesen, real zu sein. Haben sie also ein Sein, so jedenfalls ein anderes als Realität.

III

Aber sie bestehen keineswegs außer aller Beziehung zum Realen. Erstens gibt es ihre Bezogenheit (Relativität) auf den Wertträger. Jede Art von Werten kann nur an einer bestimmten Art des Realen auftreten (ethische Werte an Personen als »freien« Wesen, ästhetische am sinnlich Wahrnehmbaren, Güterwerte an Dingen, Verhältnissen, Umständen usw.); sie steht und fällt mit dem Sein des Trägers. Aber das bedeutet nicht, daß der Wert mit dem bloßen Sein des Trägers schon gegeben wäre; er hat an diesem nur eine seiner Bedingungen.

Ferner gibt es die Gegenbedingung im wertempfangenden Wesen, die Relativität auf denjenigen, »für den« etwas wertvoll ist. Güterwerte z. B. sind überhaupt nur ein Wertvollsein »von etwas für jemand« (Nährwert, Nutzwert usw.); ähnlich die Vitalwerte »für« das Lebewesen, die ästhetischen »für« den Schauenden. Sogar an den ethischen Werten ist solch ein Moment: Treue, Zuverlässigkeit, Freundschaft, Liebe sind wertvoll »für« den, dem sie gelten. Das ist zwar nur ein anhängender Güterwert in ihnen, aber er gehört doch wesentlich dazu. Das sittliche Verhalten gilt stets Personen, die von ihm betroffen sind, und das eben macht das Verhalten gewichtig.

Drittens aber gibt es noch die Bedingtheit des Wertes durch den Typus der Situation. In jeder Art von Sachlage im Leben ist ein anderes Verhalten wertvoll (in der Gefahr der Mut, in der Erregung die Beherrschtheit, im Umgang der Takt, in der

Konkurrenz das faire Verhalten). Aristoteles sagte: jede Tugend hat ihr Seinsgebiet, d. h. ihre Relativität auf die Artung der Lebenslage. Hier wurzelt die ethische Mannigfaltigkeit des Guten, sowie die Inhaltslosigkeit eines bloß allgemeinen Prinzips.

Zu dieser letzteren Relativität gehört auch die vielberufene geschichtliche, die man als »Wandel der Werte« gedeutet hat. Auch die gemeinsame Lebenssituation wechselt, die ökonomische, die soziale, die politische; und je nach ihrer Gestaltung werden bestimmte Wertgruppen aktuell (d. h. maßgebend für das Leben selbst), andere aber werden irrelevant. Die letzteren entschwinden dem stets am Aktuellen orientierten Wertbewußtsein; die ersteren dagegen rücken ins Zentrum, gelangen zu allgemeinem Anerkanntsein (nach ihnen wird dann gewertet) und werden zuletzt bewußt zur Norm erhoben. Dieses als Folge des Aktuellwerdens einsetzende Anerkanntsein ist ihr geschichtliches »Gelten«.

Es ist wichtig, die strenge Problemparallele zwischen dieser geschichtlichen Relativität auf die allgemeine Lebenssituation und der privaten Relativität auf die besondere Situationstypik klar vor Augen zu haben. Denn es folgt daraus, daß jene ebensowenig eine eigentliche Wertrelativität ist wie diese. Wie der Einsatz des Lebens nicht wertvoll ist, wo nicht Gefahr droht, wie die Selbstbeherrschung leeres Getue ist, wo keine Leidenschaften sind, so ist auch in einem Sklavenmilieu der Bürgersinn sinnwidrig, in einem parlamentarischen Staate der blinde Gehorsam. Der Wert des einen wie des anderen bleibt bestehen, er findet nur keinen Spielraum; die Bedingungen seiner Realisation sind nicht gegeben. Daß die wirkliche Welt nicht überall und immer so ist, wie sie für das Aktuellwerden bestimmter Werte (und für ihre Geltung im Wertbewußtsein) sein müßte, liegt nicht an ihnen, sondern am geschichtlich Gewordenen. Wohl aber liegt es an ihnen, daß sie überall und immer zu Aktualität und Geltung gelangen, wo die Verhältnisse sich »so« gestalten.

IV

Hieraus lassen sich Konsequenzen ziehen. Vor allem fällt die subjektivistische Ansicht hin, als wären die Werte eine bloße Funktion der »Wertung«. Es gibt keine Relativität der Werte auf das Dafürhalten – sei es des Einzelnen oder des Milieus —, weil vielmehr das Dafürhalten (und die Wertung) davon abhängig ist, ob die Werte bestehen und zur Zeit aktuell sind. Niemand kann sich für etwas begeistern, was in der gegebenen Lage nicht begeisternd »ist«. Er kann sich zwar im Faktischen irren (er kann Heroismus sehen, wo keiner ist), aber nicht im Bewerten des Gemeinten; er wird auch den vermeintlichen Heroismus mit Recht verehren. Es ist unmöglich, daß etwas als wertvoll einleuchtet, was nicht wenigstens bei gegebener Auffassung der Tatsachen auch wertvoll ist.

Ferner folgt: alle sog. Wertrelativität – auch die geschichtliche – ist nicht eigentliche Relativität des Wertvollseins selbst, sondern nur eine solche 1. der Seinsbedingungen seines Auftretens und seiner Aktualität im Realen und 2. der »Geltung« im Wertbewußtsein. Denn das Wertbewußtsein richtet sich nach dem Aktuellwerden. Da aber jene Seinsbedingungen mit zur Wertmaterie gehören (d.h. zu dem Inhalt, dem der Wert zukommt), so fällt die ganze Relativität in die Wertmaterie. Diese ist eben nicht zu allen Zeiten gegeben; Aristotelisch: das Seinsgebiet ist nicht immer vorhanden.

Es folgt aber weiter: »wenn« es vorhanden ist (wenn also die Seinsbedingungen gegeben sind), so »ist« das Verhalten jederzeit wertvoll – ohne Rücksicht darauf, ob es auch von jemand als wertvoll empfunden wird, desgl. ob der Wert zur Zeit »gilt« oder nicht. Es ist unmöglich, daß etwas, was hier und jetzt wertvoll ist, unter wirklich gleichen Umständen jemals nicht wertvoll »sein« könnte; aber es ist gar nicht unmöglich, daß es nicht für wertvoll »gelten« könnte. Wertvollsein ist eben nicht dasselbe wie Für-wertvoll-Gelten.

Ist also die sog. »Relativität der Werte« vielmehr nur die geschichtliche Unbeständigkeit ihres Aktuellseins und der ihm folgenden »Geltung«, so löst sich das Rätsel, warum sie so hartnäckig den Werten selbst nachgesagt wird: das geschieht deswegen, weil man immer die Geltung für die Seinsweise der Werte selbst hielt. Das hat sich als Irrtum erwiesen, und damit fällt die Relativität des Wertvollseins als solche hin.

So bleibt den Werten bei aller Bezogenheit auf den Wechsel des Realen eine ganz bestimmte Art von Unabhängigkeit (Absolutheit): eben die des Wertcharakters selbst, oder des eigentlichen Wertvollseins (z. B. des Wertvollseins eines bestimmten Verhaltens unter bestimmten Umständen). Diese Absolutheit erscheint am deutlichsten in der Überzeitlichkeit des Wertvollseins, auch wo das wertvolle Reale nur ephemer ist. Es ist ein Irrtum, daß nur Ewiges ewigen Wert haben könne. Ewigen Wert hat gerade das Vergängliche. Sein Wertcharakter ist eben das Ewige an ihm. Der Wert einer Sache ist so wenig an ihre Dauer gebunden, wie die Wahrheit eines Satzes an das Aufblitzen und Verschwinden der Einsicht in menschlichen Köpfen.

V

Auf dieser Linie kann sich der berechtigte Wertrelativismus mit dem berechtigten Wertabsolutismus vereinigen. Wenn beide streng bei den Phänomenen bleiben und nicht Theorien bauen, greifen sie harmonisch sich ergänzend ineinander. Dem Relativismus genügt die geschichtliche Bedingtheit des Aktuellseins und der »Geltung«, diese aber wird vom Gegner zugestanden; dem Absolutismus wiederum genügt das Bestehenbleiben des Wertvollseins, auch wo es nicht aktuell ist und nicht »gilt«, und das berührt nicht die Tatsachen der historischen Relativität.

Beide Theorien enthalten nicht nur Wahres, sondern sind füreinander schlechterdings unentbehrlich. Denn erst die Relativität der Geltung zeigt, was der Sinn unabhängigen Bestehens ist; und erst dieser offenbart, was es mit der Relativität auf sich hat. Darüber hinaus aber können erst beide zusammen das Rätsel des Wertbewußtseins klären.

Ist nämlich das Wertgefühl relativ auf Zeitumstände, so scheint es damit auch unverläßlich zu sein. Da wir aber kein anderes Wissen um Werte haben, so würde das heißen, daß alles Werterfassen unsicher wäre. Es ist daher wichtig, sich darüber klar zu sein, was es mit dem »Nicht-Gelten« gewisser Werte zu gewisser Zeit auf sich hat, die zu anderer Zeit in »Geltung« stehen. Dieses Phänomen ist durch die Zeitbedingtheit des Aktuellseins vollauf geklärt; ergänzt wird die letztere durch Schelers Begriff der »Wertblindheit«, sowie den von mir eingeführten der »Enge des Wertbewußtseins«. Es bedarf zum Verständnis dieses Phänomens durchaus nicht der Annahme einer Täuschbarkeit des Wertgefühls. Es genügt, daß alles Wertfühlen inhaltlich begrenzt ist, nicht zugleich alle Werte fassen kann und erst im Maße seines Reifens – in Abhängigkeit von der sich ändernden geschichtlichen Gestaltung des Lebens – für sie sehend wird. Tatsächlich lehnt kein Wertbewußtsein einen Wert ab, den es überhaupt erfaßt. Aber es erfaßt Werte nur nach den Gesetzen seines eigenen Sichöffnens.

Der notwendige Komplementärbegriff zur »Enge des Wertbewußtseins« ist das »Wandern des Wertblickes« mit seinem Gesichtskreise innerhalb der Ebene der Werte. Vom Wertreich aus gesehen, bedeutet dieses Wandern genau dasselbe wie die geschichtliche Bedingtheit der »Geltung«; denn es erfolgt in der Zeit und steht in Abhängigkeit von den sich wandelnden Lebensverhältnissen. Zu jeder Zeit eben steht das Bewußtsein nur mit einem Ausschnitt des Wertreiches in Fühlung. Und dieser Ausschnitt ist zu jeder Zeit ein anderer. Die Werte selbst aber bleiben unbewegt.

Sie werden also nicht nur nicht vom Einzelnen geschaffen, sondern auch nicht vom objektiven Geiste (wie Hegel voraussetzte). Auch die Zeitalter können nur »sehend« werden für das, was »ist«. Der Geist wird ergriffen von neuen und neuen Wertbereichen, sofern diese selbst unabhängig davon bestehen. In diesem Sinne – und nur in diesem – darf man von einem »idealen Sein« der Werte sprechen. Es ist kein Fürsichsein, sondern ein Sein in Abhängigkeit von mannigfachen Seinebedingungen. »An sich« besteht es nur den werterfassenden Akten gegenüber.

VI

Die bewegenden Mächte des Wertbewußtseins sind die Wahrheit der scheinbaren Wertrelativität. Sie liegen aber weder bei den Werten allein, noch bei der Wandelbarkeit der Lebensverhältnisse allein, sondern auch bei der Selbstbewegung des geschichtlichen Geistes. Von diesem aus gesehen also ist die Bewegung des Wertbewußtseins sowohl »von oben« als »von unten« her bedingt, zugleich aber auch Eigenbewegung des Geistes.

Der Geist einer Zeit ist wesentlich durch Aufgaben bestimmt, die ihm erwachsen – ungerufen, wenn auch nicht immer ohne sein Zutun –, und je nach ihrem Auftreten werden bestimmte Wertgruppen für ihn aktuell (in Zeiten des Kampfes Tapferkeit und Heldenmut, in Zeiten politischen Aufbaus Gerechtigkeit und Bürgersinn, in Zeiten wirtschaftlicher Entfaltung Betriebsamkeit und Ehrlichkeit, usw.).

Da aber die Werte untereinander Zusammenhänge und Gegensätze zeigen, so involvieren sie einander auch im Wertbewußtsein, oder sie verdrängen einander aus ihm: das erstere durch eine Art Affinität unter ihnen, das letztere durch das Tyrannischwerden einzelner Werte im Wertbewußtsein (Wertfanatismus).

Schließlich schaut aber jedes geistige Leben auch von sich aus nach neuen Werten aus. Es verläßt das Verbrauchte, weil es verbraucht ist, tastet sich zu neuen Ideen fort, weil sie neu sind. Alle Normen haben die Tendenz, sich im lebenden Geiste zu überleben. Denn der Geist wird zuletzt annähernd so, wie er sich gewollt hat. Dann hören die Werte, denen er nachstrebte, auf, maßgebend zu sein – nicht weil die Lebenssituation sich geändert hätte, sondern weil sie selbst realisiert sind – und andere rücken an ihre Stelle.

Diese drei Faktoren halten das Wandern des Wertbewußtseins in Bewegung. Sie lassen es geschichtlich nie ganz zur

Ruhe kommen. Sie bilden die Motive einer ständigen, stillen, unmerklich fortschreitenden Revolution des Wertbewußtseins, die gelegentlich auch sehr sichtbare Umbrüche erfährt. Aber die Werte selbst verharren, wie alles Ideelle, und werden von ihr nicht berührt.

Vom Wesen sittlicher Forderungen

(1955)

I

Man braucht durchaus kein Moralist zu sein, um sittliche Forderungen anzuerkennen, das eigene Leben unter sie zu stellen und fremdes oder eigenes Verhalten nach ihrem Maßstabe zu beurteilen. Wir tun es mehr oder weniger alle, im Aburteilen über Menschen und Taten sind wir schnell bei der Hand, an der eigenen Person fällt es uns schwerer, aber nicht weil uns hier die Maßstäbe fraglich wären, sondern weil das eigene Ich dem Werturteil Widerstand leistet. Man kann wohl über gewisse hohe Anforderungen streiten, ob sie zu Recht bestehen; es gibt aber auch viel bescheidenere, solche der »einfachen Sittlichkeit«, der Güte, des Hilfreichseins, der Anständigkeit, der naheliegenden Rücksicht[1], über die kein Streit ist. Sie sind uns so geläufig, daß wir sie erst bemerken, wo sie verletzt werden; aber da kann unsere Ablehnung dann auch der allgemeinen Zustimmung gewiß sein.

Man braucht aber noch lange kein Antimoralist zu sein, um sich zu fragen: warum eigentlich stellen wir unser Leben unter sittliche Forderungen? Die Frage ist identisch mit der anderen: was ist es damit, daß wir sittliche Wesen sind, daß wir Taten und Personen anerkennen und ablehnen, daß wir überhaupt ein Ansinnen stellen und menschliches Verhalten gut oder böse nennen? Gerade dem Ernstgesinnten muß die Frage naheliegen. Es ist doch nicht so selbstverständlich, daß wir Forderungen erheben und als allgemeingültig voraussetzen, obgleich sie sich im Leben nicht von selbst verwirklichen. Warum sind wir nicht

[1] Vgl. Otto F. Bollnow, *Einfache Sittlichkeit*, Göttingen 1947, neu erschienen in: *Schriften*, Bd. 3, Würzburg 2009.

zufrieden damit, wie die Natur uns geschaffen hat? Warum verlangen wir vom Menschen, daß er anders sei?

Die Frage wird sehr ernst, wenn man bedenkt, daß es doch hochorganisierte Lebewesen gibt, die schlicht nach ihren angestammten Artgesetzen leben, nach ihren Instinkten reagieren, mit denen sie ausgestattet sind, und denen es dabei an nichts fehlt. Ist es die Hybris des Menschen, daß er mehr sein will, als er ist? Ist seine Moral, ist das Erheben der Forderungen ein Auswuchs, eine Überheblichkeit? Und ist es vielleicht so, daß diese sich nun an ihm rächt – in ewiger Unzufriedenheit mit sich selbst?

Die letzte, schon ein wenig sensationell zugespitzte Frage mag nun hier aus dem Spiele bleiben. Aber die Grundfrage nach dem Sinn sittlicher Forderungen überhaupt läßt sich nichts abhandeln. Und hier gibt nun – noch weit diesseits aller hohen ethischen Probleme – der einfache Vergleich mit der Daseinsform der höheren Tiere einen ersten entscheidenden Fingerzeig. Die heutige Anthropologie hat überzeugend dargetan, daß der Mensch nicht von Natur mit allen Instinkten ausgerüstet ist, die seinen eigenen Bedürfnissen genügen würden. Die Hilflosigkeit des Kindes, die Langsamkeit, mit der es zur Beherrschung der einfachsten Verrichtungen kommt, sind das sprechende Zeugnis dafür. Der Mensch kommt nicht fertig zur Welt, er muß sich erst allmählich zum voll entwickelten Menschen machen. Das geschieht in langwieriger Anpassung und Übung des Individuums, wobei die erwachende und selbst erst sich entwickelnde Intelligenz in zunehmendem Maße eine Rolle spielt.

Das Tier ist, um es geradeheraus zu sagen, das vollkommenere Wesen. Es ist in seinen Instinkten mit all den Fähigkeiten ausgerüstet, die es braucht. Der Mensch ist es nicht, und zwar gerade weil er das höhere, das geistige Wesen ist. Es ist ein alter Irrtum, daß die »Höhe« als solche schon Vollkommenheit sei. Lange hat der Mensch geglaubt, er sei das »vollkommenste« Wesen, weil er zu Größerem berufen sei; er hat damit sich selbst am meisten Unrecht getan, denn so gerade mußte er die in seine Freiheit gestellten »höheren« Aufgaben verkennen. Im

Sinne größerer Überschau über die Stufen der Gebilde, welche die reale Welt ausmachen, möchte man eher umgekehrt meinen: die Vollkommenheit nimmt mit ansteigender Seinshöhe ab; die vollkommensten Gebilde könnten vielleicht die Atome sein, jedenfalls aber die dynamischen Gefüge der körperhaften Welt, die niemals von ihrer strengen Naturgesetzlichkeit abweichen. Der Organismus kennt schon Störung, Mißbildung, Krankheit, an ihm gibt es das Phänomen des Todes; denn nur das Lebendige kann »sterben«. Das Bewußtsein ist weitgehend der eigenen Initiative überlassen; es hat Distanz gegen das Naturgesetz einschließlich der eigenen Artgesetze seines Trägers, des Organismus. Das geistige Leben vollends hat Freiheit, es kann in jeder seiner Aktionen treffen oder verfehlen. Die höchste Gabe ist eine gefährliche Gabe. Das Tier ist nur von außen gefährdet, durch die umgebende Welt; der Mensch ist von innen heraus gefährdet, aus dem eigenen Wesen. Wohl ist er das höchste Wesen, das wir kennen, aber eben darum auch das unvollkommenste.

Es sollte eigentlich a priori einleuchtend sein, daß ein primitives Wesen viel leichter zur Vollkommenheit gelangt als ein hochkompliziertes mit unabsehbaren Möglichkeiten. Es gehört bei ihm eben viel weniger dazu, sein Wesen zu vollenden. Aber wie dem auch sei, das Unvergleichliche des Menschen ist jedenfalls, daß er vor Aufgaben an seinem eigenen Wesen steht, die zu erfüllen seiner Initiative zufällt. Und dies dürfte der Sinn des Hegelschen Wortes vom Geiste sein, daß er sich immer erst zu dem machen muß, was er ist.

Denn der Mensch ist geistiges Wesen, er hat viel zu entwikkeln, und vielleicht darf man sagen, er wird nie »fertig«. Das ist auch sein Vorzug: so erst kann er sich neuen Lebensverhältnissen anpassen, Aufgaben höherer Art zuwenden; er ist nicht festgelegt auf bloße Selbsterhaltung, er kann sich etwas vornehmen, hat »die Freiheit, aufzubrechen, wohin er will«.

Das beginnt schon in den Kreisprozessen des Kindheitsstadiums, in denen das Sprechen und Sichverständigen, damit zugleich aber auch das Hineinwachsen in die Menschengemeinschaft und die geistige Umgebung, zustande kommt; desgleichen im Spiele mit dem Dinge, dem scheinbar zwecklosen Tun, in dem gleichwohl das Gegenstandsfeld der Dinge ihm verfügbar wird. Es setzt sich im reiferen Alter fort in der Arbeit, denn auch sie ist ein Kreisprozeß: sie wirkt zurück auf den Wirkenden, er lernt, indem er schafft, er kommt mit der Beherrschung der Sache zugleich zur Beherrschung und Auswertung der eigenen Fähigkeiten.

In diesem Zusammenhang muß man das Wesen des Menschen auch im Hinblick auf seine größeren Aufgaben ansehen. Einst hatte Aristoteles ihn als das »von Natur gemeinschaftbildende Lebewesen« definiert. Es liegt dem die Meinung zugrunde, daß der Mensch nicht anders als im Zusammenschluß mit anderen Menschen leben kann, dabei aber vor die Anforderung gestellt ist, eben diesen Zusammenschluß erst zustande zu bringen, ja dessen Form, die tragfähige Gestalt einer höheren Einheit allererst zu finden. Denn diese Einheit ist ihm von Natur nicht gegeben.

Man kann von hier aus ein ganzes System von Aufgaben ableiten, die zu bewältigen dem Menschen durch seine »Natur« zufällt. Sie reichen bis zum Recht, zum Staat, zur Politik hinauf. Das Nächstliegende aber ist, daß der Mensch sich selbst zum gemeinschaftsfähigen Wesen hinaufbilde. Denn auch das fällt ihm nicht in den Schoß. Dazu muß er sich einfügen lernen, sich in Zucht nehmen, Forderungen an sich selbst stellen, die ihm nicht natürlich sind, sondern eher seinen mitgebrachten Tendenzen widerstreiten. Er ist bedürftig der Zucht, um auch der einfachsten Gemeinschaft fähig zu werden, aber er muß sie sich erst erringen. Es liegt auf der Hand, daß schon hiermit eine vorläufige Antwort auf die Frage nach dem Sinn und Wesen sittlicher Forderungen gegeben ist. Der Mensch kann in der Tat nicht leben, ohne sie zu stellen, und zwar in erster Linie an sich selbst zu stellen. Diese Antwort ist zunächst nur eine allgemein-anthropologische und hat die natürlichen Grenzen einer solchen an sich. Aber man gelangt, wenn man ihre Konsequenzen verfolgt, sehr bald zu genauerer Auskunft.

II

Denn der Mensch ist auch ein Wesen, das entsprechende Fähigkeiten mitbringt. Unter diesen steht die der Aktivität ganz an erster Stelle. Aktivität ist nicht dasselbe wie Reaktivität. In Reaktionen erschöpft sich das instinktive Verhalten der Tiere. Der Mensch antwortet mit seinem Tun nicht nur auf gegebene Umstände, er setzt auch Ziele, die weit über sie hinausreichen. Er ist das eigentlich zwecktätige Wesen.

Zwecktätigkeit ist nicht dasselbe wie Zweckmäßigkeit. Zweckmäßig können auch Dinge sein – zur Nahrung, zum Bauen, zur Verteidigung – nämlich wenn der Mensch oder sonst ein Lebewesen sie zu gebrauchen weiß. Zwecktätig sind aber nicht sie, sondern der sie Gebrauchende. Zweckmäßig sind auch die Reaktionen der Lebewesen, desgleichen die Instinkte, die hinter ihnen stehen; sie sind es in demselben Sinne, wie alle organischen Funktionen zweckmäßig sind, solange sie normal funktionieren. Aber eines ihnen vorgezeichneten Zweckes bedarf es nicht, es steht auch kein zwecksetzender Verstand hinter ihnen. Ihre Form ist, wie Kant sie nannte, die einer »Zweckmäßigkeit ohne Zweck«.

Die Natur setzt keine Zwecke. Aber der Mensch setzt sie. Er hat das geistige Bewußtsein, das des Vorgriffs und der Vorzeichnung mächtig ist – er ist das zwecktätige Wesen. Vorsehung und Vorbestimmung – die altbekannten Prädikate der Gottheit – machen diese seine Fähigkeit aus. In ihnen wurzelt die charakteristische Überlegenheit des Menschenwesens über die umgebende Natur. Es ist keine Überlegenheit der Kraft – darin sind ihm die meisten Naturmächte weit über, sondern des Geistes – der Findigkeit, der Zwecktätigkeit. Er vermag es, die blinde Naturkraft einzufangen und als Mittel für seine Zwecke zu gebrauchen. Wäre die Naturkraft auch an Zwecke gebunden, sie würde sich den seinigen widersetzen. Aber sie ist an keine gebunden, sie folgt gleichgültig gegen das Resultat ihren Gesetzen, wirkt sich nach ihnen aus, einerlei ob sie irgend jemandes Zwecken dient oder nicht. Ihre Wirkungsform ist der Kausalnexus, in diesem aber ist nichts vorausbestimmt.

Die Aktivität des Menschen ist also doppelt bedingt: von ihm selbst her und von der umgebenden Welt her, ersteres durch seine Fähigkeit, Zwecke zu setzen und zu verfolgen, letzteres durch die Indifferenz der Natur gegen seine Zwecke. Das gilt freilich zunächst nur dem dinglichen Sein gegenüber. Schon der Organismus mit seiner weit höheren Gesetzlichkeit und Eigenbestimmtheit macht es ihm schwerer. Am Menschen aber begegnet er dem ebenbürtigen Gegenspieler, der selbst Zwecke setzt und verwirklicht; da hat er es mit seinesgleichen zu tun, und damit wird die Sachlage eine ganz andere.

Der menschliche Gegenspieler nämlich macht ihm das Spiel nicht nur schwer, sondern gibt diesem auch ein neues Gewicht: die Folgenschwere ist eine ganz andere, wenn das Objekt der Aktion ein der eigenen Person gleiches Wesen ist – gleichfalls Person, und zwar nun die von der Aktion betroffene Person. Dieses Verhältnis ist es, was das Tun zur Handlung macht. Die Handlung ist verantwortliches Tun, weil sie der Person etwas antut, sei es im Guten oder im Bösen. Die einfache Grundform der Handlung ist ein Schalten mit Dingen in bezug auf Personen. In solchem Schalten ist die Sphäre des Zusammenlebens bereits berührt: jede Handlung betrifft das gemeinsame Leben mit, auch wenn sie direkt nur das Ding trifft. Denn der Mensch bedarf des dinglichen Gutes und ist in ihm mitbetroffen.

Aber diese Bestimmung der Handlung ist noch äußerlich. Erst ein Blick auf die mannigfache Verschlingung menschlicher Interessen, Zwecke und Aktionen führt in ihr Wesen hinein. Der Schlüsselbegriff hierbei ist der der Situation. Denn es gibt kein Handeln ohne gegebenen Anlaß, mag dieser nun ein äußerer oder mehr innerer sein. Stets geschieht Handlung aus bestimmter Lebenslage heraus und ist wesentlich durch sie mitbestimmt. Was aber ist das Wesen der Situation? Es ist leicht zu sehen, daß sie jederzeit eine andere ist, individuell, ephemer, in der Variabilität so mannigfaltig, daß es aussichtslos scheint, nach ihrem »allgemeinen« Wesen zu fahnden. Dennoch läßt sich ein solches herausheben. Es liegt in folgenden vier Momenten.

1. Wir können uns die Situation nicht wählen, wir »geraten« in sie, werden zumeist überfallen von ihr. Das gilt auch dann, wenn wir sie durch eigenes Tun mitgestaltet haben, denn niemand durchschaut ganz die Folgen seines Tuns; die wirkliche Situation fällt immer anders aus, als wir sie vorgesehen. Das ist schon darum so, weil nicht berechenbare Sachzusammenhänge allein sie ausmachen, sondern stets auch die verborgenen Gesinnungen und Absichten der Menschen, zwischen denen sie spielt.

2. Sind wir einmal hineingeraten, so können wir nicht mehr ausweichen. Alles Geschehen schreitet in der Zeit vorwärts; es gibt das Zurücktreten in ein früheres Stadium wohl in Gedanken – da sehen wir dann, wie wir die heraufziehende Situation hätten vermeiden können –, nicht aber in Wirklichkeit. Wir müssen also hindurch, müssen sie auf uns nehmen und mit ihr zurechtzukommen suchen.

3. Das bedeutet weiter: wir müssen in ihr handeln, müssen uns entschließen, Entscheidung fällen. Es hilft uns nichts, wenn wir die Hände untätig in den Schoß legen. Auch die Unterlassung ist Entscheidung. Ja, sie ist im ethischen Sinne auch ein Handeln. Und wenn sie schuldhaft ist, fällt die Schuld ebensosehr auf uns zurück wie die aus aktivem Verhalten.

4. Aber die Situation allein sagt uns nicht, »wie« wir handeln sollen, sie schreibt uns den Weg nicht vor. Sie schränkt nur die Möglichkeiten ein. Die Entscheidung überläßt sie uns selbst. Das gilt im Großen wie im Kleinen. Wir bemerken es freilich selten in seiner ganzen Tragweite, vielleicht nur an gewissen bedeutsamen Wendepunkten unseres Lebens, wenn wir auf weitere Sicht entscheiden müssen. Aber grundsätzlich ist es in all den kleinen Augenblicke-Situationen dasselbe. Nur das Gewicht der Entscheidung variiert.

Die beiden letzteren Punkte zeigen deutlich das Schicksalhafte im Wesen der Situation. Es besteht darin, daß stets in ihr ein Moment der Unfreiheit und ein Moment der Freiheit miteinander verbunden sind: darin sind wir nicht frei, »ob« wir entscheiden und handeln wollen oder nicht, wir müssen entscheiden, und wir entscheiden immer in der einen oder anderen Weise; in unsere Freiheit gestellt bleibt nur, »wie« wir entscheiden. Wir sind gezwungen zur freien Entscheidung, oder in abgekürzter Formel: die Situation ist für uns Zwang zur Freiheit.

Das ist keineswegs widersprechend. Widersprechend sind die übertriebenen Vorstellungen von der menschlichen Freiheit, ebenso wie die von der Notwendigkeit. Es gibt keine absolute oder vollständige Freiheit menschlicher Entscheidung; immer gilt es, sehr genau mit den bestehenden Verhältnissen zu rechnen. Diese eben machen in jedem Augenblick die besondere Situation aus, und sie kann der Mensch nicht ändern. Aber es gibt auch keine allesbestimmende Notwendigkeit, die uns der Entscheidung überhebt, etwas bleibt immer in unsere Freiheit gestellt. Und um dieses Etwas handelt es sich im ethischen Wesen der Situationen. Nun aber ist unser ganzes Leben, praktisch gesehen, eine einzige, nie abreißende Kette von Situationen. Wir sind lebenslänglich von Augenblick zu Augenblick zur freien Entscheidung gezwungen[2].

Handlung ist, von hier aus gesehen, die Antwort des Menschen auf die gewordene Situation, sofern nicht diese allein, sondern stets und notwendig auch eigene Entscheidung des Menschen mitbestimmend ist. Dadurch unterscheidet sie sich radikal von der bloßen Reaktion. Und hier ist am deutlichsten der Unterschied des Menschenwesens selbst vom instinktgeleiteten Tier zu greifen.

Er fällt sehr zum Nachteil des Menschen aus. Dem Tier sagen seine Instinkte, was es in jeder Situation zu tun hat. Sie sagen es nicht dem Bewußtsein, sondern direkt dem Organismus, und der Organismus verfährt nach ihnen, er reagiert in der ihm vorgezeichneten Weise. Das Tier schwankt nicht, es fehlt und

[2] Vom metaphysischen Problem, wie Freiheit möglich ist, soll hier nicht gehandelt werden. Ich verweise dafür auf die Werke *Ethik*, Kap. 65–83 und *Der Aufbau der realen Welt*, Kap. 60–61.

vergeht sich auch nicht, es ist geborgen und wohlgeleitet durch die Kraft seiner Artgesetze. Das ist seine Vollkommenheit. Der Mensch hat es so gut nicht. Ihm sagen es seine Instinkte nicht, was er zu tun hat, es sei denn in den ganz primitiven Dingen der Selbsterhaltung, und auch da nicht einmal immer. Seine Situationen sind kompliziert, er findet den Ausweg nicht vorgezeichnet. Er ist auf seine Freiheit gestellt, er sieht mehr als eine Möglichkeit, auf ihm liegt die Last der Entscheidung. Er kann irregehen, kann das Rechte verfehlen. Er ist von innen her bedroht – durch die hohe Gabe seiner Freiheit, die zu gebrauchen er bei jedem Schritt im Leben gezwungen ist, während die Richtpunkte, nach denen er sich entscheiden könnte, ihm weder durch seine Natur noch durch die Situation gegeben sind.

Das ist die Unvollkommenheit in seinem Wesen, die innere Gefährdung, in der er steht, seine Unberatenheit und gleichsam seine Verlassenheit von guten und schützenden Mächten. Das ändert nichts an der Höhe der Gabe, die in eben dieser Freiheit steckt; denn sie ist das Auf-sich-selbst-Gestelltsein des Menschen, seine Losreißung vom Dienste des Organismus und der natürlichen Antriebe, damit aber zugleich seine Fähigkeit der Zuwendung zu anderen und weit höheren Zielen. Aber woher nimmt er diese, und wie sind sie ihm gegeben, wenn doch seine Natur sie ihm nicht zu geben vermag? Hier ist die Lücke, in welche die sittliche Forderung einspringt. Sie bedeutet Führung, Richtunggebung in der Entscheidung, welche die Situation von ihm erheischt. Sie setzt genau dort ein, wo die Instinkte ihn im Stich lassen. Und so erst, mit ihr als Leitprinzip vor Augen, wird er zum handlungsfähigen Wesen. Die Macht der Zwecktätigkeit und die der Freiheit tun es allein noch nicht. Erst daß er etwas erschaut, was da sein soll, kann seinem Tun sinnvolle Richtung geben. Denn, auf die Situation bezogen, bedeutet das, daß er etwas erfaßt, was in ihr durch ihn geschehen soll.

Es muß hier einstweilen noch dahingestellt bleiben, wie er zur sittlichen Forderung kommt und wie sie ihm gegeben ist. Die Frage wird uns noch beschäftigen. Wichtig ist vor der Hand nur, daß der Kreis der Fähigkeiten, die ihn zum handelnden

Wesen machen, erst hiermit sich schließt. Ohne ein Sollen, das die Richtung weist, bleibt die zwecktätige Aktionsfähigkeit sinnlos, ein bloßes Hinausweisen ins Leere.

Indessen, bevor sich die Untersuchung dem Wesen der sittlichen Forderungen selbst zuwendet, ist hier noch etwas über den Charakter der Handlung nachzuholen, was in den oben getroffenen Bestimmungen noch nicht enthalten war. Es ist das Gesetz aller Handlung, daß sie in die Zukunft geht; das Vergangene ist nicht zu ändern, ist allem Zugriff entzogen, aber auch das Gegenwärtige ist, streng genommen, nicht mehr zu ändern. Es ist das jeweilig so Gewordene; es ändern hieße, ins Vergangene zurückgreifen, in dem seine Bedingungen lagen. Das ist dem Menschen verwehrt, es geht gegen das Gesetz der Zeit und des zeitlichen Geschehens überhaupt. Die Handlung ist auch ein Geschehen, und sie besteht im Eingreifen in die laufenden Vorgänge, sie besteht also freilich in der Veränderung der Bedingungen, aber nur für das noch nicht Gewordene, das Zukünftige. Es ändert daran nichts, daß die Zeitunterschiede zuweilen sehr klein sind, so daß wir praktisch das Gefühl haben, in das noch Gegenwärtige einzugreifen. Der populäre Gegenwartsbegriff ist eben kein strenger, wir rechnen noch das soeben Geschehene und das Nächstfolgende mit dazu. Aber in Wirklichkeit besteht die Zeitdifferenz immer, und alles Handeln, ja alles Tun überhaupt, geht in die Zukunft.

Man kann das auch so ausdrücken: nur das Zukünftige steht dem Eingriff menschlicher Aktivität noch offen. Das einmal Gewordene ist ihr entzogen. Nun aber ist von allem, was da geschieht, gerade nur das schon Gewordene erfahrbar, das Zukünftige aber nicht. Der Erkenntnis ist hier gleichsam der Vorhang vorgezogen, den sie nicht nach Belieben wegziehen kann; erst das Vorrücken der Zeit und des Geschehens zieht ihn fort, dann aber ist das, was wir zu sehen bekommen, nicht mehr das Zukünftige und damit unserer Beeinflussung entzogen. Die Erfahrung kommt, aber sie kommt für das Handeln zu spät.

Es folgt: gerade dasjenige von allem Geschehen, was uns am aktuellsten angeht und allein unserem Zugriff offen steht, ist uns nicht erfahrbar, und zwar gerade solange es uns noch offen steht. Daß man an dieses paradoxe Verhältnis allerhand metaphysische Betrachtungen knüpfen kann, ist selbstverständlich; sieht das Ganze doch aus, wie die listige Einrichtung eines deus malignus. Aber das muß hier aus dem Spiele bleiben. Denn wichtiger ist gerade der engbemessene Rest von Zugänglichkeit des Zukünftigen für die Erkenntnis.

Denn Erkenntnis besteht nicht in der Erfahrbarkeit allein. Es gibt auch vorgreifende Einsicht, wennschon sie dem Menschen knapp zugemessen ist. Wäre der Mensch der »Vorsehung« überhaupt nicht fähig, so wäre er auch der Handlung nicht fähig. Das aber ist ein Wesensstück seiner eigenartigen Stellung inmitten des Weltgeschehens – und wenn man so will, seine Gottähnlichkeit –, daß er ein gewisses Maß an Vorsehung hat. Im Bilde gesprochen, der Vorhang vor dem Zukünftigen hat für ihn einen schmalen Spalt, und schon das Wenige, das er durch den Spalt erschaut, genügt, daß er überhaupt planen, disponieren, Möglichkeiten erwägen und vorsorgen kann.

Wie das geschieht, ist eine erkenntnistheoretische Frage. Deren Lösung kann hier nur angedeutet werden: sie liegt im apriorischen Moment unserer Erkenntnis. Daß wir im Leben durch Erfahrung lernen, beruht darauf, daß wir das Erfahrene verallgemeinern, nicht etwa gleich zu strenger Allgemeinheit oder Gesetzlichkeit, meist vielmehr nur im Sinne vager Analogie, die uns auch täuschen kann. Alle Verallgemeinerung und alle Analogie enthält ein Moment des Apriori, sie schließt künftige Fälle ein und wird dadurch zum Vorgriff. Es sind keine Schlüsse, die hier gezogen werden, sondern unmittelbar erwarten wir, daß unter ähnlichen Umständen wieder Ähnliches geschieht; eine Garantie für das Eintreffen des Erwarteten haben wir nicht, dafür ist der Anhalt am Erfahrenen viel zu lückenhaft, die Analogie zu vage. Dennoch kann mit der zunehmenden Lebenserfahrung die ihr folgende Verallgemeinerung an Sicherheit zunehmen, der Blick für das noch im Anzuge Begriffene sich schärfen, die Vorsehung sich erweitern. Der Mensch hat ungefähr so viel Vorsehung, wie er praktisch braucht, um überhaupt planen zu können; eine feste Grenze ist ihrer Erweiterung nicht gesetzt. Was hieraus folgt, ist nicht wenig. Zunächst fällt neues Licht auf das Wesen der Handlung. Die Handlung ist, weil sie nur in das Zukünftige hineingreifen kann, Vorgriff ins Unerfahrene, aber nicht ins völlig Unerkannte. Immerhin greift sie ins Ungewisse, und niemand kann für alles einstehen, was sie anrichtet. Zwecktätigkeit und Freiheit gehen nur so weit, als die Vorsehung reicht. Handlung bleibt stets Wagnis. Und um das Wagnis weiß der Handelnde grundsätzlich sehr wohl, wenngleich er selten abschätzen kann, wie weit es seine Kreise zieht. Etwas vom »Tappen im Dunklen« bleibt stets an ihr haften.

Nun aber zwingt die Situation den Menschen zum Handeln, und das ganze Leben ist eine Kette von Situationen. Schaut man also das Wesen der Situation – die ja nicht sagt, was wir zu tun haben – mit dem des Vorgriffs und des Wagnisses zusammen, so läßt sich noch einmal und in tieferem Sinne die Rolle ermessen, welche die sittlichen Forderungen in unserem Leben spielen. Sittliche Forderung sagt nicht nur überhaupt allererst, was wir tun sollen, sondern sie leuchtet auch in das Dunkel der Ungewißheit hinein, in dem das noch Ungeschehene uns verschwimmt. Sie hat deswegen von vornherein denselben apriorischen Charakter, der allem Wissen um Zukünftiges anhaftet. Aber dieser Charakter tritt hier rein zutage. Denn sie sagt uns nicht, was geschehen wird, sondern was geschehen soll, und zwar was durch uns geschehen soll. Das aber steht in weitgehender Unabhängigkeit da von dem, was geschehen wird. Und damit kann es auch in anderer Reinheit und Gewißheit vorerkannt werden. Sie sagt uns zwar nie direkt, was wir im bestimmten Falle tun oder lassen sollen, wohl aber im Allgemeinen und Grundsätzlichen. So ist es mit jedem sittlichen Gebot oder Verbot, jedem Imperativ, jedem Wert und Unwert, den wir erfassen, und sei es auch nur mit dem Fühlen des Rechten und Unrechten. Immer ist es doch ein Leitprinzip, das wir daran finden, und immer lichtet sich das sonst Undurchsichtige an ihm.

III

Nicht immer, vielleicht nur selten einmal, ist es die einzelne Handlung, in der unsere Entscheidung fällt. Es gibt auch die einmal gewonnene, im Leben erkämpfte Gesamthaltung, aus der heraus die Handlung quillt. Dann aber steckt in der Gesamthaltung die Entscheidung, und auch für sie gilt dieselbe Sachlage: auch in ihr ist die sittliche Forderung das Maßgebende, sei es nun, daß wir ihr folgen oder zuwiderhandeln.

Es fällt also alles Gewicht auf die Forderung selbst, auf unser Wissen darum, was das Gute ist, auf das Gewissen, auf das Wertbewußtsein, das Wertgefühl. Wer in einer festen Moral steht, an der ihn keine Zweifel ankommen, hat es am leichtesten; sein Leben wird eindeutig, geradlinig, seine Entscheidungen kosten ihn wenig Überlegung mehr, und selbst das Maß an Überwindung, das er aufbringen muß, geht in die Lebenshaltung und in die Gewohnheit über. Er bemerkt die sittlichen Forderungen als solche kaum mehr, weil sie ihm in Fleisch und Blut gedrungen sind.

Aber das läßt sich nicht beliebig verallgemeinern. Es gibt auch den Zweifel an der sittlichen Forderung, es gibt das Hadern mit ihr, den Widerstand der natürlichen Antriebe. Und dann ist es wichtig, daß unser Wissen um sie ein wohlfundiertes sei. Aber auch abgesehen davon gibt es die philosophische Frage, die sich oft genug ins Leben drängt: was ist eigentlich das Gute, und woran erkennen wir es?

Die Philosophie hat nicht immer danach gefragt. Sie hat lange Jahrhunderte gemeint, schon zu wissen, was das Gute ist, und sich dann nur noch um dessen genauere Fassung und Begründung gekümmert. Es war Nietzsche, der die Frage nach seinem Inhalt wieder wachrief – mit der Behauptung, der Mensch wisse immer noch nicht, was Gut und Böse ist. Zugrunde lag bei ihm die Kritik der christlichen Moral, die Entdeckung, daß es mit der Nächstenliebe allein nicht getan ist, ja daß sie, absolut genommen und ins Extrem verfolgt, auch ein gefährliches Prinzip werden kann. Damit wurde das aktuellste aller philosophischen Probleme neu gestaltet; und vielleicht darf man sagen, es wurde in solcher Allgemeinheit und Grundsätzlichkeit zum erstenmal gestaltet.

Es wäre nun mit seiner Beantwortung nicht allzuschwer, wenn das Gute ein einziges, in sich einleuchtendes Prinzip wäre, das bei ernstlicher Besinnung nicht verfehlt werden könnte. Daß dem so ist, glaubt tatsächlich jeder, der mit seinem Wertempfinden fest in einer überkommenen Moral wurzelt. In Wirklichkeit ist jede dieser Moralen einseitig und weit entfernt alle sittliche Forderung zu umspannen. Die Philosophie hat es auf andere Weise versucht, das Einheitsprinzip zu fassen: durch ein direktes inneres Erschauen a priori, mit Überspringung aller Besonderung und aller uns bedrängenden Konflikte. So hat es Platon in seiner »Idee des Guten« versucht, so Kant in seinem »kategorischen Imperativ«. Aber Platon konnte nicht zeigen, worin nun inhaltlich das Gute bestehen sollte, es blieb bei der leeren Vision der Einheit, um nicht zu sagen, beim Begriff. Kant aber stellte bewußt ein bloß »formales« Gesetz auf, das von aller »Materie« (d. h. vom Inhalt) absah; es ist denn auch immer wieder der Einwand erhoben worden, der kategorische Imperativ sage nicht, was eigentlich wir tun sollen.

Es soll hier nicht behauptet werden, daß der Einwand recht habe. Immerhin hat Kant selbst in seiner großen *Metaphysik der Sitten* die inhaltliche Ergänzung gegeben, indem er die Mannigfaltigkeit der besonderen sittlichen Forderungen entwickelte. Und was Platon anlangt, so war es schon Aristoteles, der hier den Gegenschlag führte: nach einer leeren Idee kann sich der Mensch im Leben nicht richten, man muß sie mit Inhalt erfüllen, aus ihr erst ein »menschlich Gutes« machen, und das geschieht in ihrer Aufspaltung in die Vielheit der Tugendideale. Diese können dem Menschen konkret vorschweben und ihn leiten.

Die Durchführung dieses Gedankens in der *Nikomachischen Ethik* ist überaus bedeutungsvoll geworden, weil sie sich nicht begnügt, die Aufspaltung selbst vorzunehmen, sondern auch den Gesichtspunkt darlegt, nach dem sie geschieht. Denn Aristoteles geht hier von derselben Mannigfaltigkeit der Situationen aus, die auch den oben gebrachten Darlegungen zugrunde liegt. Aber er nimmt sie nicht in ihrer unübersehbaren Vielspältigkeit – was auf eine uferlose Kasuistik herauskommen würde –, sondern unterwirft sie einer sehr bestimmten Typik, die sich im Leben leicht verfolgen läßt. Jedem Typus der Lebenslage entspricht eine Form des sittlich Guten, eine »Tugend«, und diese kommt nur in Betracht, wo die betreffende Lebenslage gegeben ist: die Tapferkeit nur angesichts des Bedrohlichen, die Besonnenheit (Selbstbeherrschung) nur angesichts der erwachten Begierde, die Freigebigkeit nur, wo es um vorhandene Geldmittel geht, die Sanftmut nur, wo der Anreiz zum Zorn vorliegt, die Offenheit nur, wo der gesellige Verkehr zum Vortäuschen oder zur Pose anreizt. Jede Tugend hat ihr bestimmtes Lebensgebiet, auf dem sie spielt, genau so wie jede der ihr entsprechenden Schlechtigkeiten. Es ergibt sich ein ganzes System von sittlichen Forderungen, und jede von ihnen ist verwurzelt in einer bestimmten Seite des menschlichen Lebens. Die Differenzierung des sittlich Guten, in der sein Inhalt greifbar wird, hängt an der Differenzierung der Beziehungen, in denen der Mensch lebt. Oder modern ausgedrückt: jeder sittliche Wert ist streng bezogen auf seinen ihm zugehörigen Situationstypus.

Nennt man nun die besonderen Umstände der Lebenssituationen, die eine solche Aufspaltung des Guten bedingen, dessen »Materie« – so nach dem Vorgang Kants und im Gegensatz zum bloß »formalen« Gesetz –, so kann man eine an ihr orientierte Ethik als »materiale« bezeichnen. Und faßt man die nunmehr inhaltlich greifbaren Forderungen im Sinne heutiger Begriffssprache als »sittliche Werte«, so nimmt die auf diese Weise durchgeführte Ethik den Charakter einer »materialen Wertethik« an.

Das Problem aber fängt damit erst richtig an. Es zeigt sich nämlich, daß fast alle bestehende Moral, die es in der Menschengeschichte gegeben hat, dazu neigt, einen bestimmten Wert oder auch eine engere Wertgruppe, herauszuheben und als das Gute schlechthin anzusehen. Wertgruppen solcher Art sind z. B.

die des Glücks, der Macht, der Gemeinschaft, des Individuums, der Tapferkeit, des Duldens, der Treue, der Gerechtigkeit, der Nächstenliebe. Die ersten vier sind noch Gruppen von Güterwerten, die weiteren solche von echten sittlichen Werten; aber das macht hier zunächst noch keinen Unterschied, denn sie alle sind durch geschichtlich positive Moral, die es tatsächlich gibt oder gegeben hat, zu belegen; und stets verschwinden die anderen Wertgruppen hinter der bevorzugten, werden gleichsam verdunkelt und spielen dann keine führende Rolle im Leben.

Jede dieser Moralen tritt mit dem Anspruch auf, die »wahre Moral« zu sein, die einzige, die für alle gelten sollte. Untereinander aber reimen sie sich nicht. Wohl lassen sich die Wertgruppen auch miteinander kombinieren, und das geschieht auch in den Kulturen von höherem Alter und größerer Entfaltung; aber sie verlieren dabei an Kraft, verblassen im Ausgleich. Manche von ihnen stehen auch in deutlichem Gegensatz zueinander, so die der Gerechtigkeit mit der Nächstenliebe; Gerechtigkeit kann sehr lieblos, Liebe ungerecht sein. Ähnliches gilt für Tapferkeit und Duldung, Stolz und Demut, Nächstenliebe und Fernstenliebe (die letztere etwa als Mitverantwortung für kommende Generationen verstanden). Dabei gilt durchgehend das Gesetz: solange die Menschen an die Einzigkeit einer bestimmten Moral glauben, ist diese bei ihnen in Kraft, ist herrschende, »positive« Moral. Und solange wird auch die besondere sittliche Forderung, die sie erhebt, für »das Gute« schlechthin gehalten. Das ist freilich Irrtum, wie schon die bloße Vielheit der Moralen beweist, aber der Irrtum ist allen positiven Moralen gemeinsam, wie weit sie auch inhaltlich voneinander abweichen.

Der Irrtum kann unbemerkt bleiben, solange die Völker relativ isoliert gegeneinander leben. Aber die Isolierung hat Grenzen. Und außerdem wechselt die Moral auch in ein und demselben Volke: die eine schlägt in die andere um, wenn die Lebensverhältnisse sich geändert haben und ein anderer Situationstypus vordringlich geworden ist. Oder sie wandelt sich langsam entsprechend dem kontinuierlichen Wandel der Verhältnisse. Ja, man kann hier von einem typischen Wandel sprechen, der in vielen völkischen Kulturen wiederkehrt: solange ein Volk im harten Daseinskampf um seine Existenz steht, pflegt der Heldenmut des Einzelnen als höchster Wert dazustehen; erstarkt das Gemeinwesen, setzt sein innerer Ausbau ein, so dominiert die Wertgruppe der Gerechtigkeit mit der ihr anhaftenden Gruppe bürgerlicher Tugenden; ist das staatliche und rechtliche Leben fundiert, so rückt eine weitere, meist höhere Wertgruppe an deren Stelle, etwa die der Weisheit und Fülle, der Bildung, der Liebe, oder eine andere, mit der dann der Ausgleich und freilich leicht auch zugleich die Auflösung der Moral einsetzt. Aber es gibt natürlich auch anderen Wandel. Nur ist es immer das Gesetz des Aristoteles, das in ihm waltet: die aktuelle Wertgruppe ist immer diejenige, die der zur Zeit vordringlichen Lebenssituation entspricht.

Wie im übrigen das Gesetz des Wandels zu verstehen ist, bleibt hierbei eine sekundäre Frage. Wichtig ist zunächst nur, daß es den Wandel der Moral gibt und daß er ganz eindeutig auf eine gewisse Relativität der Moral hinweist. Damit stehen wir vor der bekannten Frage des Wertrelativismus, der in vielerlei Gestalt seit der Zeit der Sophisten die philosophische Ethik beschäftigt hat und in unseren Tagen verhängnisvoll bis in das allgemeine Bewußtsein gedrungen ist.

Es handelt sich um die Frage: gelten Werte nur unter bestimmten Umständen? Werden sie am Ende gar vom Menschen erdacht? Sind sie ihm aufgezwungen von den Trägern bestehender Macht oder sonst einer Autorität, etwa um ihn beherrschen zu können?

Es liegt auf der Hand, welche Gefahr schon die bloße Frage bedeutet. Sie ist bereits der Zweifel an der Gültigkeit des Geltenden. Das was allein dem Menschenleben in der Flucht nicht abreißender Situationen Halt und Ruhe geben kann, scheint zu wanken. So war es schon einst in Griechenland gewesen, als man fragte, ob das geltende Recht »von Natur« bestehe oder durch »Satzung«; so ist es bis auf Nietzsche geblieben, der verkündete, der Mensch könne auf seine Tafeln Werte schreiben, welche er wolle, um sie »über sich aufzuhängen«.

Man kann den Relativismus, der von hier aus resultiert, sehr verschieden fassen, begrenzen, theoretisch unterbauen. Man kann ihn, wie in der französischen Aufklärung nur negativ zum Abbau der hergebrachten Gültigkeiten heranziehen; man kann ihn individualistisch als die Macht des Einzelnen verstehen, sich Maßstäbe zu geben, wie er sie wünscht. Man kann ihn auch auf Zeitalter und geschichtliche Umstände beziehen, und damit kommt man dem Phänomen des geschichtlichen Wandels der Moral näher. In der letzteren Richtung ging Hegel mit seinem Gedanken, ein jedes Volk bringe sein eigenes Prinzip in die Weltgeschichte mit; damit stimmt es sehr genau zusammen, daß in seinem System die Ethik keine selbständige Stelle einnimmt, sondern in der Rechtsphilosophie aufgehend, mit dieser in die Geschichtsphilosophie übergeht. Man kann aber auch weiter in den besonderen geschichtlichen Mächten den Grund des Wandels suchen. So tat es Marx, indem er die jeweilig geltende »Ideologie« von der Gesellschaftsform, diese von der Wirtschaft und durch sie weiter von der Produktionsform abhängig machte. Es ist einerlei, ob man das Materialismus nennt oder nicht. Der Wertrelativismus bleibt derselbe.

Er bleibt auch dem Problem nach derselbe in den modernen Denkformen des Pragmatismus und des erweiterten Historismus. Und selbst wenn man ihn dem allgemeinen Wahrheitsrelativismus einordnet – denn das Wissen um Gut und Böse hat ja die Form des Erkennens –, so ändert sich am Sinn des Problems nichts. Die in Frage stehende Wertrelativität erweist sich damit bloß als untergeordnetes Glied einer viel weitergehenden, alles Seins- und Weltbewußtsein betreffenden Relativierung.

Das alles läuft eindeutig auf die Auflösung aller bestehenden Moral hinaus, also auf den Zusammenbruch alles dessen, was Halt, Richtung und Führung im Leben zu geben vermag. Die große Frage aber bleibt doch, ob die Auflösung recht behält, ob es wahr ist, daß die sittlichen Forderungen dieser Ungewißheit ausgesetzt sind – oder formelhaft gesprochen, daß die Werte selbst relativiert sind.

IV

Was eigentlich macht die sittlichen Werte so fragwürdig? Andere Prinzipien von gleicher Allgemeingültigkeit und gleich absolutem Geltungsanspruch sind es doch nicht. Man denke an Naturgesetze, an Kategorien – da gibt es wohl den Streit darum, ob wir in unseren Begriffen oder wissenschaftlichen Urteilen sie richtig fassen, wie sie sind, aber doch nicht darum, ob sie selbst, die in der realen Welt waltenden, sich wandern oder gar relativ auf unsere Setzung wären.

Zwei Dinge sind es, welche die Stellung der Werte von derjenigen der Seinsprinzipien unterscheiden: es gibt für sie keine Bestätigung aus der Erfahrung, und sie drücken ein Sollen aus. Das erstere bedeutet, daß wir sie ganz unabhängig von aller Erfahrungsgegebenheit und geradezu in einem gewissen Gegensatz zu ihr erfassen müssen; wir müssen schon wissen, was wertvoll und wertwidrig ist, um den Wert oder Unwert menschlicher Taten zu erfassen, denn die Taten selbst sagen es nicht. Darum können wir es nicht von ihnen erfahren. Man hat dieses den absoluten Apriorismus der Werte genannt. Für einen solchen aber gibt es kein Kriterium. Darum ist er dem Zweifel ausgesetzt.

Das zweite Moment aber ist das eigentlich gewichtige: die Werte sind uns darum fragwürdig, weil sie Forderungen an uns stellen. Sie setzen sich in Gegensatz zu dem, was ist oder was geschieht, und verlangen, daß es anders sei und anders geschehe. Sie verlangen von uns, daß wir anders seien, als wir sind, und anders handeln, als wir zu handeln geneigt sind. Das eben ist der Sinn von Normen, Geboten, Imperativen: sie wollen etwas von uns, sie verlangen, sie befehlen und verbieten, sie stellen ein Ansinnen, erheben den Anspruch auf Autorität. Gewiß entspricht das sehr genau der Rolle, die sie im Leben zu spielen berufen sind, der Rolle von Leit- und Führungsprinzipien. Man kann auch sehr wohl einsehen, daß es ganz ohne sie nicht geht. Aber der einzelne Wert, die einzelne Forderung, die nur etwas Bestimmtes anbefiehlt oder versagt, ist dadurch noch nicht gerechtfertigt. Man kann sie sich immer auch durch eine andere ersetzt denken.

Man kann also auch so fragen: mit welchem Recht erheben die sittlichen Werte ihre an uns gerichtete Forderung? Hat der Mensch nicht vielmehr ein Anrecht auf Selbstbestimmung? Dem könnte allerdings Genüge geschehen sein mit unserer Freiheit, der Forderung zu folgen oder uns ihr zu versagen. Aber besteht nicht auch ein berechtigter Anspruch des Menschen, sich die Forderung selbst zu wählen? Oder ist es etwa umgekehrt: haben die sittlichen Forderungen auch die Macht, sich in der realen Welt durchzusetzen? Wohnt ihnen auch die Kraft inne, über ihrer Erfüllung zu wachen und sie nötigenfalls zu erzwingen, sich also Autorität zu verschaffen?

Offenbar ist das nicht der Fall. Sie haben diese Kraft nicht. Ganz im Gegenteil. Nichts ist der Erfahrung nach gewöhnlicher als die Übertretung des Gebotenen. Und selbst ihr »Herrschen« oder »in Kraft sein«, also ihre anerkannte »Geltung« in einer Menschengemeinschaft bedeutet noch lange nicht, daß sie auch im Handeln wirklich befolgt würden. Ihr Gelten hebt die Freiheit des Willens ja gerade nicht auf, es zwingt den Menschen nicht; er kann jederzeit zuwiderhandeln, und er tut es immerfort, ohne daß ihn sogleich die Rache träfe.

Es besteht da ein weiter Abstand zwischen den Geboten und der Erfüllung des Gebotenen. Man glaubt nur zu leicht, gebieten könne nur, wer dem Gebot auch Nachdruck verleihen könne. Wohl tut der menschliche Machthaber gut, nicht mehr zu fordern, als was durchzusetzen er die Macht hat, aber an sich ist das machtlose Gebot sehr wohl ein Ding der Möglichkeit; im Rechtsverhältnis ist es eben darum die ständige Sorge der bestehenden Macht, dem Gebot auch Kraft zu verleihen.

Die sittlichen Werte sind, rein als solche, weit entfernt, derartige Macht zu haben. Sie sind überhaupt nur ideale Mächte, keine realen, und ihre Forderungen an den Menschen sind ideale Forderungen. Sie gebieten zwar, sind aber ohnmächtig, den realen Willen des Menschen von sich aus zu bestimmen. Kant drückte das so aus: der Wille steht unter ihnen nicht wie unter

Naturgesetzen. Diese herrschen ungehemmt, die Dinge folgen ihnen unverbrüchlich. Den sittlichen Geboten folgt der Mensch nicht unverbrüchlich. Er hat die Freiheit gegen sie, ihnen zu folgen oder nicht. Sie sind also schwächer als Naturgesetze. Sie weisen wohl in die Richtung der höheren Bestimmung, aber sie gewährleisten diese Richtung im menschlichen Verhalten nicht. Täten sie das, könnte der Mensch gar nicht anders als sie erfüllen, so wäre er ein in seiner Weise vollkommenes Wesen. Aber die Vollkommenheit gliche derjenigen der Tiere, deren Richtungsgesetze sich in ihren Instinkten auswirken. Er hätte keine Freiheit, und wäre also auch kein sittliches Wesen, und seine Vollkommenheit selbst wäre nicht »sittliche« Vollkommenheit.

Das alles ist eingeschlossen in dem einfach klingenden Satz, daß sittliche Prinzipien bloße Gebote (Forderungen) sind, die auch übertreten werden können. Aber der Satz ist auch damit noch nicht erschöpft: die Ohnmacht der Werte hat eine Kehrseite, die sich am Wesen des Menschen offenbart, sofern ihre Forderung sich an ihn wendet. Denn nun steht der Mensch als derjenige da, der die Macht hat, die Forderung zu verwirklichen. Und zeigte sich soeben die Freiheit des Menschen von ihrer negativen Seite, als die Macht der Ablehnung und des Zuwiderhandelns, so zeigt sie jetzt ihr positives und eigentliches Gesicht – als die Macht, Forderungen zu erfüllen, Werte zu verwirklichen.

Gerade die Ohnmacht der Werte erhebt den Menschen zu seiner Machtstellung, ja überhaupt zu seiner Bedeutung in der realen Welt und, wenn man will, zu seiner eigenartigen Würde und schöpferischen Rolle in ihr. Die Werte sind auf ihn als den Verwirklicher dessen, was sie fordern, angewiesen. Sie determinieren nicht direkt, wie Gesetze, sondern, wenn überhaupt, so nur mittelbar durch seinen Willen. Will man dem einen größeren und metaphysisch volleren Ausdruck geben, so muß man sagen: weil Werte von sich aus keine realen Mächte sind, so können sie bestimmend nur dann in die reale Welt eingreifen, wenn eine in ihr stehende reale Macht ihre Forderung aufgreift und sich für sie einsetzt. Eine solche Macht muß die eines Wesens sein, welches die Hellhörigkeit für ihren Anruf besitzt und außerdem die obengenannten Fähigkeiten der Vorsehung und Vorbestimmung (Zwecktätigkeit), der Aktivität und Freiheit hat.

Ein solches Wesen ist allein der Mensch. Ihm fällt die Rolle des Mittlers zu zwischen dem idealen Reich der Werte und der Härte des Realen, die dem Weltgeschehen und dem Menschenleben eignet. Er kann die idealen Forderungen in die Welt hineintragen und in den Grenzen seiner Reichweite das Gewordene umgestalten. Er ist aufgerufen zum Mitschöpfer der Welt. Ohne sein Zutun bleibt sie in ihrer höchsten Schicht unfertig. An das Schöpferische in ihm wendet sich die Forderung, sie zu vollenden.

Ob das zu große Worte sind für eine so geläufige Sache wie das Verhältnis von Gebot und Freiheit, darüber mag man verschiedener Meinung sein. Über die Größe der Sache, um die es geht, wird niemand streiten, der ihren Sinn erfaßt hat. Es gibt kein Problem, das den Menschen dringlicher angeht und dessen Ausstrahlungen in das wirkliche Leben hinein weiter reichen. Wer das eigene Wesen, das bloße Menschsein verstehen, den Sinn des eigenen Lebens sich greifbar machen will, wird immer an diesem Problem ansetzen und es zu lösen suchen müssen.

Indessen über der wunderbaren Kehrseite, welche die Ohnmacht der Werte am Wesen des Menschen zeigt, darf man ihre eigene Zweischneidigkeit nicht vergessen. Denn diese Ohnmacht ist es, was die Werte selbst so fragwürdig macht: die Werte erheben den höchsten Anspruch, machen ein absolutes Bestimmungsrecht geltend, haben aber die Kraft nicht, sich durchzusetzen. Sie werden auf diese Weise mit der Determination des Realen, auf die ihre Forderung sich richtet, vom Menschen abhängig – und zwar im buchstäblichen Sinne von seinem »guten Willen«. Denn darauf kommt nun alles an, ob dieser sich für sie einsetzt oder nicht.

Es ist nicht zu verwundern, daß dieselbe Ohnmacht der Werte, die dem Menschen soviel Macht und Bedeutung einräumt, ihn auch verführt, ihre Autorität anzufechten. Und der Mensch erliegt der Verführung, er verwechselt reale Wirkung mit idealem (zeitlosem) Bestehen; er meint nun, was sich nicht durchsetzen kann, habe auch keinen Anspruch auf Gültigkeit. Und so erklärt er die idealen Forderungen für relativ – auf ihn, den Menschen selbst. Dann aber ist ihrer Auflösung keine Grenze mehr gesetzt. Er langt also dabei an, sie für sein Werk zu halten, das er auch vernichten, umstoßen, umbilden oder durch etwas anderes ersetzen kann.

Aber natürlich erkennt er auch die Gefahr, die solchem Umsturz anhaftet. Irgendwo in der Tiefe meldet sich das ewige Bedürfnis nach einem Halt, einer Führung im Leben, oder auch allgemein nach etwas, woran man glauben kann. Die Auflösungstendenz ruft die Gegentendenz wach, die sittlichen Forderungen wieder aufzurichten, ihre Festigkeit, Autorität zu sichern, sie womöglich in etwas Absolutem zu verankern. Der althergebrachte Glaube, daß sie Gebote der Gottheit sind, kommt dem entgegen; er gewährt den Vorzug, daß mit ihm die reale Machtgegeben scheint, die nun darüber wacht, daß die Gebote auch »gehalten« werden. Womit dann die anstößige Ohnmacht der Werte aufgehoben wäre.

Solange der glückliche Glaube währt, ruht aller Streit und aller Zweifel. Eines Tages aber wankt er selbst. Das kann auf die Dauer nicht ausbleiben, denn auch die Macht Gottes in der Welt (wie man sie versteht) erweist sich als begrenzt: der im Leben Stehende ist Zeuge, wie immer wieder der Bösewicht triumphiert, der Gerechte leidet, wie der Undank oder der Eigennutz herrscht. Vom Wachen einer höheren Macht über die Erfüllung der Gebote ist nichts zu sehen. Die Metaphysik sucht diesem Zweifel zu steuern, sucht »Gott zu rechtfertigen«; das Abbröckeln der Zuversicht kann sie nicht aufhalten. Der Mensch sieht sich wieder im Stich gelassen. Da er aber nicht leben kann ohne Richtpunkte und Wegweisung, sieht er sich nach anderer Verankerung um.

Er findet sie im Rückzuge auf das eigene Menschenwesen. Solange man dieses als reine Subjektivität des Einzelnen verstand, konnte man in ihm nichts als Willkür finden. Aber ist der Mensch nicht noch etwas ganz anderes? Gibt es nicht ein tieferes »Wesen des Menschen«, in dem auch alles mit vorgezeichnet ist, was in seiner »Bestimmung« liegt? Wenn das zutrifft, muß es doch auch eine Besinnung auf dieses »Wesen« geben. Und dann liegt der Gedanke nahe, daß eben jene sittlichen Forderungen, die der Mensch immer schon anerkannt hat – obgleich immer einseitig und in schwankender Auswahl –, in seinem eigenen Inneren verankert sind, und daß der Mensch nur irrtümlich, in Verkennung des eigenen Wesens, sie außer sich gesucht hat. Es kommt das Erstaunliche zutage: die Autorität, gegen die er sich selbst auflehnte, als wäre sie eine ihm aufgedrungene, war er selbst.

Auf mancherlei Wegen und Umwegen ringt sich dieser Gedanke durch. In der Kantischen Philosophie tritt er ausgereift ins Bewußtsein. Er gibt sich nun als die Entdeckung der Eigengesetzlichkeit des Menschen, sofern er »Vernunftwesen« ist. Denn die Vernunft ist in allen Individuen nur eine, und sie ist »autonom« sowohl gegen die Willkür aller besonderen Ziele und Zwecke als auch gegen das Naturwesen und seine Tendenzen im Menschen. Das Wichtige hierbei ist, daß es sich immer noch um jene selben sittlichen Forderungen handelt, welche, obwohl in die Vielheit der Moralen verstreut, doch immer wiederkehren und sich geltend machen, wo und wie auch die Lebenssituationen auftauchen, in denen sie vordringlich werden. Die Formel des »kategorischen Imperativs« darf hierüber nicht täuschen, auch wenn sie keine von ihnen beim Namen nennt. Gerade der Imperativ tritt mit dem Anspruch auf, sie alle mit zu umfassen.

Die Kritik der praktischen Vernunft stellt sich als die Entdeckung dar, daß es für die Moral gar keiner Autorität und keiner Verankerung in einer äußeren Macht bedarf, weil vielmehr der Mensch selbst die sittlichen Forderungen erhebt. Sie sind die eigene Gesetzgebung (Autonomie) der Vernunft in uns. Die Entdeckung ist also im Grunde eine Wiederentdeckung des uns Eigenen, das wir zu Unrecht in äußeren Mächten gesucht hatten, weil wir sein Wesen verkannten. In diesem Sinne hat Kant der Aufklärung, in deren Auswirkungen er stand, eine sehr positive und ideale Deutung gegeben: sie schwebte ihm als ein Sich-Wiederfinden des Menschen vor, oder als der »Ausgang aus seiner selbstverschuldeten Unmündigkeit«. Denn eben mündig wird der Mensch, indem er die äußere Autorität abstreift und sich auf seine Selbstbestimmung besinnt.

Es gilt nun, von hier aus das Ganze noch einmal neu ins Auge zu fassen. Denn gelöst ist das Problem der sittlichen Forderungen damit noch nicht. Es steht immer noch die Reihe der Phänomene, die den Relativismus ausmacht, ihrer Geltung entgegen. Dem kann man mit der Autonomie der Vernunft allein nicht beikommen. Die Vernunft scheint vielmehr selbst in sich gespalten oder gar inkonstant zu sein. Die Analyse der Handlung hat indessen gezeigt, daß die Situation dem Menschen nicht sagt, »wie« er handeln soll; seine Natur sagt es ihm auch nicht. Die sittliche Forderung ist gerade das, dessen der Mensch bedarf. Dafür könnte sie auch von außen kommen. Aber sie kommt nicht von außen, die äußeren Instanzen haben alle versagt. Also muß sie von innen kommen, einerlei, ob sie nun in einem »Faktum der Vernunft« verwurzelt ist oder nicht.

Davon muß man sich nun überzeugen können. Und es gibt sehr wohl einen Weg, sich davon zu überzeugen.

V

Dazu muß nun die Frage erörtert werden, wie eigentlich uns die sittlichen Forderungen gegeben sind. Denn irgendwie müssen sie uns doch gegeben sein; wie sollten wir sonst auf den Gedanken kommen, unserer und anderer Menschen Tun zu bewerten. An der Tatsache des Bewertens aber ist ja kein Zweifel; dafür ist die Rolle, die sie in unserem Leben spielt, eine viel zu breite. Nicht die Tatsache der Forderungen, nur die Gewißheit, die wir ihnen beimessen und in aller Beurteilung stillschweigend voraussetzen, steht in Frage. Wie also sind sie uns gegeben?

Darauf fallen die nächstliegenden Antworten immer in gleicher Weise aus: sie sind durch äußere Autorität in unser Bewußtsein getreten, durch Beeinflussung im kindlichen Stadium, durch Eltern, Lehrer, durch die Menschengemeinschaft, in die wir hineinwachsen und deren anerkannte Gültigkeiten wir unbesehen übernehmen, nicht weil wir sie einsehen, sondern weil sie »gelten«; man kann auch sagen durch die überkommene Religion, die sie uns als die Gebote Gottes lehrt.

Solche Auskunft ist nicht nur ungenügend, sie trifft vielmehr gar nicht die Frage. Das Wertbewußtsein des Jugendlichen hat seine Anfänge natürlich in solchen Quellen. Dafür ist es ja auch noch ein unselbständiges und unfertiges. Es kommt für den Heranwachsenden der Tag, wo er nicht mehr hinnimmt, sondern nach dem Recht der Geltung fragt. Dann will er selbst einsehen, sich vergewissern, und anerkennen wird er dann nur, was ihm einleuchtet. Alles bloße jurare in verba magistri ist hier unmöglich. Gerade die »Lehre«, die ihm gegeben wird, muß ihn auch überzeugen; die Satzungen der Gemeinschaft, die Lebensideale der Älteren und Wissenden, ja selbst die »Gebote Gottes«, müssen ihn überzeugen. Anders werden sie ihn niemals von innen her bestimmen können. Tun sie das nicht, so bleiben sie ihm äußerlich; sie können dann wohl wie Zwangsmaßnahmen sein äußeres Tun bestimmen, nämlich soweit die Mitlebenden, deren Billigung er suchen muß, einen Druck auf ihn ausüben. Aber den Willen selbst können sie nicht bestimmen, so wenig wie sie die wirklichen eigenen Ziele bestimmen können, die Gesinnung und den inneren Habitus.

Auf diese aber kommt es an. Das Gut- und Bösesein liegt nicht im sichtbaren Tun. Der Wille selbst soll gut sein, auf die Aufnahme der sittlichen Forderungen in ihm kommt es an. Das ist nur möglich, wenn das Geforderte ihm auch als solches einleuchtet. Und das kann nur durch eigene Einsicht geschehen, man kann auch sagen: durch eigenes Gutheißen oder Anerkennen der Forderung. Wenn der Mensch aber eine Forderung gutheißt, so bedeutet das vielmehr, daß er nun auch selbst sie stellt. Man langt also beim Gegenteil des Hinnehmens an, einerlei, ob dieses nun ein gleichgültiges Geltenlassen oder ein widerwilliges Paktieren war.

Dieses eigene Stellen der sittlichen Forderung ist es, was Kant mit der Gesetzgebung der praktischen Vernunft meinte, sofern diese ein gemeinsames »Faktum der Vernunft« und doch zugleich in jedem Menschen das seinige ist. Das ist der Sinn des ethischen Apriori, auf das er sich berief – nicht als auf etwas Strittiges, sondern als auf ein Gesetz, das jeder in sich findet, wenn er sich ernstlich darauf besinnt. Dieser Apriorismus meint also nicht, daß es in Sachen der Moral keine äußeren Einflüsse, keine Erfahrung und keine Autorität gebe. Er meint vielmehr: das alles hülfe dem Menschen nichts, wenn uns die sittlichen Forderungen nicht innerlich gegeben oder unabhängig von alledem einsichtig wären.

Man kann das sehr deutlich an der Form sehen, die Kant dem Sittengesetz in seinem »kategorischen Imperativ« gab: wir sollen so handeln, daß wir zugleich wollen können, ein jeder sollte, wenn er in der gleichen Situation stünde, ebenso handeln. Die Meinung ist hierbei nicht, daß jedes unreife Bewußtsein diese Forderung einsehe oder gar von selbst an sich stelle; wohl aber, daß ein entwickeltes und zur Selbstverantwortung erwachtes Bewußtsein sie erheben muß, weil sie, einmal verstanden, in sich selbst einleuchtend ist. Dieses Einleuchten kann durch manche böse Erfahrung – am eigenen wie am fremden Tun – vermittelt sein, es wird dennoch, wenn es einmal gewonnen ist, unabhängig von ihr und durch seine Allgemeinheit über sie hinausgehend dastehen.

Kant steht mit seiner Einsicht nicht allein. Die größten Denker der Geschichte haben gedacht wie er. Nur die Form, die sie dem Gedanken gaben, ist anders und immer wieder anders. Es genügt hier, auf Platon hinzuweisen, dessen Auswirkung sich über die ganzen Jahrhunderte hinzieht, die uns von ihm trennen. Er war es, der die Tugenden als »Ideen« von ewiger Gültigkeit verstand, und das will besagen: als Idealbilder menschlichen Verhaltens und menschlichen Seins überhaupt. Wie aber sind uns diese Ideen faßbar? Nicht an dem, was die wirklichen

Taten der Menschen uns zeigen, die es gerade daran fehlen lassen, der Idee zu entsprechen, sondern auf ganz anderem Wege, und stets in einem gewissen Gegensatz zu ihnen. Den Weg beschreibt Platon im Bilde der Anamnesis als ein Hinabtauchen in die Tiefe der eigenen Seele und ein Heraufholen der Ideen aus ihr. Denn wir tragen sie in uns, und durch Besinnung auf sie können wir sie ans Licht ziehen und uns zur bewußten Einsicht bringen. Streicht man hiervon das Bild ab, drückt man das Verhältnis, das Platon sah, in heutigen Begriffen aus, so bleibt die innere, unmittelbare Schau, die Intuition der sittlichen Idee übrig sowie die Fähigkeit des Menschen, sich durch Selbstbesinnung ihrer zu vergewissern.

Es gibt vielerlei Formen, Bilder und Gleichnisse, in die derselbe Grundgedanke sich kleidet. Die heutige materiale Wertethik entstand bei Max Scheler in einer gewissen Opposition gegen Kant. Aber sie traf mit ihrer Polemik mehr das Beiwerk als den Kern; sie ging gegen den »formalen« Charakter des Sittengesetzes und seinen »subjektiven« Ursprung, darüber hinaus auch wohl gegen einen gewissen Intellektualismus, den Kant von seinen Vorgängern übernommen hatte. Das Wesen der Sache, der Apriorismus des Wissens um Gut und Böse, blieb bestehen. Die neue Wendung sieht nun so aus: nicht »von« der Vernunft gegeben sind die sittlichen Werte, wohl aber ihr gegeben; und nicht der Erkenntnis sind sie gegeben, sondern einem ursprünglichen Wertfühlen. Sekundär sind sie dann freilich auch einer intuitiven Einsicht, der Wertschau zugänglich, in der wir sie objektiv erfassen können. Aber primär ist ihre Gegebenheit eine emotionale. Und nicht unter allen Umständen spricht das Wertfühlen an, sondern nur in bestimmter Reife und Bereitschaft. Dieselbe Einschränkung gilt noch mehr von der Wertschau: es gibt auch Verblendung durch die eigenen seelischen Mächte (Leidenschaft), und es gibt die »Wertblindheit« des unentwickelten Bewußtseins, das die einschlägigen Situationen und den Ernst der Konflikte noch nicht kennt. Aber es gibt auch die hoch entfaltete Wertsichtigkeit und das ihr überall voranleuchtende Wertfühlen, das aller Ablehnung und Anerkennung, ja überhaupt aller Stellungnahme im Leben bereits zugrunde liegt.

In diesen sehr bekanntgewordenen Bestimmungen haben wir bereits eine gewisse Beschreibung des Grundphänomens. Sie beziehen sich sogar weit über die Grenzen der Ethik hinaus auf alles Wertbewußtsein. Beschränkt man sie aber auf das ethische Problem, so liegt in ihnen eine erste klare Antwort auf die Frage, »wie« sittliche Forderungen uns gegeben sind. Doch ist die Antwort noch abstrakt, solange man über das Wertgefühl selbst nicht nähere Auskunft geben kann. Denn gerade dem Gefühl könnte man nicht trauen; hängt doch an ihm viel stärker noch als an der Vernunft der Verdacht der Subjektivität. In diesem Punkte aber setzt die eigentliche Entdeckung Schelers ein: es gibt eine strenge Gesetzlichkeit des Fühlens, und was sich in ihm ankündigt, hat objektive Gültigkeit. Es kommt nun alles weitere auf die Frage hinaus, wie dieses Wertfühlen geartet ist. Da muß indessen gleich gesagt werden, daß die genaue Aktanalyse, die hier zu erwarten ist, bisher noch nicht gegeben worden ist. Die aufschlußreichen Hinweise, die Scheler gegeben hat, genügen nicht, sie bleiben zu sehr im Allgemeinen stecken. Es gibt wohl eine Reihe von Forschungen, die hier anknüpfen, aber sie setzen nicht am Kernphänomen an. Die Sachlage ist auch so, daß man am ehesten von den Begleitphänomenen aus vorwärts kommt, z.B. von der Einbettung des Wertgefühls in weitere Aktzusammenhänge. Dem muß hier Rechnung getragen werden; und das bedeutet, daß man sich einstweilen mit gewissen Grundzügen, die greifbar geworden sind, begnügen muß.

Das Ausschlaggebende an diesen letzteren dürfte dieses sein: das Wertgefühl ist nicht im Suchen und Forschen nach ihm anzutreffen, es kommt nicht, wenn man es ruft, spricht nicht, wenn man es zum Sprechen bringen will. Es spricht auch keineswegs immer, wenn es von anderen Menschen in uns angerufen wird. Wohl aber bringt das Leben selbst es zum Sprechen; wenn bestimmte Situationen oder Konflikte gegeben sind, einerlei, ob eigene oder fremde, wenn also bestimmte Handlungen geschehen sind, die seine Stellungnahme herausfordern, kurz, wenn das laufende Leben uns darauf stößt, da erhebt es seine Stimme – vernehmlich, eindeutig, oft genug erregend und überwältigend. Aber es spricht nicht anders als in unserem Für- und Gegen-Fühlen, unserem Zustimmen und Ablehnen. Und auch das ist noch an gewisse innere Bedingungen gebunden, die wir selbst mitbringen müssen, an unser Offenstehen und unsere sittliche Reife. Denn nicht jeder jeweiligen Einstellung und jedem Entwicklungsstadium sind Wert und Unwert des Erlebten zugänglich.

Was es damit auf sich hat, kann man an sehr einfachen Beispielen sehen. Es ist wohlbekannt, wie machtlos alle moralische Belehrung ist, etwa über die Forderung der Gerechtigkeit; aber wenn wir einmal Zeuge schreiender Ungerechtigkeit gewesen sind und uns dabei die Empörung darüber gefaßt hat, da wissen wir mit einem Schlage, was die Forderung besagt. Und wir wissen es nicht nur, sondern empfinden auch, daß es unsere eigene sittliche Forderung ist. Der Wert ist uns aufgegangen angesichts des geschehenen Unrechts, also gerade an seinem Fehlen im wirklichen Leben, am modus deficiens, in dem er uns spürbar wird. Er ist uns gerade dort gegeben, wo er empirisch nicht gegeben ist; oder auch, er ist uns in Form der eigenen Empörung positiv gegeben, wo er in der äußeren Erfahrung fehlt.

Genau so ist es im Abscheu vor Betrug und Gemeinheit, im Widerwillen gegen Unwahrhaftigkeit oder grobe Rücksichtslosigkeit, in der Verachtung, die der Vertrauensbruch hervorruft. In den Formen solcher Ablehnung und durch sie ins Bewußtsein gehoben, werden die Werte der Aufrichtigkeit, Anständigkeit, Wahrhaftigkeit, Rücksicht, der Zuverlässigkeit und Treue greifbar. Und dasselbe gilt im Positiven, wo unser sittliches Gefühl Zustimmung anzeigt; so in der Begeisterung für eine hochherzige Tat, in der Bewunderung stiller Ausdauer und Pflichttreue, im Aufschauen zu selbstloser Liebe und Hingebung. Der Mensch leuchtet uns ein, er gewinnt unsere Sympathie, wir fühlen uns ihm verbunden; der Volksmund sagt: »unser Herz fliegt ihm zu«.

Die Reihe der Phänomene, in denen das gleiche Verhältnis von menschlichem Tun und menschlicher Stellungnahme wiederkehrt, bildet eine unabsehbare Mannigfaltigkeit. Alles Erleben von Handlung, Unterlassung, aktivem oder passivem Verhalten, desgleichen von dahinter spürbaren Absichten und Gesinnungen ruft unsere Stellungnahme wach; sie ist stets schon im Erleben selbst enthalten, und stets hat sie die Form eines Gefühlstons, auch wenn dieser zuzeiten sich nur blaß geltend macht, sei es weil uns zu vieles bestürmt oder weil uns Dringlicheres in Atem hält. Aber soweit die Empfänglichkeit reicht und keine Abstumpfung Platz gegriffen hat, ist es stets der begleitende Gefühlston, der uns Wert und Unwert anzeigt, und zwar in der Weise, daß die Verschiedenheit in der Art der Ablehnung und Zustimmung zugleich der Verschiedenheit der Werte und Unwerte entspricht, die in ihm fühlbar werden. Die Mannigfaltigkeit der Werte kündigt sich in der Qualität der Wertgefühle an; und das reicht bis in eine Subtilität der Unterscheidung hinein, wie sie die Sprache nicht entfernt mehr auszudrücken vermag.

Hier scheint also ein Gesetz der Entsprechung zu walten. Man hat es das Gesetz der »Wertantwort« genannt (D. v. Hildebrand). Es besagt, daß es zu jedem Wert und jedem Unwert die adäquate Reaktion des Wertgefühls gibt; das Wertorgan in uns beantwortet das erlebte Tun und Lassen der Menschen mit seinen fein differenzierten Gefühlsnuancen, und darum sind diese wertanzeigend. Wohl gibt es auch die falsche Reaktion, aber dann ist sie selbst als inadäquate Wertantwort kenntlich. In Wahrheit ist dann entweder die Handlungsweise selbst oder ihr Wert- (bzw. Unwert-)Charakter gar nicht erfaßt. Denn vor Wertblindheit sind wir nicht geschützt. Ist aber der Wertcharakter als solcher empfunden, so kann er nicht beliebig mit einer anderen Gefühlsreaktion beantwortet werden als mit der adäquaten, auch wenn der äußere Wertausdruck dafür nicht zur Verfügung steht. Denn nicht die nachträgliche Aussage, sondern nur das primäre Quäle der Gefühlsreaktion selbst – in der Zustimmung, Begeisterung, Bewunderung wie in der Ablehnung, Verachtung oder Empörung usw. – ist wertanzeigend, im positiven wie im negativen Sinn.

Ob dieses Gesetz streng zurecht besteht und wie weit es gilt, mag hier auf sich beruhen. Eines aber ist in ihm nicht zu bezweifeln: der Wert selbst, der sich in der Gefühlsreaktion ankündigt, ist ihr nicht aus der Erfahrung gegeben, auf welche sie reagiert, sondern nur durch sie geweckt, ins Bewußtsein gehoben, fühlbar gemacht. Davon zeugt überdeutlich die ganze Reihe der negativen, ablehnenden Reaktionen. Wenn in der Empörung über geschehenes Unrecht der Wert der Gerechtigkeit zum Bewußtsein kommt und damit eine sittliche Forderung sich in uns erhebt, so geht diese ja gerade der Erfahrung entgegen; die Wertantwort negiert das Erlebte und setzt sich, es ablehnend, in Gegensatz zu ihm. Es ist also etwas Neues und Eigenes, was aus ihr spricht, ein Etwas, das sie a priori dem Erlebten aufprägt. Und hier ist nun der Punkt, an dem man den Kantischen Apriorismus des Sittengesetzes in der emotionalen Gegebenheit der Werte ohne weiteres wiedererkennen kann. Es zeigt sich, daß er in aller Aufspaltung jenes allgemeinen Imperativs in die Mannigfaltigkeit sittlicher Werte wiederkehrt und gerade in der Vielfachheit der Wertantworten sich bewährt.

Und so auch läßt sich das aufschlußreiche Phänomen der Wertgefühle am besten verstehen. Die Werte selbst bilden den apriorischen Hintergrund der Gefühlsreaktionen, und nur weil diese sich »anläßlich« des Erfahrenen regen, treten auch sie in einer gewissen Abhängigkeit von der Erfahrung ins Bewußtsein. Aber nur ihr Bewußtwerden steht in dieser Abhängigkeit, nicht die Werte selbst. Das ist dasselbe, was auch vom theoretischen Apriori der Kategorien gilt: auch ihr Bewußtwerden ist durch Erfahrung vermittelt, sie selbst aber stammen nicht aus ihr.

Wohl kann man im Hinblick auf das Phänomen des Bewußtwerdens auch noch in einem anderen – erweiterten – Sinne von »Erfahrung« sprechen: von der Erfahrung nämlich, die wir an unserem eigenen Wertbewußtsein machen, sofern es nicht unserem Willen gehorcht, nicht kommt, wenn wir es rufen, aber ungerufen da ist und sich Gehör erzwingt, wenn der Augenblick es verlangt. Diese Art Erfahrung ist am bekanntesten in der Form des Gewissens, das da nach geschehener Tat anklagt oder »vor« ihr warnt, beides aber nicht vom Willen gelenkt, sondern in auffälliger Unabhängigkeit von ihm, und oft genug gegen ihn gerichtet. Die Erfahrung, die wir hier machen, wird aber nicht am fremden Tun oder sonstigen Verhalten gemacht, auch nicht an unserem eigenen, sondern ausschließlich an unserem ungewollten und ungesuchten Reagieren, an der »Wertantwort«, die unser eigenes Wesen im Ablehnen oder Zustimmen, im Verachten oder Verehren usw. gibt. Letzten Endes also machen wir diese Erfahrung an den unmittelbaren Äußerungen des Wertfühlens selbst in uns. Und was wir in solcher Form erfahren, ist gerade das Gegenstück des im gemeinen Sinne Erfahrbaren: das reine Apriori des Wertgefühls, der Wert selbst, die ideale sittliche Forderung.

Es ist wohl verständlich, warum alle begrifflichen Formulierungen, in denen man solch ein Phänomen zu beschreiben sucht, im Bildhaften steckenbleiben und sich in den Konsequenzen mit Widersprüchen behaftet erweisen. Alle Bilder für Letztes und nicht weiter Zurückführbares können nur begrenzte Geltung haben, unsere Begriffe aber sind im Grunde Bilder. Am soeben herangezogenen Erfahrungsbegriff zeigte sich plastisch dieses Umschlagen ins Gegenteil. Das ist nicht zu vermeiden. Wer sich des Phänomens versichern will, muß die Kraft aufbringen, durch Bilder und Begriffe hindurch auf die Sache selbst zu schauen; und das besagt hier: auf das Wunder des unmittelbaren Einleuchtens der Werte in den emotionalen Reaktionen, wenn diese sich spontan in uns melden. In der Unmittelbarkeit dieses Einleuchtens ist der Apriorismus des Wertgefühls greifbar.

Die eigenartige Gewißheit, die solchem »unmittelbaren Einleuchten« anhaftet, ist durch nichts anderes ersetzbar – nicht durch Belehrung und nicht durch Autorität, auch nicht durch die Gewohnheit und das Herkommen. Streng genommen, ist sie auch innerhalb des intakten religiösen Bewußtseins nicht durch den Willen Gottes zu ersetzen; auch der Wille Gottes muß einleuchten, sonst leuchtet Gott selbst nicht ein, und der Mensch hadert mit ihm. Daher die alte – der späteren Mystik zugrunde liegende – Vorstellung von einem »Sein Gottes in uns« und einem unmittelbaren Sprechen Gottes in unserem Gewissen.

Von dieser Vorstellung zum Kantischen »Faktum der Vernunft« (dem Sittengesetz) und seiner Allgegenwart im Gefühl der Achtung ist nur ein geringer Schritt. Und es ist dieselbe Unmittelbarkeit des Einleuchtens, die sich im Apriorismus des Sittengesetzes ausspricht, wie sehr auch der analytische Weg der philosophischen Besinnung auf sie den Charakter einer umständlichen Vermittlung hat. Und ebendasselbe gilt nun auch für die heutige werttheoretische Fassung des Verhältnisses. Letztere hat nur den Vorzug, daß sie das unmittelbare Einleuchten als solches besser »fühlbar«, also mit seinen eigenen Mitteln ergreifbar macht.

Zum Abschluß der Problemgruppe, welche die Gegebenheit der Werte betrifft, muß hier noch eines hervorgehoben werden, was sich als Folge ergibt, aber keineswegs als eine selbstverständliche. Sie ist merkwürdig genug, aber bisher kaum beachtet worden. Man kann sie so aussprechen: die Ohnmacht der Werte besteht nur dem realen Geschehen gegenüber, und darum auch dem wirklichen Handeln und Wollen gegenüber, aber nicht dem ebenso wirklichen Wertfühlen gegenüber.

Oder anders ausgedrückt: das Wertgefühl verhält sich ganz anders zu den Werten selbst als der Wille. Der Wille hat Freiheit den Werten gegenüber, er ist nicht gezwungen, der sittlichen Forderung zu folgen, die von ihnen ausgeht, auch wenn diese durchaus erfaßt und bewußt ist. Das Wertgefühl dagegen ist nicht frei ihnen gegenüber, es ist in einem ganz eindeutigen Sinne von ihnen gezwungen: es kann, wenn ihm einmal das Verständnis eines Wertes aufgegangen ist, nicht mehr zurück, kann nicht anders »fühlen« oder Stellung nehmen, als wie er es vorschreibt. Es kann nicht Treu und Glauben als verwerflich, Betrug und Hinterlist als ehrenvoll empfinden. Es kann wohl wertblind sein; aber das bedeutet etwas ganz anderes: da spricht es auf die Werte nicht an, es erfaßt sie gar nicht, und das ist überall der Fall, wo der Mensch noch nicht zum Verständnis der betreffenden Situationen oder Konflikte herangereift ist. Ist aber einmal ein bestimmter Wert aufgegangen, so kann er ihn nicht mehr verleugnen, kann nicht das Wertvolle für wertwidrig erklären. Oder kurz: das Wertgefühl, wo es überhaupt vorhanden ist, zeigt wie das Zünglein an der Waage eindeutig auf den Wert, unbeeinflußt vom Willen und seinen vielerlei Motiven, unbeirrbar auch von der Tendenz der eigenen Person, sich gerechtfertigt zu sehen. Darum allein kann es als Gewissen in Gegensatz zu solcher Tendenz und zu allen anderen Mächten treten, die den Willen bestimmen.

Methodologisch für die philosophische Ethik hat das eine weittragende Konsequenz. Denn so erst wird es sinnvoll, daß wir uns an den adäquaten Wertantworten orientieren, oder auch wie Aristoteles es tat – an den Wertprädikaten des sittlichen Bewußtseins, in denen die besonderen Arten der Ablehnung und Anerkennung sich aussprechen. Anders könnte uns das Phänomen der Billigung und Mißbilligung nicht über Werte und Unwerte belehren. Nur durch die feste Bindung des Wertgefühls – wo es erwacht ist – an die Werte selbst ist uns Gewißheit über die Werte, und mittelbar über die sittlichen Forderungen, erreichbar.

Gäbe es diese Bindung nicht, wäre das Wertgefühl ebenso frei den Werten gegenüber wie der Wille – könnte es sich also mit seinem Empfinden selbst beliebig für oder wider sie entscheiden – so hätten wir überhaupt kein Wissen um Gut oder Böse. Und was mit dem Anspruch solchen Wissens im Leben aufträte, wäre willkürliche Satzung.

Denn wir haben keine andere Quelle des Wissens um sittliche Forderungen als die spontanen Äußerungen des Wertgefühls.

VI

Dem Phänomen des Wertgefühls und der eigenartigen Gewißheit, die es hat, steht nun jene »Relativität der Werte« entgegen, von der oben die Rede war. Der Widerstreit, der darin gegeben ist, muß in seiner ganzen Schroffheit genommen werden. Und dazu muß man sich des hohen Anspruchs der sittlichen Forderungen ebenso erinnern wie der irritierenden Vielheit der Moralen, ihres geschichtlichen Wandels und ihres Umschlagens ineinander. Wie reimt sich das eine mit dem anderen? Mit Kompromißvorschlägen ist hier nichts anzufangen. Entweder die Werte sind unabhängig vom Menschen und nur ihre Verwirklichung steht bei ihm, oder sie sind abhängig von ihm und können dann auch von ihm gestürzt oder durch andere ersetzt werden. Der Gegensatz ist kontradiktorisch und kann darum nicht ausgeglichen werden.

Man hat in der Hegelschen Geschichtsphilosophie eine Art Lösung sehen wollen. Danach hat nicht der Einzelne Macht über die Gültigkeit der Werte, wohl aber der »objektive Geist«. Für den Einzelnen ist ihr Bestehen ein unumstößliches, er kann das »Prinzip« nicht ändern, das mit seinem Volke in die Geschichte kommt; dagegen bringt es der geschichtliche Wandel des geistigen Lebens mit sich, daß auch das Prinzip andere Gestalt annimmt. Hiernach würden die Werte weder ewige Geltung haben noch dem Dafürhalten des Individuums verfallen sein, sondern ein zeitlich begrenztes Bestehen größeren Ausmaßes haben, das wohl einen Wandel erfährt, aber einen solchen von anderem Tempo und nach geschichtlichen Gesetzen.

Eine Auskunft dieser Art genügt dem Problem nicht. Der Relativismus ist damit nicht überwunden, sondern nur auf ein anderes Gleis verschoben, nämlich auf das geschichtliche. Bei der geschichtlichen Relativität aber lag von vornherein das eigentliche Gewicht. Und ob nun der Wandel, um den es geht, ein schneller oder langsamer ist, ändert ja nichts daran, daß überhaupt die Werte entstehen und vergehen müßten. Das aber hat keinen Sinn: Werte sind keine realen Dinge, auch keine realen

Mächte, die entstehen und vergehen könnten, sondern durchaus nur ideale Mächte, und die Forderungen, die von ihnen ausgehen, sind ideale Forderungen. Der Sinn solcher Forderungen aber ist, daß sie überall dort ihre Geltung haben, wo die Lebenssituation, auf die sie bezogen sind – also die Aristotelische Bedingung ihres Spielfeldes – gegeben ist.

Tatsächlich ist ja auch aus anderen Gründen die historische Relativität sehr fraglich. Wenn es so wäre, daß ein heute lebender Mensch die sittlichen Forderungen von einst gar nicht mehr verstehen könnte, so würden wir allenfalls denken können, daß unser Wertfühlen sich gegen das der Altvorderen gewandelt habe; da aber das Wertgefühl fest auf Werte bezogen ist, die sich in ihm äußern, so müßten auch sie sich gewandelt haben. Nun aber können wir solche Forderungen von einst ohne Schwierigkeiten verstehen; dafür genügt es, die andersartige Lebenssituation von einst erfaßt zu haben – was gewiß nicht immer eine leichte Aufgabe ist, aber für ein gereiftes geschichtliches Bewußtsein doch eine jederzeit vollziehbare. Das Wertfühlen selbst versagt hier also keineswegs. Kann es aber heute noch bei richtigem Verständnis der Sachlage jene Werte sich zur Fühlung bringen – sie »nachfühlen« im strengen Wortsinne – so müssen sie doch irgendwie fortbestehen.

So verstehen wir es ohne weiteres, daß im Leben eines geschichtlich »jungen« Volkes, das sich seine Stellung und Sicherung nach außen erst erkämpfen muß, der persönliche Heldenmut als höchster Wert gilt. Es ist keineswegs nötig, daß wir dazu einen ähnlich harten Daseinskampf erlebt hätten, geschweige denn, daß in unserem Ethos das kämpferische Heldentum dieselbe Stellung einnähme. Das Wertgefühl spricht auch ohne dies zwanglos auf den Wert an. Dasselbe läßt sich auch bei größerer geschichtlicher Ferne zeigen: was einst in der Pflicht der Blutrache oder der Eideshelferschaft steckte, ist ein Wert des unverbrüchlichen Stehens zur engsten Gemeinschaft, zur Sippe und zum Kreise derer, denen man verpflichtet ist. Diesen Wert fühlen wir ohne Schwierigkeit nach; nur die besonderen Formen der Pflicht, die er auferlegte, liegen uns fern, weil es hier schon nicht mehr so leicht ist, sich in die Lebensverhältnisse eines vor-rechtlichen Zustandes zu versetzen. Wäre dem nicht so, könnten wir menschliches Ethos nur in den Grenzen unseres eigenen Lebenskreises würdigen, so wäre es nicht zu erklären, wie wir homerische Dichtung oder eine altisländische Saga verstehen und uns in das seelische Sein ihrer Gestalten nacherlebend hineinversetzen können. Gerade das aber gelingt uns Heutigen sehr wohl, und zwar auch ohne große Umwege geschichtlicher Kenntnis. Es ist vielmehr umgekehrt so, daß uns das geschichtliche Bild vergangenen Menschentums erst aus dem Verständnis solcher Dichtung aufgeht.

Damit kehrt sich auch die Sachlage im Wertproblem um. Die Phänomene, die der Relativismus für sich anführt, beweisen ihn offenbar nicht. Ja, sie erstrecken sich offenbar gar nicht auf die Werte selbst, sondern auf etwas anderes, das nicht in gleicher Ebene mit ihnen liegt. Dieses Andere ist die »Geltung«. Denn das ist nicht zu verkennen, daß in verschiedener Moral verschiedene Werte oder Wertgruppen in Geltung sind, während andere zurückstehen und gleichsam verdrängt oder auch noch gar nicht erfaßt sind.

Das aber ist eine Angelegenheit des Wert-»Bewußtseins«, nicht mehr der Werte selbst. Und hier muß man sich nun dessen erinnern, was von vornherein vom Wertbewußtsein gilt. Als Grundphänomen an ihm zeigte sich, daß es einerseits die einmal ihm aufgegangenen Werte nicht willkürlich negieren oder verleugnen kann, daß es aber keineswegs unter allen Umständen für alle Werte offensteht, empfänglich oder »reif« ist. Am Einzelmenschen war es leicht aufzeigbar, wie er für jeden Wert erst in bestimmtem Stadium der Reife empfänglich wird. Geschichtlich aber gilt von ganzen Völkern dasselbe. Und dort wie hier ist es der Eintritt in die bestimmte Lebenssituation – oder wenn man so will, in die bestimmte Art des Konfliktes –, was das Wertbewußtsein für den in ihr geltenden Wert aufgeschlossen macht. Es folgt darin dem Aristotelischen Gesetz des Lebensgebietes bzw. der jeweilig aktuellen Lebenslage. Und je nachdem, welches Lebensgebiet unter gegebenen Verhältnissen das vordringliche ist, dessen ihm zugehörige Werte sind auch im Wertbewußtsein der Menschen die vordringlichen und bestimmen den Typus der Moral.

Nicht die Werte selbst entstehen und vergehen, sondern nur ihr Gelten im Wertbewußtsein. Das Aufgeschlossensein der Menschen für sie, das Verhältnis von Wertsichtigkeit und Wertblindheit, variiert. Und das wiederum nicht willkürlich, nicht auf Grund freier Entscheidung, sondern nach Maßgabe des Aktuellseins und Inaktuellseins einzelner Wertgruppen in bestimmter geschichtlicher Lage. Damit geschieht dem Relativismus vollauf Genüge; nicht freilich den skeptischen Theorien, die diesen Namen tragen, wohl aber den Phänomengruppen, die ihm zugrunde liegen. Aber nicht um die extremen Behauptungen oder Standpunkte, an denen das Sensationsbedürfnis und die Schlagworte hängen, handelt es sich hier, sondern ausschließlich um die Deutung unbestreitbarer Phänomene.

Hinter dem Relativismus der »Geltung« bleibt das Bestehen der Werte vollkommen intakt erhalten, unabhängig von den wechselnden Grenzen des Verständnisses und der Aufgeschlossenheit des Wertgefühls. Diese Unabhängigkeit hat einen ganz konkreten Sinn. Eine hochherzige Handlung ist sittlich wertvoll, auch wenn zu ihrer Zeit kein Verständnis für sie vorhanden ist; wohlverstanden, sie ist nicht nachträglich, heute, für unser sittliches Empfinden wertvoll, sondern »ist« es schon in ihrer Zeit, und was sie Gutes wirkt, fällt den Menschen von damals zu, auch wenn niemand es zu würdigen weiß. Daß Caesar nach seiner Machtergreifung die politischen Gegner schonte und dem eingerissenen Proskriptionswesen entgegentrat, hatte seinen hohen sittlichen und staatspolitischen Wert, auch wenn es wahr sein sollte, daß damals weder Freund noch Feind es zu schätzen wußte, die einen es für Schwäche, die anderen für Dummheit hielten. Unser spätes Verstehen fügt jenem Wertvollsein nichts mehr hinzu, wie jenes Unverstandenbleiben ihm keinen Eintrag tut. Beides bestätigt nur, daß das Wertbewußtsein und die an ihm hängende »Geltung« nach einem anderen Gesetz variieren als dem der Werte selbst. Denn diese wandeln sich nicht; nur ihre Vordringlichkeit unterliegt dem Wandel, aber nicht nach dem Dafürhalten der Menschen, sondern nach der geschichtlich wechselnden Lebenssituation.

Man könnte hiernach denken, daß es sich im Wandel der Moral um ein stetiges Fortschreiten des Wertbewußtseins handelt, in der Weise etwa, daß es ständig an Umfang zunimmt, ähnlich wie es am Individuum mit der Reife wächst. Und indem ihm immer neue Werte aufgehen, müßte es sich zuletzt einer idealen Vollständigkeit nähern. Zu einer solchen Auffassung kann sich gerade das philosophische Wertbewußtsein verleitet sehen, weil es in ihm wirklich etwas von solchem Wachstum gibt. Aber dieses Wertbewußtsein ist nicht das ursprüngliche Wertfühlen, sondern ein sekundäres, verblaßtes. Man kann es wohl noch echte Wertschau, und zwar verbreiterte Überschau der fühlbar gewordenen Werte nennen, aber es ist nicht identisch mit dem einer geltenden Moral, auch nicht mit dem der zur Zeit herrschenden. Die Ethik ist überhaupt nicht lebendiges Ethos, weder das des Individuums noch das ihres Zeitalters, sondern eine Wissenschaft. Und was an Zusammenschau in der Wissenschaft möglich ist, das ist dem sittlichen Bewußtsein im Leben und in den Entscheidungen des Augenblicks eben deshalb noch lange nicht möglich.

Der geschichtliche Wandel des Wertbewußtseins ist also nicht ein einfaches Fortschreiten und Wachsen. Das bestätigt sich aus der Geschichte. Es gibt Werte der antiken Moral, die in der christlichen verlorengegangen sind. Ein gutes Beispiel dafür ist die Aristotelische Tugend des Stolzes – der »Seelengröße«, wie die Alten sie nannten. Sieht man nun näher zu, was bei solchem Umschlagen der Moral geschieht, so findet man, daß zwar jedesmal neue Werte ins Licht des Bewußtseins einrücken, dafür aber auch manche von den alten ihm entschwinden. Es ist, als wäre unser Wertgefühl ein begrenzter Lichtkreis, der auf der Ebene der Werte wandert, so daß stets nur ein Ausschnitt von ihr in ihn fällt, und stets bei seinem Vorrücken ihm auf der einen Seite ebensoviel entschwindet, wie auf der anderen in ihn einrückt.

Wie weit dieses Bild wirklich zutrifft, mag zweifelhaft sein. Denn in gewissen Grenzen gibt es freilich auch das inhaltliche Wachstum des Wertbewußtseins, so deutlich im Reifen des Individuums, aber vielleicht auch im Werdegange einer völkischen Kultur. Immerhin sieht man doch so viel, daß es auch eine Begrenzung dieses Anwachsens gibt. Und dafür läßt sich ein objektiver Grund angeben. Man kann ihn im Phänomen der »Enge des Wertbewußtseins« erblicken.

Dieses Phänomen nämlich steht in schroffem Gegensatz zur unbegrenzten Erweiterungsfähigkeit der Erkenntnis und des theoretischen Bewußtseins. Es gibt wohl Grenzen der Erkennbarkeit auf allen Gegenstandsgebieten des Alltags und der Wissenschaft. Aber diese Grenzen sind uns durch unsere Kategorien gezogen, keineswegs aber durch die Menge oder Mannigfaltigkeit der Gegenstände, die wir durch sie erfassen. Der Erkenntnisprozeß geht daher ungehemmt weiter, er umspannt auf seinem Gange durch die Jahrhunderte immer größere Gegenstandsbereiche, und bei den einzelnen Schritten, in denen sich der Umkreis des Erfaßten verschiebt, ist keine Rede von einem Verlieren auf der einen Seite, wenn auf der anderen ein Gewinn zu buchen ist. Es gibt keine »Enge« des erkennenden Bewußtseins, keine Begrenzung seines Kreises, die nicht aufgehoben werden könnte.

An diesem Gegensatz – der immerhin auffallend ist, weil doch das Wertbewußtsein auch Erkenntnischarakter hat – kann man den inneren Grund jener Enge aufdecken. Denn eben der Erkenntnischarakter ist hier ein von Grund aus anderer. Im theoretischen Felde besteht Erkenntnis im reinen Erfassen des Gegenstandes, wobei das erkennende Bewußtsein nur den inhaltlichen Zuwachs, sonst aber keine Veränderung erfährt. Beim Werterkennen ist das ganz anders: hier ist das Bewußtsein keines neutralen »Erfassens« fähig, sondern nur eines emotionalen. Ein solches aber hat weit mehr die Form eines Erfaßtseins, eines Ergriffenseins oder Gepacktseins vom Werte. Das ist es ja, was an den Akten der Gefühlsreaktion in die Augen sprang, an der Empörung, der Verachtung, ja schon der einfachen Mißbilligung, desgleichen an der Verehrung, Bewunderung, Billigung usw. Hier überall ist von kühlem Erfassen keine Spur, es ist ein deutliches Erfaßtsein der Person vom Werte, der ihr aufleuchtet, ein echtes Ergriffensein von ihm, und wenn es hochkommt ein Mitgerissensein. Und ebenso im negativen Falle: ein Abgestoßensein vom Unwert, ein Verletztsein oder Angewidertsein.

Hier löst sich das Rätsel. Ein menschliches Bewußtsein kann wohl beliebig vieles erfassen, das ihm zugänglich wird, aber es kann nicht von beliebig vielem erfaßt sein. Das Erfaßtsein als solches schließt das zu viele Vielerlei aus. Im Grunde hat wohl gar jeder einzelne Wert, zum mindesten aber jede geschlossene Wertgruppe, die Tendenz, den ganzen Menschen zu erfassen, gleichsam von ihm Besitz zu ergreifen und andere Werte zu verdrängen. Diese Tendenz ist wohlbekannt; wir finden sie in aller Neigung des Menschen zu einseitigem Ethos, Überbetonung einzelner Werte, und extremen Falles im Wertfanatismus. So gibt es einen Rechtsfanatismus, einen Wahrheits- und einen Pflichtfanatismus usw. Zur Moral erhoben, pflegen solche Tendenzen die Form des Rigorismus anzunehmen.

Die Extreme wird man freilich nicht verallgemeinern dürfen. Aber es unterliegt ja keinem Zweifel, daß sie bloß die Auswüchse einer Grunderscheinung sind, die allem Wertfühlen eigen ist, einer Tendenz, das Bewußtsein zu erfüllen, es von anderem abzulenken. Darum gibt es die Beschränkung der Mannigfaltigkeit im Wertbewußtsein, oder was dasselbe ist, die Tendenz zu gegenseitiger Verdrängung der Werte im Ethos des Menschen. Im stürmisch-leidenschaftlichen Ethos des Jugendlichen mag die Verdrängung zuzeiten eine vollständige sein, so daß ihm wirklich nur ein einziger Wert präsent ist. Im kühleren Wertbewußtsein des Gereiften läuft es gemeinhin nur noch auf eine gewisse Begrenzung, d. h. auf das Phänomen der »Enge« hinaus.

Darum gibt es hier kein Analogon zum Fortschreiten der Erkenntnis. Das Wertbewußtsein hat ein anderes Gesetz des Wandels. Nicht daß der Wechsel von Fortschritt und Rückschritt es hemmte; den gibt es ohnehin auf allen Geistesgebieten, auch in der Erkenntnis, aber er läßt ein allmähliches Vorwärtskommen doch grundsätzlich zu. Die Enge des Wertbewußtseins läßt es nicht zu: was es auf einer Seite gewinnt, stößt es auf der anderen Seite ab. Im Individuum gibt es noch eine gewisse Erweiterungsfähigkeit, sie tritt uns greifbar im sittlichen Reifen des Jugendlichen entgegen und bleibt in günstigem Falle wohl auch weiter ins Leben hinein bestehen, nur eben mehr eingedämmt dadurch, daß der wachsende Umkreis des Wertgefühls selbst das weitere Anwachsen hemmt. Im objektiven Geiste aber ist auch das anders: in ihm wechseln die Individuen, und was einer Generation unter ihren Lebensverhältnissen präsent und geläufig war, kann der nächsten oder nachnächsten unter veränderten Verhältnissen entschwunden sein. Es muß ja in jedem Menschen alles wieder von unten auf durchlaufen, in den Konflikten des Lebens erfahren, zur Reife gebracht werden; hat aber das Leben sich geändert, so ändert sich auch die Lebenserfahrung, und ein anderer Typus von Situationen oder Konflikten wird vordringlich, andere Forderungen werden aktuell, und die von ehedem verblassen, um zuletzt ganz aus dem moralischen Gesichtskreis zu entschwinden. Sie bleiben wohl einem historisch verstehenden Bewußtsein nachfühlbar und dokumentieren dadurch ihren überzeitlichen Sinn. Aber sie sind inaktuell geworden und haben in der lebendigen Moral keine Geltung mehr.

So löst sich das Problem des Relativismus. Es löst sich nicht in dem Sinne, daß alle Relativität aufgehoben würde. Sie bleibt vielmehr im ganzen Umfang der Phänomene bestehen. Es ist nur in Wahrheit keine Relativität der Werte und der sittlichen Forderungen selbst, sondern eine solche ihrer Geltung im Wertbewußtsein des Menschen, und zwar in Abhängigkeit von der wechselnden Aktualität im geschichtlichen Wandel des Lebenszuschnittes.

Und hier ist nur noch eine letzte Konsequenz, die sittlichen Forderungen selbst betreffend, zu ziehen.

Was eigentlich ist der philosophische Sinn einer solchen Relativität? Was steht grundsätzlich hinter dem Phänomen der

Aktualität und Inaktualität? Diese Frage meint nicht, was hinter dem besonderen »gewordenen« Lebenszuschnitt steht, auch nicht, was die Vordringlichkeit eines bestimmten Lebensgebietes ist. Darauf antwortet schon das Aristotelische Gesetz der Zuordnung, die zwischen Situationstypus und Wert besteht. Es geht jetzt vielmehr darum, was eine Zuordnung solcher Art überhaupt für das Bestehen und den materialen Gehalt der sittlichen Werte bedeutet. Diese Frage ist nicht mehr die des Relativismus, sie läßt sich vielmehr erst mit eindeutigem Sinn stellen, wenn die der Relativität in den Grenzen ihrer Lösbarkeit beantwortet und der Aufruhr der Gemüter, den sie angerichtet hat, zur Ruhe gekommen ist.

Es bedarf keines besonderen Scharfblicks, um zu sehen, daß hier noch eine unbehobene Diskrepanz besteht: zwischen dem idealen Bestehen der Werte und ihrer zeitbedingten Geltung; oder in anderer Fassung, zwischen der strengen Apriorität der sittlichen Forderung und ihrer Gebundenheit an das Vorliegen einer bestimmten Art von Situation. Man kann ein Prinzip entweder in der Wirklichkeit des Seienden als sein Realgesetz oder im Gegensatz zu ihm als bloß ideale Macht verstehen, aber doch nicht als beides zugleich; und unserem Bewußtsein kann es entweder a priori oder a posteriori zugänglich sein, im ersteren Fall in echter oder scheinbarer Absolutheit, im letzteren nur hypothetisch, aber doch verifizierbar –, aber das eine bleibt doch etwas gänzlich anderes als das andere. Hier aber scheint beides ineinanderzufließen: die Geltung eines Apriori soll je nach den Umständen empirisch bedingt sein, eine ideale Forderung soll von der wechselnden realen Situation abhängig sein. Denn das heißt es doch, daß in der positiven Moral die einzelnen Werte je nach der Vordringlichkeit des betreffenden Situationstypus in Kraft sind oder nicht.

So sieht die Diskrepanz aus, wenn man sie mit unzureichenden Begriffen zum Widerspruch zuspitzt. Die Zuspitzung ist nicht überflüssig, weil sie der Einseitigkeit oder Schiefheit der gängigen Begriffe anhaftet. Sie löst sich aber, wenn man diese in einer Weise berichtigt, wie sie von der Problemlage gefordert ist. Und dann tut sich hinter ihr etwas ganz anderes, eminent Positives auf.

Schief ist vor allem der alte Aprioritätsbegriff, der eine Einsicht meint, die zu aller Erfahrung außer Beziehung steht. Er reicht nicht einmal für die theoretische Erkenntnis aus. Es gibt keinen isolierten Apriorismus; und wenn man dagegen die Mathematik anführen will, so vergißt man, daß auch sie ihr eigentliches Erkenntnisgewicht erst auf ihren Anwendungsgebieten hat, deren Gegenstand durchweg im Bereich des Realen liegt. Alle apriorische Erkenntnis, die mittelbar oder unmittelbar die reale Welt betrifft, fügt sich in bestimmte Gegebenheitsverhältnisse ein, die aposteriorischen Ursprungs sind, und nur so hat sie das Gewicht von Realerkenntnis. Im Falle der Werte aber handelt es sich von vornherein um Gestaltung der Realität, sei es um die der Handlung, welche direkt in das reale Geschehen eingreift, oder um die der inneren Haltung und Gesinnung. Auch in der Bestimmung der Stellungnahme, der Wertreaktion, des Wertfühlens geht es um reales Verhalten, denn auch die Wertantwort – einerlei in welcher Gefühlsform – ist reales Fühlen.

Hier ist also nirgends ein Widerspruch zwischen der Idealität der Forderung und der Realität des Seinsgebietes für das sie Geltung hat. Daß aber der Wille nicht direkt durch sie bestimmt ist, sondern Freiheit gegen sie hat, ist nur eine Begrenzung ihrer Determinationskraft, keineswegs also eine Aufhebung ihrer strengen Bezogenheit auf die Realverhältnisse. Wohnt doch vielmehr der sittlichen Forderung schon rein als solcher, unabhängig von ihrer Realisierung, die Tendenz inne, auch den Willen zu bestimmen, ihn gleichsam für sich zu gewinnen.

Und das ist gerade nur möglich, wenn sie von vornherein auf Realverhältnisse bezogen ist, die also ohne sie nicht zu sinnvoller Gestaltung gelangen können. Hier ist umzulernen über das Verhältnis von idealer und realer Welt. Es gibt keine in der Luft schwebenden Werte und wenn sie noch so sehr unverwirklicht im Menschenleben sein sollten. Es gibt sie nur als die auf bestimmte Typen der Realsituation abzielenden und in sie hineinpassenden. Sittliche Werte und Forderungen sind, bei aller Idealität und Überzeitlichkeit, a limine realitätsbezogen. Darum kann an ihnen dieselbe Mannigfaltigkeit des Inhalts (Kantisch: »der Materie«) wiederkehren, die in der Typik menschlicher Verhältnisse empirisch gegeben ist. Das ist der Sinn des Aristotelischen Gesetzes.

Es ist ein alter, eingewurzelter Fehler der philosophischen Systematik, daß sie real Gegebenes und ideal Gefordertes zu weit auseinandergerissen hat. Wohl besteht hier ein Gegensatz und den wird man nicht übersehen dürfen; auch er ist zuzeiten übersehen worden, so im scholastischen Wertrealismus (omne ens est bonum) und in Hegels bekannter Gleichsetzung von »Vernünftigem und Wirklichem«. Aber der umgekehrte Fehler ist ebenso gefährlich: er reißt Wert und Unwert vom Leben los und kann sie hinterher nicht mit ihm zusammenbringen. Der mittlere Weg ist auch hier der allein gangbare. Und er ist gegeben in jener Rückgebundenheit der sittlichen Forderungen auf die charakteristischen Realstrukturen des Menschenlebens, wie sie einst die *Nikomachische Ethik* in ihrer Lehre von den Situationstypen aufgezeigt hat.

Man darf nur die letzteren nicht zu eng verstehen. Sie durchziehen unser ganzes Leben. Sie bestehen auch keineswegs bloß für die wenigen Werte (»Tugenden«), die Aristoteles im Auge hatte; sie lassen sich auch für die höheren und höchsten sittlichen Werte aufzeigen. So ist die Nächstenliebe auf die ganze Mannigfaltigkeit fremder Bedürfnisse bezogen, die Rücksicht auf die kleinen Konflikte des Zusammenlebens, die Zuverlässigkeit und Treue auf das unvermeidliche Sichverlassen-Müssen auf andere Menschen, die Bescheidenheit auf die immer lebendigen Ansprüche des Geltungsbedürfnisses. Das sind Realverhältnisse, die in uns als realen Personen selbst gegeben sind. Die sittlichen Forderungen aber haben sie zur Voraussetzung und enthalten sie in sich. Sie sind auch sinnvoll und »material« gerechtfertigt nur in einer Menschenwelt, in der diese Formen des interpersonalen Verhältnisses bestehen und ständig wiederkehren.

Die Probe auf das Exempel solcher Verbundenheit von Idealität und Realität liegt darin, daß alles Verständnis für sittliche Forderungen am Verständnis für das verschlungene Menschenleben und seine Verhältnisse, Gebiete, Konfliktsphären oder Lebenslagen hängt. Nicht als ob in diesen schon die Werte gegeben wären; sie vielmehr müssen immer erst in einem gewissen Gegensatz zu ihnen erschaut werden. Wohl aber bildet jene Mannigfaltigkeit der Lebensverhältnisse die Voraussetzung und gleichsam den Zugang zu ihnen. Darum reift das Wertgefühl so langsam, schrittweise mit der zunehmenden Lebenserfahrung und kann nicht ihr vorgreifend erweckt werden.

Und auch der »Wertrelativismus« erhält von hier aus noch ein neues Licht. Relativ nämlich sind die einzelnen Werte im letzten Grunde nur auf die genannten Realverhältnisse des Menschenlebens. Diese Relativität aber ist eine in ihrem Inhalt (der »Wertmaterie«) selbst enthaltene. Sie ist also Relativität nicht auf das Empfinden oder Dafürhalten des Menschen, sondern auf sein ganzes Sein, auf seine Natur, sein Leben und seine Konflikte. Darum wird nicht das Wertvollsein bestimmten Verhaltens relativ, auch nicht die sittliche Forderung, die es erheischt, sondern nur sein Dominieren im Wertgefühl. Denn dieses allein hängt am geschichtlichen Kommen und Verschwinden der Aktualität.

Über die Stellung der ästhetischen Werte im Reich der Werte überhaupt

(1927)

Die Ästhetik unserer Tage leidet immer noch an dem traditionellen Fehler des 19. Jahrhunderts: sie ist noch vorwiegend Aktanalyse, nicht Gegenstandsanalyse. Dem ästhetischen Schauen und Genießen, dem künstlerischen Schaffen forscht sie nach, nicht dem Objekt des Schauens und Schaffens. Und selbst wo sie dieses tut oder zu tun bemüht ist, orientiert sie sich doch nach den Akten, leitet die Objektcharaktere von ihnen her, statt sie autonom am Objekt selbst aufzudecken.

Die Folge ist, daß ein Wissen um die ästhetischen Werte und ihre Differenzen noch fast gänzlich fehlt. So wertvoll das Genießen, Schauen und Schaffen immer sein mag, seine Werte sind doch nicht die ästhetischen Werte. Ästhetische Werte sind ausschließlich Werte des Gegenstandes. Man spricht wohl von »schönen Künsten«, aber die Rede ist irreführend. »Schön« ist weder die Kunst noch der Kunstgenuß, sondern einzig das Kunstwerk. An ihm haften die Werte – an ihm und an allem sonstigen, außerkünstlerischen Schönen. Denn auch ohne die Kunst ist die Welt voll des Schönen.

Die Schwierigkeit aber, die der Wertforschung hier entsteht, liegt darin, daß sich ästhetische Werte kaum beschreiben lassen, geschweige denn begrifflich bestimmen. Die allgemeinen Wertklassen, die man traditionell hinzunehmen pflegt, – wie das Erhabene, das Komische, das Tragische, das Groteske, das Zierliche usf. – betreffen nur gewisse immerhin wichtige, aber doch unbestimmte, weil generelle, Unterschiede des Wertvollseins. Sie wirken, in solcher Allgemeinheit gefaßt, abstrakt und leblos. Ästhetische Werte sind eben im Grunde stets Werte eines einzigen Gegenstandes; sie sind individuell durchdifferenziert, von Fall zu Fall andere, und alles Vergleichbare, Gemeinsame, ja Typenhafte betrifft nicht ihr Wesen, sondern nur etwas »an ihnen«. Der einzelne ästhetische Wert, wie er am Gegenstande erscheint, ist durchaus inexponibel – nicht nur durch seine Komplexheit, sondern durch seine Heterogeneität gegen alles in Elementen und Komponenten Exponierbare. Wer von ihm handelt, kann ihn nie anders geben, als wie er am Objekt gegeben ist. Er kann nur hinweisen und an das lebende Wertgefühl appellieren.

Hier besteht eine absolute Grenze aller Wertanalyse. Sie liegt weit diesseits der konkreten ästhetischen Wertcharaktere selbst, liegt noch tief innerhalb der vergleichbaren und heraushebbaren Wertkomponenten. Und diese sind nicht die ästhetischen Werte selbst.

Aber man kann ästhetische Werte wohl in genere als solche charakterisieren, indem man sie neben Werte anderer Art hält. Man charakterisiert sie damit zugleich in ihrer Stellung im System der Werte überhaupt. Am lehrreichsten ist hierbei ihr Unterschied gegen die sittlichen Werte, mit denen das Denken früherer Zeiten – so noch das der Romantik und des deutschen Idealismus – sie allzu nahe zusammengebracht hat.

I

Sie sind also nicht Werte des Aktes, weder des schauenden noch des schaffenden. Sie sind Werte des Gegenstandes dieser Akte. Aber sie sind deswegen nicht etwa Werte eines »an sich Seienden«, wie es auch, ohne Gegenstand der Akte zu sein, bestünde, sondern Werte gerade nur des Gegenstandes als Gegenstandes eben dieser Akte. Es sind Werte, die nicht am nackten Sein der Gebilde hängen, denen sie anhaften, auch nicht an ihrem spezifischen Sosein als solchem (ontologisch verstanden), sondern an ihrem »für uns Sein« – im Unterschiede zu ihrem Ansichsein –, d. h. an ihrem Objektsein für uns.

Darin unterscheidet sich der ästhetische Gegenstand vom Erkenntnisgegenstand. Letzterer besteht unabhängig vom Erkenntnisakt; ja, der Erkenntnisakt ist echte Erkenntnis überhaupt nur, wenn sein Gegenstand ein übergegenständliches (transobjektives) Sein, ein Ansichsein, hat.[1] Widrigenfalls sinkt er zum bloßen Denken, zur Vorstellung, zur Phantasie herab. Der Erkenntnisgegenstand ist also nur akzidentellerweise Gegenstand. Der ästhetische Gegenstand dagegen ist wesentlich Gegenstand, und nur Gegenstand, nur »Objekt für ein Subjekt«, und zwar für bestimmte Akte eines Subjekts. Eine Landschaft z. B. als Erkenntnisgegenstand besteht an sich; sie ändert sich auch nicht mit dem Standort, von dem sie gesehen wird. Sie besteht gnoseologisch indifferent gegen das Gesehenwerden. Als ästhetischer Gegenstand dagegen besteht sie nur für den Schauenden, wie denn die Perspektive des Schauens ihr wesentlich ist; darum ist sie ästhetisch von jedem Standort aus eine andere.

Hier nun wird ein grundwesentlicher Unterschied der ästhetischen Werte von den sittlichen sichtbar. Letztere sind nämlich durchaus Werte eines Ansichseienden, und zwar eines realen (z. B. der Handlung, des Willens, der Gesinnung). Deswegen besteht der sittliche Wert menschlichen Verhaltens auch keineswegs bloß »für uns« – etwa für jemanden, dem er zugute kommt –, sondern unabhängig davon.[2] Der ästhetische Wert einer Sache dagegen besteht nicht unabhängig davon, sondern nur für das schauende Subjekt. Er ist eben Wert eines bloß »objektiven Seins«, keines Ansichseins.

Nennt man nun mit Kant ein solches objektives Sein ohne Ansichsein »Erscheinung«, so kann man die Seinsweise des ästhetischen Gegenstandes, sofern sie auf bestimmte Akte eines Subjekts rückbezogen ist, gleichfalls Erscheinung nennen, und zwar im objektiven Sinne des Wortes. Und ästhetische Werte dürfen alsdann, sofern sie Werte des Gegenstandes als Gegenstandes sind, auch als Werte der »Erscheinung als Erscheinung« gelten. Für die eigentümliche Art, wie sie mitten in der Welt des Wirklichen (Ansichseienden) auftauchen, und dennoch in Ge-

[1] Vgl. *Metaphysik der Erkenntnis*, 2. erw. Aufl., S. 47, 50 ff.

[2] Vgl. *Ethik*, S. 128–133.

gensatz zu ihr treten und gleichsam unberührt von ihr über ihr schweben bleiben, ist gerade der Erscheinungscharakter ihres jeweiligen Trägers wesentlich.

Es kommt hierbei darauf an, jedes subjektivistische Mißverständnis abzuwehren. Die Erscheinung ist nicht aktgetragener Gegenstand, nicht »Vorstellung«, Gedanke, nicht bloß intentionaler Gegenstand, wohl aber ein nur relativ auf den Akt und »für« ihn bestehender, und insofern ein durch ihn mitbedingter. Ein solcher ist und bleibt gebunden an ein real Ansichseiendes, ja an ein Materielles (an den Ton, das Wort, die Farbe, die Raumform des Marmors). Aber diese Bindung besteht lediglich dadurch, daß das Reale eigenartig geformt ist, den Akt hervorzurufen. Und sofern diese Eigenart der Form für jedes schauende Subjekt besteht, das sie zu fassen befähigt ist, besteht durch sie jene Allgemeingültigkeit (oder subjektive Allgemeinheit) der ästhetischen Werte, die Kant als charakteristische »Quantität« des Geschmacksurteils auszeichnete.

Sind aber ästhetische Werte auch bloß Werte eines Gegenstandes als Gegenstandes, oder einer Erscheinung als Erscheinung, so sind sie deswegen doch nicht selbst bloß gegenständlich, oder bloß Erscheinung. Sie selbst vielmehr werden niemals Gegenstand – auch nicht Gegenstand ästhetischen Schauens. Sie bestimmen nur den Wertcharakter des Geschauten, bilden also einen Maßstab, der jenseits der Erscheinung und des Gegenstandes an sich besteht, der sich auch nicht ändert, wenn der Gegenstand ihm nicht entspricht. Wir nennen im letzteren Fall den Gegenstand eben »häßlich«; wir sprechen ihm nur den Wert ab und dokumentieren damit die Unabhängigkeit des Wertes von ihm. Es gibt also sehr wohl ein Ansichsein der ästhetischen Werte –nicht anders als das aller übrigen Werte auch[3] –, im Gegensatz zum bloßen »Fürunssein« des ästhetischen Gegenstandes, der ihr Träger ist, und an dem sie erscheinen. Und da dieses Ansichsein kein reales sein kann, so kann man es nur als »ideales Ansichsein« bezeichnen. Auch darin unterscheiden

[3] Ebd., S. 139 ff.

sich ästhetische Werte nicht von ethischen und fügen sich, ohne das Gesetz der Sphäre zu durchbrechen, ohne weiteres dem System der Werte überhaupt ein. Der Unterschied liegt nur darin, daß sie nicht auch »Werte eines Ansichseienden« sind. Denn ihr Träger ist es, der nur gegenständliches Sein hat.

II

Sie unterscheiden sich zweitens von sittlichen Werten dadurch, daß ein anderes Verhältnis von Macht und Ohnmacht an ihnen waltet.

Es sei zum Verständnis dessen an anderweitig Ausgeführtes erinnert[4]. Sittliche Werte haben von sich aus nicht die Kraft, sich im Realen durchzusetzen (sich zu realisieren); wohl aber haben sie die Tendenz dazu. Diese Tendenz ist das für sie charakteristische Seinsollen. Das Reale nun fügt sich dem Sollen keineswegs, wie es sich seinen Seinsgesetzen fügt (etwa den Naturgesetzen); es entspricht oder widerspricht ihm, unbehindert durch sie, aber auch ohne ihre Gültigkeit zu beeinträchtigen. Darin liegt die Ohnmacht der ethischen Werte – im Vergleich mit den Seinsprinzipien, als den unverbrüchlich von Fall zu Fall determinierenden. Ihre Realisation dagegen kommt erst zustande, wo ein reales Wesen, welches sie erfaßt, sich für sie einsetzt. Ein solches Wesen ist der Mensch. Die realisierende Kraft ist dann aber die seine, und nicht die der Werte. Dennoch sind es mittelbar die Werte, die diese Kraft in ihm auslösen, eine Kraft, die sich im Gegensatz zur allgemeinen Seinsdetermination durchsetzen muß und insofern der letzteren irgendwie überlegen sein muß. Ethische Werte sind also einerseits schwächer, und doch andererseits stärker als Seinsprinzipien.

Anders ist das Verhältnis bei den ästhetischen Werten. Sie teilen die Ohnmacht der ethischen Werte, aber nicht ihre Macht. Denn ästhetische Werte werden, streng genommen,

[4] Ebd., S. 101–164.

überhaupt nicht realisiert, weder durch ihre eigene noch durch eine fremde Kraft (etwa die des Künstlers); ebensowenig aber auch durch den »Zufall« im sog. Naturschönen, im Leben, am Menschen usf. Gemessen an der Wirkung im Realen also zeigen ästhetische Werte eine noch größere Ohnmacht.

Was das bedeutet, ergibt sich leicht, wenn man die obigen Ergebnisse substituiert. Ästhetische Werte sind eben gar nicht Werte eines Ansichseienden, und nun gar eines Realen; sie sind Werte des Gegenstandes als Gegenstandes, der Erscheinung als Erscheinung. Sie haften nicht am Realen, sondern an einem anderen, einer Hintergrundsschicht, die durch das Reale nur hindurchscheint und von ihm getragen ist. Sie können also gar nicht »realisiert« werden.

Ästhetische Werte haften an einer Hintergrundsschicht der Gebilde, denen sie zukommen; und diese ist in der Tat nicht real. Schön ist an der Landschaft der Bildcharakter, aber er besteht nicht real an sich, sondern nur »für« den Schauenden. Leben und Bewegung des Diskoswerfers sind im gemeißelten Marmor nicht real vorhanden, sondern nur »dargestellt«, und doch liegt in ihnen gerade der künstlerische Wert. Das seelische Sein und die Konflikte auf der Bühne sind und bleiben irreal, werden auch nicht als real vorgetäuscht; dennoch sind nur sie das »Eigentliche«, an dem die dramatischen Werte hängen, nicht aber die real gesprochenen Worte und Aktionen. Vollends durchsichtig wird dieses Schichtenverhältnis in der Musik. Die in der Zeit ablaufende Klangfolge der Fuge ist real; aber das sich in ihr aufbauende und gleichsam türmende Ganze, dasjenige, was am Schluß geschlossen beisammen ist, wenn die Klangfolge verklungen ist, das ist nicht real und kann nie real werden; dennoch ist es für den musikalisch Hörenden vorhanden, und an ihm hängt der musikalische Wert.

Werte dieser Hintergrundsschicht sind also sicherlich ebensowenig realisierte Werte, als die Schicht selbst eine reale ist. Nun aber darf man sie nicht einmal schlechthin als Werte dieser Schicht bezeichnen. Sie haften wohl an ihr und bestehen nie ohne sie, aber sie liegen nicht in ihr allein. Sie sind vielmehr

Werte ihres Erscheinens in einem Realen, Werte eines eigentümlichen Verhältnisses zwischen ihr und der realen Vordergrundsschicht. Weder der ideale Hintergrund noch der reale Vordergrund ist allein der Träger des Schönen, sondern nur beide miteinander und durcheinander, d.h. gerade in ihrem Hintereinander-Geschichtetsein: das Ideale dadurch, daß es in einem Realen »erscheint« (wie es sonst nirgends in der Welt erscheint); und das Reale dadurch, daß es vom Idealen durchleuchtet (für sein Eigenlicht transparent) ist. Nicht das ideale Sein als solches ist das Schöne, wie der Platonismus aller Zeiten gemeint hat: sondern einzig das Erscheinen des Idealen in einem Realen, bzw. die Transparenz des Realen für das Ideale, ist das Schöne. Die ästhetischen Werte sind Werte dieses Verhältnisses. Und deswegen sind sie Werte nicht eines Ansichseienden – weder eines realen noch eines idealen –, sondern nur Werte eines »Gegenstand-Seienden«. Denn sie bestehen nur für die Hindurchschau des Schauenden. Die Transparenz geht in ihrem Erscheinung-Sein für ihn auf.

Ästhetische Werte werden also wohl ins Reale gebannt – und nur in dieser Bannung werden sie sichtbar, bzw. fühlbar (auch für den Künstler, denn auch er hat keine andere Form der Schau als die im Konkreten) –, aber die Bannung ist nur ein Zur-Erscheinung-Bringen, nicht Verwirklichung (Realisation). Was mit den ästhetischen Werten in der Kunst in Wahrheit geschieht, ist Darstellung, nicht Realisierung. Diese Darstellung ist objektiv, ist gegenständlich in strengem Sinne und selbst Gegenstand der Schau; sie gehört also weder zum Schauen noch zum Schaffen, sondern zu dem, worauf beide gerichtet sind. Sie ist deswegen auch nicht gleichgültig gegen das Reale, »in« welchem sie sich darstellt (das Material); man kann dasselbe nicht beliebig in beliebige Materie fassen, wie man ein Sujet etwa auch in Begriffen wiedergeben kann. Sondern sie ist die innerlich notwendige Darstellung eines sich Offenbarenden, dessen Wesen die bestimmte Form in bestimmter Materie allein zuläßt. Darin wurzelt die Einzigkeit und Unnachahmlichkeit des echten Kunstwerks.

III

Nichtsdestoweniger entspricht der größeren Ohnmacht der ästhetischen Werte auch eine größere Macht. Jene Ohnmacht bezieht sich auf die Sphäre des Realen; diese drängte sich durch den Vergleich mit den ethischen Werten auf, deren Sollenscharakter auf Realisation geht. Die Sphäre der ästhetischen Werte aber ist gar nicht das Reale. Darum ist es eigentlich auch gar keine Ohnmacht an ihnen, daß sie nicht ins Reale durchdringen. In ihrer Sphäre aber, in der Sphäre der Erscheinung oder des Gegenstandes ohne Ansichsein, haben sie offenkundig eine größere Macht; denn in dieser Sphäre gibt es ein ganz anderes Maß an Freiheit. Darin liegt die Überlegenheit der ästhetischen Werte. Sie ist, wie die Seinsweise des ästhetischen Gegenstandes, nicht von dieser Welt, und dennoch in sie hineinragend und in ihr spürbar.

Sittliche Werte müssen die Erdschwere des Realen nach sich ziehen; das liegt in ihrer Tendenz des Seinsollens, und das eben ist die unendliche Aufgabe der Verwirklichung, die demjenigen erwächst, der sich für sie einsetzt. Die Verwirklichung aber stößt allerorten auf den Widerstand des Realen, das seine ontische Geformtheit immer schon hat. Anders die ästhetischen Werte. Sie stoßen auf keinen Widerstand, denn in ihrer Tendenz liegt es gar nicht, das Reale umzuformen. Sie lassen nur ein anderes in ihm »erscheinen« und erscheinen selbst in dessen Erscheinungsform. Sie gestalten, ein bildsameres Material, das der Erdschwere des Realen entbehrt. In ihrer Machtsphäre gibt es ganz andere Möglichkeiten als im Reich des Wirklichen. Ob es »unbegrenzte« Möglichkeiten sind, wie die Populärästhetik gerne meint, mag immerhin fraglich sein. Jedenfalls aber sind ihre Grenzen nicht die sehr eng gezogenen der realen Ermöglichung; denn Verwirklichung besteht in schrittweiser Realermöglichung. Darstellung aber und Erscheinung schreiten über das Realmögliche hinweg, ja sie treten direkt in Gegensatz zu ihm.

Die Enge des Möglichen besteht überhaupt nur im Realen, wo jede Möglichkeit eine lange Kette von Bedingungen voraussetzt, die alle schon real erfüllt sein müssen. In der Sphäre des ästhetischen Wertes herrschen auch Gesetze. Aber es sind keine fremden Gesetze, sondern nur die seinen. Sie haben also hier keine heterogene Determination gegen sich, die erst zu überwinden wäre. Die Gesetzlichkeit der ästhetischen Werte ist in ihrer Sphäre nicht nur »autonom« – denn das ist jede Gesetzlichkeit in ihrem Reich –, sondern auch »autark«, d. h. in buchstäblichem Sinne selbstgenügsam und absolut.

Hierauf beruht die erstaunliche Kraft der Kunst, die »Idee« erscheinen zu lassen, wie sie in der Wirklichkeit nie erscheint. Ja sie ist imstande, dem Menschen seine höchsten Ideale in bildhafter Konkretheit und greifbarer Lebendigkeit vor Augen zu stellen – wie die Moral, das Denken, die Überlegung und Belehrung es niemals können. Sie kann darum prophetisch zum Menschen sprechen, kann seine Liebe zu dem erwecken, was da werden soll – hinweg über den langsam schreitenden Geschichtsprozeß, wie über alles Reale. Sie kann damit freilich auch den realen Geschichtsprozeß beeinflussen, denn nichts vielleicht hat auf die Dauer so viel Macht in der Geschichte als erschaute und erschaubar gemachte Ideen. Aber sie selbst bleibt indifferent gegen den Geschichtsprozeß und die realen Mächte, die ihn treiben; wie sie denn auch indifferent dasteht gegen allen außerästhetischen Gehalt dessen, was sie darstellt und der Mitwelt erschaubar macht, – gegen allen ethischen, sozialen, geschichtlichen, religiösen oder theoretischen Gehalt der Ideen. Er ist und bleibt in ihr, wie alles rein Inhaltliche, bloß der Stoff, über dem sich die ästhetische Form erhebt. Denn diese liegt – wie ihre Werte – so wenig im idealen Hintergrunde wie im realen Vordergrunde des Kunstwerks, sondern in der Art, wie jener in diesem erscheint und ihn durchleuchtet.

Man sieht dieses Verhältnis am deutlichsten in gewissen volkstümlichen Gattungen der Dichtung, im Mythos, im Märchen, in der Heroendichtung, aber auch in zahlreichen Formen der bildenden Künste – überall da, wo ein Zeitalter in ihr seine Menschenideale ausprägt. Und vielleicht spielt geschichtlich alle »große Kunst« an ihrem Teil eine ähnliche Rolle, wie die

Dichtung Homers sie bei den Griechen spielte, jene Dichtung, die nicht nur Götter, sondern auch Männer geschaffen hat. Diese sonderbare Macht der Kunst im Leben bildet ein sehr eigenartiges Grenzkapitel von Ethik und Geschichtsphilosophie; denn sie betrifft die Rolle der ästhetischen Werte als bewegender Kräfte im Leben des »objektiven Geistes« – d.h. desjenigen Geistes, der real in der Prägung von Völkern und Zeiten sich entfaltet, ohne doch im Geist des Individuums aufzugehen, an dem als Träger er erscheint. Aber diese Rolle ist nicht das eigentlich ästhetische Wesen der Werte und charakterisiert deswegen auch nicht ihre Stellung im Reich der übrigen Werte.

Das Tun der Kunst und des ästhetischen Schauens im Leben überhaupt ist nicht Hinstreben auf Wirklichkeit, sondern Entfernung von ihr. Bis in die wechselnden Kunststile der Zeitalter hinein läßt sich das verfolgen; denn aller Stil ist schon Formprägung im Gegensatz zum Wirklichen. Und sofern alle Kunst ihrer Materie nach wirklichkeitsgebannt ist und von einem Wirklichen ausgeht, läßt sich sagen, daß ihre ideale Tendenz im Gegensatz zu allem praktisch Ethischen auf das Gegenteil der Verwirklichung geht, auf »Entwirklichung«. Hierin liegt der Grund, warum der Charakter der künstlerischen Freiheit ein so ganz anderer ist, als der der sittlichen. Sie ist eben recht eigentlich Freiheit »von etwas«, nicht Freiheit »zu etwas« (wie die Willensfreiheit), nicht Freiheit der Notwendigkeit und der Eigentendenz, sondern Freiheit der Möglichkeit und des unbegrenzten Offenstehens. Die Kunst bleibt jenseits des Wirklichen schweben; und sofern ihr Sein und ihre Tendenzen durch Werte bestimmt sind, so läßt sich von diesen erst recht sagen, daß sie als solche ins Wirkliche nicht eingreifen, sondern mit samt ihrem Träger jenseits des Wirklichen, über ihm schwebend, verharren, es nicht tangierend oder bewegend, selbst aber gleichfalls von ihm nicht bewegt.

In einem Punkt freilich könnte man zweifeln, ob dem so ist. Im Leben des Künstlers erweisen sich ästhetische Werte als sehr reale Mächte. Sie erfassen ihn zuinnerst, lassen ihn nicht ruhen, führen ihn wohl gar dazu, alles für sie zu opfern, Leben,

Wohlergehen, persönliches Glück. Sie sind, einmal erschaut, sein inneres Schicksal. In diesem Sinne sprach Schelling vom Künstler als dem Menschen mit eigenem inneren Schicksal. Hier bestimmt der ästhetische Wert doch ein durchaus Reales, ein Menschenleben in seiner Einmaligkeit und Unwiederbringlichkeit.

Aber dieses Bestimmen eines Realen ist himmelweit verschieden von dem, welches vom sittlichen Wert ausgeht in seiner Realisation durch den Menschen. Hier bestimmt der Wert weder den Gegenstand, der sein Träger ist, noch bestimmt er etwas »zu sich« (zur Realisation seines Wesens); sondern er bestimmt ausschließlich den Künstler. Da er selbst aber gar nicht im Künstler, sondern nur im Werk des Künstlers erscheinen kann, so kann er auch den Künstler gar nicht zur Wertrealisation in seinem Leben bestimmen, sondern nur zum Schaffen des für ihn (den Wert) Transparenten, oder richtiger, des Erscheinungsverhältnisses zwischen den Schichten des Kunstwerks, in welchem der Wert sich darstellt. Der ästhetische Wert also – im Gegensatz zum ethischen – bestimmt den Menschen, der ihn erfaßt, nicht zu seiner Realisation an ihm selbst (dem Menschen), sondern zu seiner »Darstellung« in einem anderen. Dieses Andere eben ist das Kunstwerk. Die Darstellung selbst aber ist die Kunst.

Die Wertdimensionen der Nikomachischen Ethik

(1944)

I

Seit die philosophische Ethik, den Spuren Nietzsches folgend, den Gedanken einer Vielheit sittlicher Werte – im Gegensatz zur Einheit eines kategorischen Imperativs – in ihre Problematik aufgenommen hat, ist es immer sichtbarer geworden, daß die Lehre von der Mannigfaltigkeit der »Tugend«, wie einst die Meister der antiken Ethik sie ausgeformt haben, wieder in ihre Rechte getreten ist. Die Alten hatten zwar keinen geprägten Wertbegriff, ja selbst die Unterscheidung des sittlich Guten vom Guten überhaupt und von den Gütern ist bei ihnen nur eine unvollkommene geblieben. Der Sache nach aber steckte in den Platonischen Tugend-Ideen unverkennbar der Gedanke der idealen sittlichen Forderung, der sittlichen Werte als solcher also, und die breitere Mannigfaltigkeit der »ethischen Tugenden«, welche die *Nikomachische Ethik* entwikkelt, hat diesen Charakter aller Polemik zum Trotz beibehalten.

Die Polemik richtet sich ja nur gegen die abstrakte Idee des Guten. Platon hatte dieser zwar eine sehr genaue Stellung als Seinsprinzip angewiesen, aber die andere Seite in ihm, die ethische, war gänzlich unbestimmt geblieben; wir erfahren da nur, daß sie auch den besonderen Tugendideen übergeordnet sein soll, so z.B. ausdrücklich der Gerechtigkeit, aber einen Inhalt gewinnt sie dadurch nicht, und wie der Mensch sich verhalten soll, sagt sie nicht. Es ist bekannt, wie Aristoteles dagegen das für den Menschen geltende und ihm erkennbare Gute ausspielt. Dieses aber ist in seiner Allgemeinheit nicht zu fassen, sondern nur in seiner Besonderung. Die Besonderung ist die spezielle sittliche Forderung, deren Erfüllung im menschlichen Verhalten die Tugenden ausmacht.

Das I. Buch der *Nikomachischen Ethik* führt diesen Gedanken breit aus. Wäre das Gute ein »allgemein Aussagbares« oder gar ein an sich bestehendes Allgemeines, es wäre dem Menschen unerreichbar, weder mit der Tat ausführbar noch sonstwie zu erlangen; gesucht aber ist doch gerade ein solches, das dem Menschen erreichbar ist[1]. Es hilft auch nicht, wenn man die Eudaimonie als einheitlichen Inhalt des Guten anerkennt; das ist zwar berechtigt, aber es setzt die gesuchte Differenzierung des Guten schon voraus. Denn Eudaimonie ist nach Aristoteles nicht das Wohlergehen, und die hergebrachte Übersetzung durch »Glückseligkeit« versagt an ihr vollständig. Sie ist vielmehr eine Energeia der Seele, eine Haltung, die sie aufbringen muß; und zwar eine solche, die einem bestimmten Logos gemäß ist. Und fragt man weiter, was für ein Logos das ist, so ist die Antwort: es ist derjenige der Tugend (Arete). Denn die Tugend ist eine Haltung, und die besondere Art der Haltung ist in dem Logos gegeben, der ihre innere Form bestimmt. So ist denn das für den Menschen geltende Gute definiert als tugendgemäße Energeia der Seele[2]. Diese Definition zeigt, daß die Tugend im Wesen der Eudaimonia vorausgesetzt ist. Da die Tugend aber gerade die Differenzierung des sittlich Guten ist und inhaltlich sehr Verschiedenes sein kann, so ist es klar, daß eben dieselbe Mannigfaltigkeit, über die man sich mit der Idee der Eudaimonia hinwegtäuschen wollte, in dieser selbst vielmehr schon vorausgesetzt ist. Man steht also vor der alten Frage: wie eigentlich differenziert sich das Prinzip des sittlich Guten?

Auf diese Frage antwortet Aristoteles mit seiner Mesotes-Lehre. Die letztere selbst soll hier nicht entwickelt, sondern vorausgesetzt werden; für das Problem der inhaltlichen Mannigfaltigkeit des Guten ist es nur eine bestimmte Seite in ihr, die

[1] Eth. Nik. 1096b.

[2] Ebd. 1098a.

maßgebend ist. Dazu aber muß immerhin an die wesentlichen Punkte erinnert werden.

Jede Tugend ist hiernach zwischen zwei Arten der Schlechtigkeit gelagert, von denen die eine ein Zuviel, die andere ein Zuwenig ist. So ist die Tapferkeit zwischen Feigheit und Tollkühnheit ein Mittleres, die Selbstbeherrschung zwischen Zuchtlosigkeit und Gefühllosigkeit, die Freigebigkeit zwischen Verschwendung und Geiz. In jedem dieser Fälle spannt sich ein Kontinuum möglicher Verhaltungsweisen zwischen den Extremen, und von den unzähligen Arten der Haltung ist es jedesmal nur eine, welche gut ist[3]. Dieses Schema wird auf alle Arten des sittlichen Verhaltens übertragen, auch auf die mehr innerlichen, z. B. auf die »Seelengröße«, eine Tugend der rechten Selbsteinschätzung und des sittlichen Stolzes, sowie auf die Gerechtigkeit. Nur die dianoetischen Tugenden fallen aus dem Schema heraus; aber die betreffen auch nicht mehr das praktische Verhalten des Menschen.

Wichtig ist es, hierbei nicht in den Fehler zu verfallen, dem viele vulgarisierenden Deutungen erlegen sind, die »Mesotes« als eine goldene Mittelstraße zu verstehen und damit die Aristotelische Ethik auf das Niveau einer Moral der Mittelmäßigkeit herabzudrücken. Nichts wäre falscher als das. Davon zeugt die klare Bestimmung des Aristoteles, daß die Tugend nur der Seinsform nach ein Mittleres ist, dagegen dem Werte nach ein Höhepunkt[4]. Hiernach handelt es sich bei jeder Tugend um eine zweifache Dimensionierung: dem Sein nach und dem Werte nach, die offenbar senkrecht aufeinanderstellen, so daß der wirkliche Übergang im Kontinuum möglicher Verhaltungsweisen zwischen der einen und der anderen Schlechtigkeit eine Kurve bildet: die Extreme liegen in einer Ebene, die Mesotes liegt »über« beiden als äußerster Höhepunkt, zu dem sich die Kurve erhebt. Sie ist durch die Vertikaldimension von jenen

[3] Ebd. 1106a.
[4] Ebd. 1107a.

geschieden. Die Vertikale eben repräsentiert im Schema den Wert-Unwert-Gegensatz[5].

Somit betrifft die Mesotes-Lehre das allgemeine Wesen der Tugenden selbst. Vorausgesetzt aber ist dabei bereits deren Verschiedenheit sowie die Verschiedenheit der zugehörigen Schlechtigkeiten oder Laster, und zwar mitsamt der des ganzen Lebensgebietes, auf dem sie gemeinsam ihren Spielraum haben. Wie aber steht es mit dieser Verschiedenheit selbst? In ihr gerade muß doch der Grund der Differenzierung und der Mannigfaltigkeit der Tugend liegen.

Da jede Tugend ein Kontinuum von Verhaltensweisen voraussetzt, so kann man die Frage auch so fassen: worauf beruht die Verschiedenheit der Kontinuen möglicher Verhaltensweisen? Denn jede Mesotes ist ja schon ein Punkt innerhalb eines

[5] Darüber hinaus bin ich der Meinung, daß sich hinter der Mesotes des Aristoteles noch etwas anderes birgt, was ihm selbst nicht voll zum Bewußtsein kommt, aber doch gelegentlich deutlich durchblickt: der Gedanke der Wertsynthese. Nach dem heute durchschaubar gewordenen Grundgesetz der Wertdimensionen muß jedem Unwert ein Wert gegenüberstehen. In dem Schema der *Nikomachischen Ethik* also müssen bei jeder Tugend beiden Schlechtigkeiten entsprechende Wertkomponenten zugeordnet sein; und da die Tugend beiden Unwerten gegenübersteht, muß sie notwendig als Synthese beider Wertkomponenten verstanden werden. So steht etwa im Gebiet der Tapferkeit der Feigheit das Standhalten, der Tollkühnheit aber die Kaltblütigkeit gegenüber, und die Tapferkeit ist die Synthese dieser beiden Momente. Sie ist also nur äußerlich gesehen ein Mittleres, von innen betrachtet dagegen die Erfüllung einer Doppelforderung. Überhaupt ist der Sinn der Aristotelischen Tugenden der, daß es zu wenig ist, einer einseitigen Anforderung allein zu genügen; es gehört mehr dazu, sittlich gut zu sein: eben die vereinte Verwirklichung entgegengesetzter Anforderungen in einem und demselben Verhalten. Das eben ist schwer, und darum ist es schwer, die Tugend zu haben. So erst wird es verständlich, daß die Tugend ein Höhepunkt dem Wert nach ist. Streng beweisen läßt sich das u. a. aus der Analyse der Seelengröße: Eth. Nik. 1123b. Sich großer Dinge wert halten und es auch sein, sind offenbar zwei verschiedene Anforderungen; ihre Vereinigung ist die Tugend des rechten Stolzes. – Näheres hierzu in meiner *Ethik*, Kap. 61c–f.

solchen Kontinuums, die Schlechtigkeiten aber sind innerhalb seiner Extreme. Wäre die Sache so, daß Aristoteles die Kontinuen nur durch die Extreme charakterisierte, was seiner Lehre von den Gegensätzen in der Metaphysik allenfalls entsprechen würde, so ließe sich die Frage aus dem Gedankengut seiner Ethik heraus nicht weiter beantworten. Aber dem ist nicht so. Vielmehr gibt es bei der Analyse jeder Tugend einen Hinweis auf das Lebensgebiet, innerhalb dessen der Gegensatz der Schlechtigkeiten und der zugehörigen Tugend liegt. Auf diese Weise wird jedesmal zuerst der Rahmen angegeben und mit ihm das Genus festgelegt, welches inhaltlich den dreifachen Gegensatz, den der Unwerte zueinander und den des Wertes zu ihnen beiden, umfaßt. Der stehende Terminus für dieses Rahmenphänomen ist das Seinsgebiet.

Was ist nun das Seinsgebiet? Es klingt so, als ginge es nur um eine gedankliche Erörterung über das »Worüber«. Jede Tugend mit den ihr zugehörigen beiden Schlechtigkeiten hat gleichsam ein Thema, von dem sie alle drei handeln. Indessen so ist das Verhältnis natürlich zu einfach gefaßt; das »Thema« ist vielmehr das Inhaltsgebiet des konkreten Lebens, auf das sie sich erstrecken und innerhalb dessen sie spielen. Und dieses Inhaltsgebiet ist jedesmal in aller Unmittelbarkeit der menschlichen Alltagserfahrung entnommen.

Der Sprachgebrauch, der hier zugrunde liegt, geht klar aus parallelen Erörterungen der *Nikomachischen Ethik* hervor. Als Beispiel sei hier eine herausgegriffen, die das VI. Buch in der einführenden Überlegung zur dianoetischen Tugend bringt. Es wird hier der Unterschied gemacht zwischen rein erkennendem und ethisch-praktischem Erwägen. Das letztere ist ein »Mit-sich-zu-Rate-Gehen«; und von diesem heißt es nun, das Erwägen selbst sei zwar dasselbe in ihm wie im ersteren, »aber niemand geht mit sich zu Rate über das, was gar nicht anders ausfallen kann«[6]. Das besagt: nur was noch in der Macht des Menschen steht, es so oder so zu gestalten, kann Gegen-

[6] Eth. Nic. 1139a.

stand praktischer Überlegung sein. Der Ausdruck »über das, was nicht anders ausfallen kann«, zeigt deutlich den Sinn des Seinsgebietes, der hier in Frage kommt. Es wird damit aus der ganzen Mannigfaltigkeit des Seienden (genauer: des Geschehenden) alles ausgeschieden, dessen Ausfall schon unabänderlich festliegt; womit dann gleichzeitig der Bereich alles dessen eingegrenzt wird, worauf die ethisch-praktische Erwägung sich erstrecken kann.

Das abgesteckte Gebiet ist also ein dem Sein nach begrenztes. Die Bestimmung, die ein solches Seinsgebiet umreißt, ist eine ontologische. Daß sie in diesem Falle sich über sehr verschiedenartige Lebensbereiche erstreckt, tut dem keinen Eintrag; sie schneidet eben aus jedem Lebensbereich eine engere Gruppe von in Betracht kommenden Fällen heraus.

Dieser ontologische Charakter kommt nun auch allen den besonderen Arten von Seinsgebieten zu, welche den Geltungsbereich der einzelnen Tugenden und der ihnen zugeordneten Schlechtigkeiten abstecken. So heißt es von der Tapferkeit, sie betreffe das Fürchten und das Getrostsein[7]. Mehr auf die äußeren Umstände bezogen heißt es an anderer Stelle, sie sei auf bestimmte Arten des Schrecklichen und der Gefahr bezogen[8]. Das Seins- und Lebensgebiet also, auf das Tapferkeit, Feigheit und Tollkühnheit bezogen sind, und auf dem allein sie auftreten können, ist das der gefahrvollen oder bedrohlichen Situationen. In der gleichen Weise ist die Selbstbeherrschung auf die Lust bezogen, mittelbar aber auch auf die Unlust; ihr Lebensgebiet ist das Innere des Seelenlebens mit seinen Affekten, denn um deren Beherrschung handelt es sich in ihr. Die Freigebigkeit ist auf das Geldausgeben bezogen; und dasselbe gilt bei größeren Lebensverhältnissen von der Großartigkeit im Aufwand. Die Seelengröße bezieht sich auf Ehre und Unehre, nämlich

[7] Ebd. 1107a. Die meisten der im folgenden aufgezählten Bestimmungen stehen an dieser selben Stelle 1107b–1108b. Andere Stellen sind besonders angegeben.

[8] Ebd. 1115a.

auf diejenige Ehre, die einer sich zumißt; und dasselbe gilt in kleinerem Stile schon vom einfachen Ehrgeiz, soweit nämlich auch dieser ein edles Streben ist. Die Sanftmut hat es mit dem eigenen Zorn zu tun. Eine weitere Reihe sekundärer Umgangstugenden hat es mit dem Angenehmsein oder Erträglichsein für den Mitmenschen zu tun. Bei der Gerechtigkeit aber handelt es sich um das große Gebiet der menschlichen Güter, insonderheit aber derjenigen, an denen Wohlergehen und Ungemach hängen[9].

Die Aufzählung ist nicht vollständig. Es lassen sich noch die Arten des Seinsgebietes für die Schamhaftigkeit und die Entrüstung angeben; desgleichen für die Freundesliebe, ja sogar für die fünf dianoetischen Tugenden, deren Wesen keine Mesotes mehr ist. Aber hier überall ist das Lebensgebiet nicht so scharf abgegrenzt; sie eignen sich also weniger, um das Prinzip der Differenzierung herauszuarbeiten. Es empfiehlt sich daher, bei den gebrachten Beispielen stehenzubleiben, um an ihnen den Sinn der Lehre vom Seinsgebiet aufzuzeigen.

II

Es ist also noch einmal, und zwar jetzt radikaler, zu fragen: was hat es mit dem Seins- oder Lebensgebiet der einzelnen Tugendwerte und ihrer Gegenstücke, der je zwei Unwerte, auf sich? Und nicht darauf allein darf sich die Frage beschränken, wieso in ihm ein Grund der Differenzierung – mittelbar also auch der ethischen Wertmannigfaltigkeit – liegen kann; sie muß sich vielmehr auch darauf erstrecken, mit welchem Recht hier rein empirische und nur empirisch aufweisbare Seiten oder Gebiete des Menschenlebens für die inhaltliche Ausgestaltung der sittlichen Forderungen in Anspruch genommen werden. Denn diese Forderungen als solche tragen den Charakter überempirischer Ideen. Sie sind eben Ideale des besonderen menschlichen

[9] Ebd. 1129b.

Verhaltens. Sie können also der Erfahrung am tatsächlichen Verhalten der Menschen schwerlich entnommen sein.

Nimmt man hierzu das oben über den ontologischen Charakter der Kontinuen Gesagte, so verschärft sich die Aporie noch. Diese Kontinuen decken sich offenbar inhaltlich mit der Vielfachheit des Seinsgebietes. Jede Reihe möglicher Verhaltungsweisen ist durch das Lebensgebiet bestimmt, auf dem sie auftreten: tapfer oder feige sein kann man nur, wo es um ein Bedrohtsein geht; beherrscht oder zügellos sein nur, wo es Leidenschaften gibt, die zu beherrschen sind; freigebig oder knickerig sein nur, wo man mit Geld zu schalten hat; gerecht oder ungerecht nur, wo es um Güter geht, auf die auch andere Anspruch haben. Danach scheint es doch, daß durchgehend die Art des Wertes und Unwertes durch die Seinsstruktur der verschiedenen Lebensgebiete bestimmt ist, und zwar ohne Unterschied, ob es sich um das äußere Leben und das Schalten mit Dingen und äußeren Mächten oder um das eigene innere Leben und das Zurechtkommen mit den inneren Mächten des seelischen Seins (den Leidenschaften, der Lust und Unlust) handelt.

Stehen wir also hier vor einem Einschlag des Empirismus in der Ethik? Bewahrheitet es sich, daß Aristoteles auch in der Ethik Empiriker ist, wie das wohl manchmal behauptet worden ist? Dann würde seine Ethik im schroffsten Gegensatz zur Platonischen stehen – in einem viel weitergehenden als dem, der in der bloßen Differenzierung des menschlichen Gutes und der Ablehnung einer abstrakt-einheitlichen Idee des Guten liegt. Das ist von vornherein unwahrscheinlich. Viel zu positiv ist dafür der Einschlag der idealen Forderung in den herausgearbeiteten Tugendbegriffen; und vielzu eindeutig ist auch inhaltlich die Fortführung vieler Platonischer Intentionen innerhalb der einzelnen Analysen.

Oder haben wir uns die Sache so zu denken, daß zwar das Gute als solches in Form einer idealen Forderung zugrunde liegt, seine Differenzierung aber in seiner Aufspaltung nach Lebensgebieten besteht? Auf diese Weise ließe sich der ontologische Einschlag im Wesen der Tugenden wohl verstehen, ohne daß diese doch restlos vom Sein her bestimmt wären. Nur versteht man nicht, worin das Allgemeine der gestellten Anforderung bestehen sollte, wenn sie andererseits doch erst am besonderen Inhaltsgebiet faßbar wird, dieses aber durch Seinsstrukturen bestimmt ist. Auch würde das dem faktischen Vorgehen der Aristotelischen Analysen widerstreiten, die alle von der Seinsform der Kontinuen ausgehen; und noch mehr wohl der strikten Ablehnung der Idee des Guten.

Es bliebe noch übrig, hinter dem ganzen Verfahren einen unausgesprochenen Wertrealismus zu suchen. Das würde bedeuten, daß die sittlichen Forderungen selbst im Sein verankert sind, daß also die Arten menschlichen Verhaltens auf gewisse Formen der Vollkommenheit hin angelegt sind, die ihnen ebenso dem Sein nach vorgezeichnet sind wie die bewegenden Formsubstanzen den Arten des Lebendigen oder denen der menschlichen Kunstfertigkeit (Technê). Dann aber wird es schwer verständlich, wie der Mensch diese Formen der Vollkommenheit verfehlen kann, warum er so leicht in die eine oder die andere Schlechtigkeit entgleitet, ja warum überhaupt Erfüllung oder Nichterfüllung in seine Freiheit gestellt ist. Letzteres aber bildet gerade einen wesentlichen Punkt im Aufbau der *Nikomachischen Ethik*. Davon zeugt die Lehre von dem aus eigener Wahl kommenden Vorsatz. Was zu tun wir »vorziehen«, das steht »bei uns«. Es ist also nicht durch eine teleologische Seinsordnung uns aufgezwungen[10].

Mit solchen Deutungsversuchen wie den drei angegebenen kommt man hier offenbar nicht zurecht. Man darf wohl überhaupt weder den Empirismus des Aristoteles noch seinen Ontologismus allzusehr auf die Spitze treiben. Aber auch die teleologische Grundkonzeption seiner Metaphysik darf man nicht unbesehen auf alle menschlichen Verhältnisse übertragen, am wenigsten wohl auf die ethischen. Auch wird man den Einschlag des Platonismus in seiner Ethik nicht zu gering einschätzen dürfen; man muß ihn nur nicht in solchen Thesen Pla-

[10] Vgl. hierzu Eth. Nik. 1111b–1113a.

tons suchen, die Aristoteles ausdrücklich abweist, wie etwa die von der vorgegebenen Einheitsidee des Guten. Gerade in diesem Punkte ging Aristoteles einen kritisch-fruchtbaren Weg, denn auch die Folgezeit hat gelehrt, daß ein einheitliches Prinzip des Guten, das wirklich alle Besonderungen in sich faßte, nicht inhaltlich bestimmbar ist. Andererseits beweist die hohe Idealität seiner Wertbestimmungen – gegeben in der wohlabgewogenen Stufenleiter seiner Wertprädikate – sowie der Einschlag des nicht weiter definierbaren Guten in ihnen, daß die Werthöhe der einzelnen Tugenden nicht an ihrer ontischen Materie, sondern an ganz anderen Bedingungen hängt. Diese letzteren bleiben dabei freilich ununtersucht, aber die Abstufung als solche ist in den Wertprädikaten aufweisbar und wird gelegentlich in aller nur wünschenswerten Schärfe hervorgehoben.

Der Gedanke des Aristoteles ist einerseits komplizierter als ein platter Wertempirismus, andererseits aber auch einfacher, als ein Wertrealismus oder Teleologismus sein könnte. Er steht eben der natürlichen Einstellung näher. Und für diese gibt es einen engen Zusammenhang zwischen Wert und Realität, so weit auch das wirkliche Tun der Menschen von den idealen Forderungen der Werte abweichen mag. Denn nicht in jeder Lebenslage ist das Gleiche gefordert, sondern offenbar je nach deren inhaltlicher Struktur etwas Anderes: angesichts der äußeren Gefahr ist das Eine, angesichts des durch Leidenschaften bedrohten inneren Gleichgewichts das Andere gefordert; und himmelweit verschieden von dem, was im Geldausgeben geboten ist, dürfte das sein, was in der Selbstbeurteilung des seiner Menschenwürde bewußten Mannes zur Vollendung führt. Man erkennt in diesen Beispielen leicht vier der Aristotelischen Tugendideale wieder. Von diesen also muß es gelten, daß in ihnen der enge Zusammenhang von Idee und Realität erschaut ist. Es fragt sich nur, worin er grundsätzlich besteht.

Die große Einfachheit und Natürlichkeit dieses Gedankens darf nämlich nicht darüber täuschen, daß hier ein weitausschauendes Problem berührt ist; desgleichen nicht darüber, daß

Aristoteles dieses Problem als solches weder stellt noch etwa gar löst. Das Problem ist kein geringeres als das der sog. »Wertmaterie«, d. h. des besonderen ontischen Inhalts, dem der Wert zukommt. Was es damit auf sich hat, zeigt ein Vergleich mit der Kantischen Ethik. Kant wollte aus den sittlichen Forderungen alle »Materie« ausschließen, und zwar eben darum, weil sie empirisch sei; ja, seiner Auffassung nach geht alle Materie des Wollens auf das Prinzip der »eigenen Glückseligkeit« zurück. Und dahinter steckt die Vorstellung der Lebensgüter als gegebener Gegenstände des natürlichen Begehrens.

Daran ist richtig, daß die sittlichen Werte nicht Güterwerte sind und nicht von diesen hergeleitet werden können. Sie sind vielmehr Werte des menschlichen Verhaltens und als solche dem Genus nach von ihnen abgehoben. Aber ist es auch wahr, daß sie ohne die Güter bestehen können, mit denen der Mensch im Leben schaltet? Besteht die Gerechtigkeit nicht gerade im gerechten Schalten mit Gütern, auf die auch andere Menschen Anspruch haben? Aristoteles drückt das durch ihr Seinsgebiet aus: sie hat es überhaupt mit den Gütern zu tun, und zwar gerade sofern diese das Wohlergehen und Ungemach der Menschen ausmachen.

Man kann es nicht eindeutig genug aussprechen: Güterwerte sind zwar etwas ganz anderes als sittliche Werte (solche der Haltung), aber sie sind deren Voraussetzungen; und das sittliche Verhalten ist wesentlich ein solches des Umganges mit Gütern in bezug auf Personen. Es besteht hier offenbar ein Verhältnis der Fundierung sittlicher Werte auf Güterwerte, und zwar ohne daß die axiologische Selbständigkeit der ersteren dadurch beeinträchtigt würde. Daß dieses auch für andere Werte als den der Gerechtigkeit zutrifft, kann hier freilich nicht erwiesen werden. Das erfordert eine Untersuchung anderer Art[11].

Von hier aus ließe sich die Lehre vom Seins- und Lebensgebiet bei des Aristoteles schon in einem tieferen Sinne verstehen und damit zugleich über alle empiristischen und real-teleologi-

[11] Vgl. *Ethik*, Kap. 60e, f.

schen Mißverständnisse hinausheben. Man brauchte sich ja nur klarzumachen, daß die Lebensgebiete, auf denen alle Tugend und alle Schlechtigkeit spielt, in weitestem Umfang Gütergebiete des Menschen sind; daß ferner dieses auch von den Innenbereichen des Menschenlebens gilt, vom seelischen Seinsgebiet der »Lust und Unlust« oder vom bewußten Anspruch auf Achtung und »Ehre«. Aber Aristoteles selbst macht diesen Umweg nicht. Bei ihm ist die Unterscheidung der sittlichen Werte von Gütern zwar durch den Begriff der Haltung vollzogen, aber noch keineswegs zu einer klaren Abhebung gelangt. Vielmehr wird man bei der Vertiefung in seine Analysen immer wieder auf die stillschweigende Voraussetzung eines noch engeren und gleichsam selbstverständlicheren Zusammenhanges zwischen Realität und Wert gestoßen. Es ist nicht genug zu fragen, um welche Güter es in dem Seinsgebiet der einzelnen Tugenden geht. Man muß die Frage erweitern, bis sie den Umfang der Aristotelischen Fragestellung erreicht.

Was also heißt es denn, wenn das Seinsgebiet der Tapferkeit mit dem »Schrecklichen und Gefährlichen« angegeben wird, das der Beherrschtheit mit »Lust und Unlust«, das der Freigebigkeit mit »Geld«, das der Seelengröße mit »Ehre«? Daß es sich um ganze Lebensgebiete handelt, wurde schon oben gezeigt. Aber was macht diese Gebiete inhaltbestimmend für die besondere sittliche Forderung?

Das läßt sich jetzt eindeutig beantworten: sie werden dadurch inhaltbestimmend, daß in ihnen je eine besondere Grundform möglicher Lebenslagen, ein Typus von Situationen gegeben ist. Es ist ein handgreiflicher Unterschied, ob man es mit Geld oder mit Gefahren, mit der Ehre oder den eigenen Leidenschaften zu tun hat; und selbst wenn mehreres davon in einem gegebenen Augenblick zusammentreffen sollte, so ist doch das Zusammentreffen selbst ein den Situationstypen äußeres und hebt deren Eigenart nicht auf. Man kann nicht im Geldausgeben tapfer oder feige, in der Art aber, wie man der Gefahr begegnet, freigebig oder knickerig sein, sondern jedes nur auf seinem Gebiet und innerhalb der Art von Situationen, die das Gebiet bedingt.

Außerhalb ihrer kommt die besondere Art der Tugend und Schlechtigkeit nicht in Frage.

Wir haben es also hier mit einem ethisch-ontischen Grundphänomen zu tun, das in dieser Klarheit wohl erstmalig von Aristoteles aufgedeckt worden ist. Es betrifft nichts Geringeres als den rätselhaften Zusammenhang der empirisch gegebenen realen Welt mit den idealen Forderungen, die an den Menschen gestellt sind. Aristoteles begeht nicht den Fehler, die sittlichen Werte selbst aus den Realstrukturen – sei es der Lebensgebiete oder der Situationstypen – herzuleiten; aber er verfällt auch nicht in das andere Extrem, den Zusammenhang mit den Realstrukturen ganz zu lösen. Beides ist öfters in den ethischen Theorien geschehen. Aristoteles vielmehr läßt nur die besondere Wert-Unwert-Dimension durch den Situationstypus bestimmt sein; was aber innerhalb der Dimension wertvoll und was wertwidrig ist, resp. wo die Arten der und wie ihnen beiden gegenüber die Tugend gelagert ist, das entnimmt er den Wertprädikaten des lebendigen moralischen Bewußtseins seiner Zeit; d. h. in heutiger Begriffssprache, er entnimmt es dem in eben diesen Situationen angerufenen und sich bekundenden Wertgefühl. Er hebt also weder den Platonischen Apriorismus der Tugend-Ideen noch deren Autonomie gegenüber allem real Seienden auf; aber er weist ihre inhaltliche Gebundenheit an die durchgehenden Realstrukturen des Menschenlebens auf, an seine Nöte, Bedürfnisse und Aufgaben. Denn diese sind ontischen Ursprungs und stehen nicht in der Freiheit des Menschen. Erst wie er sich in ihnen zu helfen weiß, ist ihm überlassen. Darum liegen die sittlichen Werte trotz ihrer ontischen Inhaltsgebundenheit ausschließlich in dem, was in seiner Freiheit steht.

Es muß hierzu bemerkt werden, daß mit dem Moment der sittlichen Freiheit keineswegs ein der *Nikomachischen Ethik* fremder Gedanke eingeführt wird. Davon zeugt die große Untersuchung über das Freiwillige und Unfreiwillige sowie über das, was »bei uns« steht, im Anfang des dritten Buches[12].

[12] Eth. Nik. 1110a–1115a.

Es handelt sich hier durchweg um die eigentliche innere Entscheidungsfreiheit, die des »Vorziehens« im Wollen und Handeln; und zwar liegt der Nachdruck gerade auf der Zurechenbarkeit der Handlung. Dieser ethische Freiheitsbegriff darf als vollständig ausgereift gelten. Er ist um vieles reiner und tragfähiger als der später von der älteren Stoa herausgearbeitete, in dem das positive Element der Willensentscheidung wieder stark durch die bloß negative Unabhängigkeit von den Affekten verdrängt ist. Was dagegen bei Aristoteles noch vollständig fehlt, ist das metaphysische »Problem der Freiheit«, die Frage, wie Freiheit möglich ist. Denn eben ein Problem sieht Aristoteles in der Freiheit gar nicht. Er setzt sie einfach voraus. Das »Problem« der Willensfreiheit gehört einer viel späteren Epoche der Philosophie an.

III

Die Problematik des Seinsgebietes hat über die Wertdimensionen, Lebensbereiche und Gütersphären bis auf die Typik der menschlichen Realsituationen hinausgeführt. An diesem Punkte aber gilt es, sich zum Zweck weiteren Eindringens eine breitere Orientierungsbasis im ethischen Phänomenbereich zu sichern. Es läßt sich dabei nicht vermeiden, daß sich die Untersuchung zunächst weiter von Aristoteles entfernt.

Es handelt sich um die Frage, was eigentlich unter der Situation im ethischen Sinne und vollends unter einem Typus möglicher Situationen verstanden werden soll. Denn auf den ersten Blick sieht dieser Begriff sehr einfach aus, und der Naive dürfte sich wundern, was denn daran besonders zu definieren sei. Man gerät eben doch täglich und stündlich in Situationen aller möglichen Art, und man sucht sich, so gut man kann, mit Anstand aus der Affäre zu ziehen. Das ist das Selbstverständliche, das jedermann kennt. Und ebenso selbstverständlich scheint es, daß unser ganzes Leben in einer fast ununterbrochenen Kette von Situationen hinfließt.

Die Philosophie hat es nun aber einmal an sich, daß sie auf allen Gebieten im Selbstverständlichen das Beachtenswerte aufdeckt. Und oft genug erweist sich dieses dann als ein unabsehbar Hintergründiges und Rätselvolles. Die Philosophie eben beginnt mit dem Erwachen des Verwunderns über das scheinbar Einfache und Unbeachtete. Niemand hat das klarer gesehen als Aristoteles, der es im Anfang seiner *Metaphysik* als eine Art Grundgesetz der Philosophie ausspricht.

Die Philosophie also deckt das Problem als solches dort auf, wo sonst niemand es vermuten würde. Was aber ist das Problem, das im Wesen der ethischen Situation steckt?

Das erste Grundelement der Situation ist gerade das, was so selbstverständlich an ihr aussieht: man »gerät« in sie. Dieses Hineingeraten besagt, daß man sie sich nicht aussucht, sondern von ihr überfallen wird; das bedeutet aber doch, daß der reale Lebenszusammenhang sie hergibt, macht, formt. Man kann hinzufügen, daß auch wo sie selbstverschuldet oder auch nur mit durch das eigene Tun verschuldet ist, sie doch nicht um ihrer selbst willen gesucht war. Der Mensch eben übersieht die Folgen seiner Taten nur teilweise und wird gemeinhin von ihnen ebenso überrascht wie vom äußeren Geschehen. Von seiner Initiative aus gesehen bleibt auch dann noch etwas Zufälliges in der Situation. Dieses Zufällige ist aber gerade die ontische Notwendigkeit im Realzusammenhange.

Ein zweites Moment in ihr bildet dann die Unausweichlichkeit der Situation, in die der Mensch einmal geraten ist. Er kann sie nicht rückgängig machen, kann ihr auch nicht ausrücken. Er konnte sie höchstens abbiegen, bevor sie eintrat, nämlich wenn er sie kommen sah und Mittel fand, sie abzulenken. Ist er aber einmal hineingeraten, so kann er nur noch durch sie hindurch, vorwärts in das noch ungewordene Künftige. Das aber kann er nur, wenn er in ihr handelt. Er ist also durch sie zum Handeln gezwungen. Er kann dem nicht durch Nichthandeln entgehen, denn auch die Unterlassung ist im ethischen Sinne ein Handeln.

Dazu kommt als drittes Moment dieses: wenn die Situation ihn schon zum Handeln zwingt, so sagt sie ihm doch von sich aus nicht, wie er handeln soll. Sie eröffnet ihm vielmehr ein Kontinuum möglicher Handlungsweisen, zum allermindesten aber zwei verschiedene. Und zwischen ihnen muß der Mensch selbst entscheiden. Sie zwingt ihn also zur Entscheidung. Und da eben die Entscheidung das Moment der menschlichen Freiheit enthält, so kann man in kurzer Formulierung auch sagen: die Situation zwingt ihn zur Freiheit[13].

Was das für das Problem der Freiheit bedeutet, ist leicht zu ermessen, gehört aber nicht in den Zusammenhang der vorliegenden Untersuchung. Es sei um des Folgenden willen nur der eine Punkt herausgehoben: im Wesen der Situation liegt es verankert, daß jede Lebenslage für den Menschen, der in ihr steht, ein Ineinander von Unfreiheit und Freiheit bedeutet, und zwar in der Weise, daß er wohl Freiheit darin hat, wie er entscheidet, aber nicht darin, ob er entscheiden will oder nicht. Daß er überhaupt Freiheit betätigen muß, darin ist er unfrei.

Läßt man nun die hier sich aufdrängende Freiheitsproblematik fallen und fragt, was sich aus alledem für das Wesen des Seins- oder Lebensgebiets ergibt, so zeigt sich, daß in diesem ein ganz ähnliches Ineinander von ontischer und über-ontischer Bestimmung enthalten ist; genauer vielleicht sollte man sagen: von ontischer Bestimmung und ontischer Unbestimmtheit. In jedem Kontinuum möglicher Verhaltungsweisen gibt es die Bindung an ein bestimmtes Lebensgebiet, gekennzeichnet durch den allgemeinen Typus der Situation; solche Bindung spezialisiert die uferlose Mannigfaltigkeit der Situationen auf eine bestimmte Dimension, die ihrerseits durch die Extreme festgelegt ist. Das Schreckliche, die Lust, der Umgang mit Geld oder die Ehre machen die Seinsbestimmtheit des Situationstypus aus. Innerhalb ihrer aber er öffnet sich in jedem Falle ein weiter Spielraum möglicher Haltungen, von denen nur eine die

[13] Zu dieser Analyse der »Situation« vgl. *Das Problem des geistigen Seins,* Kap. 12b; desgl. »Zum Problem der Realitätsgegebenheit«, u.a. in: *Studien zur Neuen Ontologie und Anthropologie,* hg. von Gerald Hartung und Matthias Wunsch, Berlin 2014, 177–264.

(wertvolle) Tugend ist. Die Haltung aber, und mit ihr die Handlungsweise des Menschen, ist schon Antwort der seelischen Aktivität (Energeia) auf die Situation. Diese Antwort gibt die vorsätzliche Wahl, in der das Moment der Freiwilligkeit schon enthalten ist. Das Moment des Vorziehens in ihr (der Wahl) hängt aber an dem anderen, nicht ontischen Gegensatz von Gutem und Schlechtem; es hat also seine Bestimmung aus der auf dem Seinsgegensatz senkrecht stehenden Wertdimension.

Man muß es hierbei wohl zu würdigen wissen, daß Aristoteles bei der ontischen Differenzierung der Situationsarten weise Mäßigung geübt hat. Hätte er die Spezialisierung bis auf die konkrete Einzelsituation herab durchgeführt, um für sie dann die ideale Lösung zu suchen, er wäre geradeswegs in die Kasuistik und damit in uferlose Schwierigkeiten geraten. Denn nicht nur sind der konkreten Einzelsituationen unendlich viele, sondern ihre Kompliziertheit wächst auch mit der Spezialisierung, weil praktisch meist mehrere Dimensionen möglicher Verhaltungsweisen sich in ihnen überkreuzen; womit dann gleichzeitig eine größere Mannigfaltigkeit von Wertdimensionen in sie einbezogen werden. Die Stoa hat diese Kalamität frühzeitig erfahren, weil sie das Grundsätzliche der ethischen Lebensfragen, sowie der dahinterstehenden ontischen Strukturen, nicht nach unten abzugrenzen wußte. Aristoteles war nicht darauf aus, einen Kodex von Lebensregeln zu schaffen. Es genügte ihm, das höchste für den Menschen geltende Gute so weit in seinen Verzweigungen zu verfolgen, daß es konkret greifbare Ideale menschlichen Verhaltens ergab. Darüber hinaus lag ihm an der Besonderung nichts. Darum begnügte er sich mit allgemeinen Wert-Unwert-Dimensionen, indem er die Inhaltsgebiete einer noch ebenso allgemein gehaltenen Situationstypik entnahm. Diese Situationstypik ist in den Arten des Seinsgebietes gegeben.

Der weite Spielraum, welcher den menschlichen Verhaltungsweisen innerhalb eines Situationstypus bleibt, ist hierbei offenbar wesentlich. Denkt man ihn sich zusammengeschrumpft bis auf eine einzige Möglichkeit, so wäre dem Menschen durch die Art der Situation auch die Handlungsweise vorgezeichnet. Das eben ist nicht der Fall. Statt solchen Vorgezeichnetseins setzt hier vielmehr das ideale Prinzip einer Mesotes ein, die nur gefordert, aber nicht durch die Seinsverhältnisse der Sachlage gegeben ist. Und bedenkt man nun, daß hinter jeder Mesotes eine Wertsynthese steht, deren Komponenten lediglich aus den Wertgegengliedern der beiden Schlechtigkeiten zu erraten sind, so sieht man, daß in den Inhaltsbestimmungen der sittlichen Werte sich rein ontische und außerontische, ideale Wesensstücke nicht nur durchdringen, sondern auch sehr wohl miteinander reimen.

Und so ist denn in der Tat mit der Lehre vom Seins- oder Lebensgebiet der Tugenden etwas Entscheidendes für das Problem des Zusammenhanges von realer Welt und idealer Forderung geschehen. Die idealen Forderungen selbst nämlich tauchen nur dort auf, wo der Mensch vor Nöten, Gefahren, Schwierigkeiten steht, aus denen er sich irgendwie zu helfen suchen muß. Man kann zwar nicht sagen, daß sie selbst schon durch diese an den Menschen gestellt wären, denn an sich ist der Seinszusammenhang sehr gleichgültig dagegen, was der Mensch tut. Wohl aber ist der inhaltliche Umkreis, in den sie fallen müssen, hierdurch abgesteckt. Das Besondere der Forderung ist also durch den ontisch gegebenen Situationstypus mitbestimmt.

In diesen Grenzen ist die Struktur der Realwelt für den Inhalt (die Materie) der sittlichen Werte bestimmend. Aber es ist natürlich nicht die ganze Realwelt, die hierbei mitspricht, sondern nur die engere Lebenssphäre des Menschen, so nämlich wie sie sich durch das gemeinsame Leben der Menschen miteinander und durch ihr eigenes Tun als ihre Menschenwelt gestaltet hat.

Denn mit der Natur außer sich kommt der Mensch relativ leicht zurecht. Dafür hat er seine Kunstfertigkeit (Technê), die Sachbeherrschung, mit der er ganze Naturgebiete, soweit sie ihn angehen und in seiner Reichweite liegen, sich Untertan macht. Die Technê bildet in den Aristotelischen Schriften ein besonderes Kapitel, von dem einmal gesondert zu handeln sich verlohnte. Sie unterscheidet sich von den Fähigkeiten durch

Einsicht und Überlegung, sie wird durch Lernen und Übung erworben; sie wird deswegen meist mit dem Wissen (der Epistêmê) zusammen genannt, unterscheidet sich aber von ihm durch den praktischen Zweck. Dieser stellt sie neben das Handeln im sittlichen Sinne, und parallel zur Tugend gibt es in ihr auf jedem ihrer Gebiete eine Vollendung, die der Mensch anstreben und gewinnen kann. Aber sie bleibt durch die äußere Gebundenheit oder Gegebenheit ihrer Ziele vom sittlichen Handeln und seinen Tugendidealen unterschieden; wie das öfters am Beispiel der Baukunst und des ärztlichen Könnens gezeigt wird. Immerhin muß der Mensch zu ihrer Beherrschung das Wesentliche der Sache erfassen, um die als Ziel es in ihr geht; er muß Form in der Seele haben, um nach ihr Mittel zu wählen und sein Tun zu gestalten[14]. Dadurch bleibt das, was durch Kunstfertigkeit geschieht, grundsätzlich abgehoben von allem, was ohne Zutun des Menschen in der Natur zustande kommt.

Schwerer schon hat es der Mensch mit der Natur in sich. Denn er kann hier nicht einfach, wie bei der Natur außer sich, ihr Wesen (heute würde man sagen ihr Gesetz) erfassen, um ihr die eigenen Ziele vorzuzeichnen. Er gerät vielmehr in Gegensatz zu ihr. Denn seine höhere Bestimmung, die Vollendung seines eigenen Wesens[15], verlangt eine Beherrschung des Natürlichen im Menschen. Es gibt auch eine »Natur der Seele, die des Logos entbehrt«, die aber sehr wohl auch am Logos teilhaben »kann«. Sie besteht in den natürlichen Begierden, die von sich aus widerstreitend sind; es ist mit ihnen, wie wenn die Glieder eines Körpers nach verschiedener Richtung auseinanderstrebten und die Einheit zerreißen wollten. Am Körper nun finden wir das Zusammenhaltende vor, an der Seele aber finden wir es nicht vor. Dieses Alogische der Seele aber fügt sich sehr wohl dem Logos, wenn der Mensch es durch Ermahnung, Tadel und Aufruf zum Guten zu beeinflussen weiß[16]. Hier also bedarf es bereits der

[14] Metaph. 1032a–b.

[15] Eth. Nik. 1101a.

[16] Ebd. 1102b–1103a.

Tugend. Und es ist klar, daß nicht nur die Selbstbeherrschung diesen Charakter der inneren Beherrschung hat – und nächst ihr vielleicht am sichtbarsten die Sanftmut –, sondern mittelbar wohl alle im engeren Sinne ethischen Tugenden. Denn bei jeder gibt es eine innere Situation, die durch natürliche Begierden gegeben ist; und stets macht diese ein Wesensstück des zugehörigen Seinsgebietes aus. So geht es bei der Freigiebigkeit nicht um das Geld allein, sondern um Freiheit und Unfreiheit im Umgehen mit ihm, so in der Tapferkeit nicht um das Schreckliche allein, sondern um die natürlichen Reaktionen (Feigheit und Tollkühnheit), mit denen die Seele ihnen begegnet; desgleichen in der Seelengröße nicht um die Ehre allein, sondern um den Anspruch auf Ehre. Denn in der Art der Selbsteinschätzung liegt hier das Zuviel und Zuwenig, in ihr also auch die gebotene rechte Mitte, die in Wahrheit ein Sichdecken von Dafürhalten und Sein ausmacht.

Darüber aber erhebt sich noch eine dritte Stufe der Situation. Denn am schwersten wird es dem Menschen, mit der Gemeinschaft zurechtzukommen, die er durch seine Lebensform mit anderen Menschen und durch die Ordnung, die er selbst in ihr aufrichtet, allererst ins Leben ruft. Dadurch errichtet er eine geistige Welt über der natürlichen und muß es nun auch mit den Anforderungen aufnehmen, die ihm aus ihr erwachsen. Diese Menschenwelt höherer Ordnung ist die der Polis. Das Übel, mit dem er hier ringt, ist die Ungerechtigkeit; die Tugend, mit der er sie zu meistern sucht, ist die Gerechtigkeit.

Man muß sich dazu vergegenwärtigen, was Aristoteles im Beginn des ersten Buches seiner *Politica* sagt. Alle Gemeinschaft ist zwar um eines Guten willen errichtet, aber nicht in jeder herrscht das Streben nach dem Guten, geschweige denn nach dem höchsten Guten. Dieses besteht im Staate selbst und in der zum Staate geformten Gemeinschaft[17]. Daß überhaupt der Mensch sich zur Gemeinschaft zusammenschließt, liegt zwar in seiner Natur, und in diesem Sinne ist der Mensch das

[17] Pol. 1252a.

Staaten bildende Wesen. Damit aber ist es noch nicht getan. Denn erst mit dem Zusammenschluß der Menschen entsteht das weite Situationsgebiet von Recht und Unrecht. Und daß der Mensch den Sinn für Recht und Unrecht hat, macht erst sein Eigentümliches den übrigen Lebewesen gegenüber aus; und erst die Gemeinschaft solcher Wesen kann Staat heißen. »Wie nämlich das höchste Lebewesen erst in seiner Vollendung Mensch ist, so ist es ohne Gesetz und Recht das unvollkommenste von allen; denn die am schwersten tragbare Ungerechtigkeit ist diejenige, die da Waffen hat. Der Mensch aber ist seiner Natur nach durch seinen Verstand und seine Tüchtigkeit der Waffen mächtig, die er gleich gut nach beiden Seiten gebrauchen kann (zum Heil wie zum Unheil). Darum ist er das gottloseste und wildeste Geschöpf, wenn er ohne Tugend ist«. Und darum ist erst die Gerechtigkeit die Schöpferin des staatlichen Lebens. »Denn Recht ist die Ordnung der politischen Gemeinschaft. Recht aber ist der Maßstab des Gerechten«[18].

Erwägt man diese Bestimmungen auf den uns beschäftigenden Fragepunkt hin, so sieht man ohne weiteres, wie das Lebensgebiet der Menschengemeinschaft ein einziges großes Seinsgebiet der Gerechtigkeit bildet, und zwar gerade im Hinblick auf die zahllosen durch das Zusammenleben selbst hervorgerufenen Bedürfnisse, Konflikte und Situationen. Verfolgt man die Ausführungen der *Politica* weiter ins einzelne, so bestärkt sich dieser Eindruck noch mehr. Denn die in Frage stehende Konfliktsphäre wird durch eine Reihe von Stufen verfolgt, von denen gleich die erste, noch weit diesseits der eigentlichen Staatsformung und ihrer Probleme des Machtanspruches, sich auf rein ökonomischem Gebiet bewegt. Diese Verhältnisse sowie die Stufenfolge der Gemeinschaftsprobleme darzulegen, kann nicht mehr Gegenstand der hier zu führenden Untersuchung sein. Es mag also bei den gebrachten Andeutungen bleiben.

Abschließend sei hierzu nur noch gesagt, daß auch die Ausführungen der *Nikomachischen Ethik* (in deren V. Buch) über

[18] Ebd. 1253a.

die Gerechtigkeit sehr genau hierzu stimmen. Von der Gerechtigkeit nämlich gilt, daß sie das Verhalten des Menschen zum Mitmenschen betrifft, daß also das Gute in ihr, vom Handelnden aus gesehen, ein für den Anderen Gutes ist, einerlei ob der Andere der Herrschende oder der in der Gemeinschaft Gleichgestellte ist. Unter diesem Gesichtspunkt ergibt sich dann weiter, daß die Gerechtigkeit nicht bloß eine unter anderen Tugenden ist, sondern »die ganze Tugend«, Ungerechtigkeit aber die ganze sittliche Schlechtigkeit in sich schließt[19]. Denn in der Tat erstreckt sie sich auf alle Lebens- und Gütergebiete und umfaßt dadurch die ganze Mannigfaltigkeit möglicher Situationstypen. Sie setzt durch das Verhalten gegenüber anderen, das mit ihr erst vollgültig ins Zentrum rückt, den übrigen ethischen Tugenden gleichsam ein weiteres Stockwerk auf. So verlangt sie auch ihrerseits gerade von den Einzelnen das Tapfersein im Namen der Gemeinschaft, verbietet die üble Rede und Gewalttat durch Unbeherrschtheit u. s. f.[20]. Die ganze Breite des in seine Mannigfaltigkeit zerlegten Seinsgebiete kehrt also in ihr wieder.

Man kann dasselbe Verhältnis der Überhöhung auch noch einmal in der Freundesliebe wiederfinden – in jener Art Liebe, welche die Gleichgestellten in Freiheit untereinander auch persönlich verbindet. Freilich finden wir in den zwei Büchern, welche Aristoteles diesem Thema widmet, keine genaue Angabe des zugehörigen Seinsgebietes. Einmal scheint es, daß die Freundesliebe sich ebenso wie die Gerechtigkeit auf das Schalten mit allen Lebensgütern erstreckt; dann aber wieder tritt hier das Sittlich-Gutsein des Menschen selbst als ein entscheidendes Gut für den Mitmenschen hervor; soll doch die Freundesliebe im engsten und höchsten Sinne nur als Gemeinschaft der Guten Geltung haben[21]. Wenn man das als den Grundgedanken im Aristotelischen Begriff der Liebe anerkennt – was freilich dahingestellt bleiben muß –, so erweist sich der Mensch selbst,

[19] Eth. Nik. 1130a.
[20] Ebd. 1129b.
[21] Ebd. 1157 a–b.

sofern er sich in der Tugend vollendet, als ausschlaggebendes Gut für den Menschen. Und dann hätten wir es hier freilich noch einmal mit einer neuen Dimension möglicher Verhaltungsweisen in bezug auf dieses Gut höherer Ordnung zu tun.

IV

Blicken wir von dieser Überhöhung der Lebensgebiete aus noch einmal zurück auf das Problem, bei dem wir standen. Es handelt sich beim Seinsgebiet um den Typus von menschlichen Situationen, der das für jede Tugend charakteristische Kontinuum möglicher Verhaltungsweisen bestimmt. Solche Situationstypen gibt es schon unterhalb des Ethischen im Gebiet der Kunstfertigkeit; innerhalb des Ethischen aber gewinnen sie mit der Höhe der Anforderung auf Grund zunehmender Schwierigkeit der Situationsbewältigung immer mehr an Bedeutung. Daß es sich hier um Dimensionen handelt, ist kein neuer Gedanke des Aristoteles; schon Platon hatte in diesem Sinne von einem »Unbestimmten« gesprochen, das durch die Beweglichkeit des »Mehr und Weniger« charakterisiert ist, während die Bestimmtheit innerhalb seiner den Charakter des rechten Maßes hat[22]. Originell ist bei Aristoteles die Mannigfaltigkeit der Dimensionen, sowie die Art, in der er sie rein ontologisch von den Lebensgebieten her bestimmt. Da es nun aber in jeder dieser Dimensionen nur eine Vollkommenheit gibt und deren Lage innerhalb ihrer nicht dem Situationstypus zu entnehmen ist, sondern nur als Ideal einer Synthese zweier Forderungen erschaut werden kann, so haben wir es in den Wesensbestimmungen der einzelnen Tugenden mit einem Ineinandergreifen realer Seinsbestimmtheit und idealer Forderung, oder wenn man so will, empirischer und apriorischer Bestimmung zu tun.

In heutiger Sprache: die sittlichen Werte sind nur dem Gebiet nach, auf dem sie ihrer »Materie« nach liegen, ontisch be-

[22] Platon. Phileb. 23c ff.

stimmt. Was innerhalb des Gebietes wertvoll und wertwidrig ist, kann auf solche Weise nicht ausgemacht werden. Das muß erst im Gegensatz zu der Mannigfaltigkeit möglicher Haltungen, die sich von einem Extremum der Reihe zur anderen spannt, erschaut werden. Freilich, das »Erschauen« ist kein Aristotelischer Ausdruck; das klingt mehr nach Platonischer Ideenlehre. Und hier liegt eine weitere Schwierigkeit im Aufbau der ganzen Mesoteslehre: wie eigentlich soll die rechte Mitte zwischen den unrechten Extremen erfaßt werden, und welche Handhabe hat der Mensch im Leben dafür, sich des rechten Ideals seiner Handlungsweise zu versichern?

Es muß in aller Klarheit ausgesprochen werden, daß wir bei Aristoteles eine Beantwortung dieser Frage nicht finden; wie ja auch die Stellung der Frage ganz und gar fehlt. An Hinweisen, wie er zu seinen eigenen Wertbestimmungen – in der Herausarbeitung der einzelnen Mesotes – kommt, fehlt es freilich nicht. Er hält sich da nämlich ganz offenkundig an das moralische Bewußtsein seiner Zeit und seines Volkes, so wie es sich in den gangbaren Wertprädikaten ausspricht. Er fragt bei jedem Kontinuum möglicher Verhaltungsweisen: welche gilt als tadelnswert oder welche gilt als ein Vorzug, ein Ehrwürdiges, ein Liebenswertes, ein Bewundernswertes, ein Glückseliges oder Vollkommenes; wobei sich dann in der Stufenfolge der Prädikate zugleich die Werthöhe der gesuchten Tugend spiegelt. Es wurde schon oben darauf hingewiesen, wie in der Berufung auf diese Prädikate, die ja der Sache nach Werturteile darstellen, der unmittelbare Appell an das in seiner Zeit lebendige Wertgefühl enthalten ist. Und man wird zugeben müssen, daß er einen anderen Weg wohl überhaupt schwerlich gehen konnte. Daß aber in diesem Verfahren, unbeschadet des Fehlens aller weiteren Rechenschaft, eine klar durchgehaltene Methode steckt, sieht man ganz eindeutig daran, daß auch für die Arten der Schlechtigkeit die entsprechenden Unwertprädikate geltend gemacht werden: irrig, tadelnswert, schändlich, schmachvoll, verhasst, sowie einige breiter umschreibende Aussagen.

Man sieht also sehr wohl, woher Aristoteles seine Wertbestimmungen nimmt. Aber man findet keine Begründung dafür. Was man an dieser Leerstelle der Theorie vermißt, ist der Hinweis auf ein unmittelbares, die Erfahrung und die gegebenen Seinsverhältnisse hinter sich lassendes Erfassen des Punktes im Kontinuum, an welchem der Wert liegt. Ein solches Erfassen war in der Platonischen Tradition der Eidoslehre vorgesehen, und zwar in aller Ausdrücklichkeit als ein apriorisches[23]. Daß in dem Streit, der sich ein Menschenalter nach Platons Akme zwischen Xenokrates und Speusipp einerseits, Aristoteles andererseits um das Eidos abspielte, ein solches Erfassen die stillschweigende Voraussetzung blieb, liegt immerhin nah anzunehmen. Das würde auch in der theoretischen Philosophie des Aristoteles eine empfindliche Lücke füllen. Denn auch in der Erkenntnistheorie (Anal. post.) und in der Metaphysik fehlt es bei Aristoteles an einer Schau höherer Ordnung, durch welche das Eidos erfaßt werden müßte. Von der Induktion aus gelangt man eben doch auch nach Aristoteles nicht zu einem streng Allgemeinen. Wir haben bei ihm nur den einen Anhalt, diesen schwierigen Punkt betreffend, in der Lehre vom Verstehen als »Nous«. Der Nous nämlich soll »der Potenz nach« selbst bereits der Inbegriff aller denkbaren Dinge sein; woraus dann freilich folgen würde, daß er rein in sich selbst, ohne empirischen Anhalt ein jedes Eidos zu erfassen imstande sein muß[24]. Der Sache nach kommt es dabei freilich auf etwas ganz ähnliches wie im Platonischen Ideen-Intuitivismus heraus.

So könnte man sich allenfalls den Zusammenhang zurechtlegen. Man bekäme auf diese Weise immerhin ein geschlossenes Gesamtbild heraus. Aber direkt belegen läßt es sich nicht, daß der Nous die reinen Formprinzipien der Tugenden in sich enthält. Daß man diese in irgendeinem Sinne den denkbaren

[23] Vgl. »Das Problem des Apriorismus in der Platonischen Philosophie«, u. a. in: *Kleinere Schriften*, Bd. II, Berlin 1957, 48–85.

[24] De anima 429b. Vgl. hierzu »Zur Lehre vom Eidos bei Platon und Aristoteles«u. a. in: *Kleinere Schriften*, Bd. II, Berlin 1957, 129–164.

Dingen zuzählen darf, wird sich schwerlich bestreiten lassen. Aber fraglicher ist es, ob man sie im Sinne des Aristoteles zu den Formsubstanzen zählen darf.

Das Eidos wird in der Metaphysik als Formsubstanz bestimmt, und zwar so, daß jeder Dingklasse ein Eidos zugewiesen wird. Es soll nicht außerhalb der Dinge für sich bestehen, aber auch nicht im Einzelfall aufgehen. Es ist das real Allgemeine in den Dingen. Was Substanz hier heißt, ist leicht zu sehen: es heißt nichts als das Bleibende, das mit dem Einzeldinge nicht zugrunde geht. Ein solches Bleibendes könnte die Idealform der Tugend sehr wohl sein. Nur das ausschließliche Immanentsein in den Einzelfällen paßt nicht zu ihr, weil sie ja gerade im Gegensatz zur Vielzahl der empirischen Handlungsweisen vorbestehen müßte, und sei es auch nur Bewegung (Dynamis) im Nous. Denn die empirischen Handlungsweisen weichen von ihr ab und nähern sich innerhalb des ontisch festliegenden Kontinuums den Arten der Schlechtigkeit.

Eine andere Schwierigkeit bildet die Teleologie, die am Eidosbegriff hängt. Das Eidos ist bewegende Macht in den Einzelfällen, es dirigiert als immanenter Zweck den Werdeprozeß des Lebendigen. Das kann in dieser Weise auf die Tugend nicht zutreffen, und zwar eben deswegen nicht, weil gemeinhin das Verhalten der wirklichen Menschen weit von ihrer Norm abweicht; man kann auch sagen, weil zwischen diese und das wirkliche Verhalten die vorsätzliche Wahl und das »bei uns« eingeschaltet sind. Man müßte also, wenn man die Tugend unter die Arten des Eidos subsumieren will, den Begriff des letzteren schon wesentlich abändern. Andererseits aber liegt die Sache doch so, daß gerade der Charakter des immanenten Zweckes das metaphysisch Fragwürdige am Eidos ist; nichts ist in der Aristotelischen Metaphysik so unhaltbar wie der allgemeine Teleologismus der substantiellen Formen. Auf ethischem Felde dagegen ist es das Natürliche, die Idealformen menschlichen Verhaltens als Zwecke zu verstehen; denn wo immer sie Einfluß auf das Verhalten gewinnen, tun sie es als Normen, die dem Bewußtsein als solche auch in irgendeiner Weise vorschweben müssen.

Hält man sich an die letztere Seite des Problems, so findet man bei Aristoteles die Ansatzpunkte, von denen aus sich die Theorie der Tugend der Eidoslehre einbauen ließe. Ein solcher Ansatzpunkt wird sichtbar, wo es sich um die Rolle des Eidos in der Kunstfertigkeit handelt. Hier funktioniert es nicht als immanenter Zweck wie in den Lebewesen, ohne daß eine Macht ihm entgegenstünde, sondern als Eidos »in der Seele«, ja als dessen bewußter »Logos«. Von ihm gehen die beiden hintereinandergeschalteten »Bewegungen« aus, die Erschließung der Mittel, und die Verwirklichung des Zweckes[25]. Dem Menschen aber, der die Kunstfertigkeit hat, steht es frei, das Eidos, das er »in der Seele« hat, zur Verwirklichung oder zur Vernichtung anzuwenden. So nämlich unterscheiden sich die aktiven Bewegungen in solche, welche rational bzw. irrational, und solche, welche jenseits des Rationalen sind: jene funktionieren von selbst, und zwar immer auf die Verwirklichung des Eidos zu, diese dagegen können sowohl schaffend wie vernichtend wirken, so daß sie ihrem Wirken nach zugleich die Möglichkeit des Entgegengesetzten sind[26]. Der Arzt kann auch krank machen, wenn er will, der Baumeister nicht nur bauen, sondern auch einreißen. Hier überall gibt es noch eine andere Instanz im Menschen, die da Herr darüber ist, was geschehen soll. Diese Instanz ist das Streben und der bewußte Vorsatz.

Man sieht hieraus deutlich, daß die Teleologie des Eidos bei Aristoteles durchaus keine durchgehende, auch den Menschen in seinem Tun bindende Determination bildet. In der Kunstfertigkeit entscheidet der Mensch frei über die Richtung des Geschehens, auch gerade soweit dieses in den Bereich des Eidos fällt. Und es ist nicht einzusehen, warum es in den noch höheren und freieren Betätigungsweisen auf dem Felde des sittlichen Handelns anders sein sollte. Auch hier überall könnte auf jedem Lebensgebiet die Tugend das Eidos bilden, das Vermögen aber, das über Erfüllung oder Verfehlung dessen entscheidet, was sie

[25] Metaph. 1032b.

[26] Ebd. 1047b–1048a.

fordert, dürfte bei der vorsätzlichen Wahl liegen. Und es läßt sich wohl nicht verkennen, daß dieses sehr genau in die Lehre vom Freiwilligen im III. Buch der *Nikomachischen Ethik* paßt[27].

Was in diesem Zusammenhang noch fehlt, ist einzig die direkte Anwendung des Eidos auf die Tugend. Was bei Platon eine Selbstverständlichkeit ist, daß die Tugenden Ideen sind und nur als solche erschaut werden können, ist für Aristoteles, wie es scheint, doch nicht annehmbar. Der Grund dafür liegt wohl nicht bloß in der Depotenzierung des Eidosbegriffs, sondern mehr noch in der Auffassung der Tugend als Energeia, als Habitus, d.h. nicht als Ideal, sondern als die wirkliche Haltung der Seele, welche diese in jedem Falle erst aufbringen muß.

Die Berechtigung dieser Auffassung wird niemand bestreiten. Nur darf man sich durch sie nicht darin irremachen lassen, daß es sich trotzdem bei den von Aristoteles aufgestellten und sorgsam vom Seinsgebiet ausgehend zur Bestimmung gebrachten Tugendbegriffen um echte Idealbilder menschlichen Verhaltens handelt. Die Verwirklichung am eigenen menschlichen Verhalten hängt eben ganz und gar an der Einsicht dessen, was gefordert ist. Und hier ist nun nicht zu vergessen, daß Aristoteles an der entscheidenden Stelle, welche das Verhältnis von rechtem Maß und Extremem in der Tugend festlegt, gerade das metaphysische Wesen des Eidos heranzieht. Nach der ontischen Seite nämlich, also hinsichtlich ihrer Mittelstellung innerhalb eines Kontinuums möglicher Verhaltungsweisen, wird die Tugend nicht nur der Substanz nach, sondern auch in aller Form das als wesenhaft Begriffene als Mesotes bestimmt[28]. Nun ist aber das Wesenhafte nichts anderes als die inhaltliche Wesensbestimmung des Eidos. Gibt es also einen Logos der Tugend, der ihr Wesenhaftes aussagt, so bedeutet das nichts anderes, als daß die Tugend auch diesseits ihrer Verwirklichung in einer Haltung des Menschen bereits ein Eidos ist, welches der Mensch »in der Seele« vor Augen haben kann, um sein Verhal-

[27] Insbesondere zu der Stelle Eth. Nik. 1113a.

[28] Vgl. die oben zitierte Stelle ebd. 1107a.

ten danach zu richten. Das muß von ihr genau in der gleichen Weise gelten, wie es bei jeder Kunstfertigkeit vom »Eidos in der Seele« gilt.

Um Bestätigungen dafür aus dem Sachzusammenhang der *Nikomachischen Ethik* braucht man nicht verlegen zu sein. Dieses ganze Werk ist ein einziger großer Versuch, dem Menschen die Ideale rechten Verhaltens vor die Seele zu stellen; und die weitausgreifenden Analysen der einzelnen Tugenden zeigen deutlich das Bestreben, jede Tugend auf ihr Wesem zu bringen. Denn um nichts anderes als den Lebenszweck des Menschen handelt es sich. Und dazu soll ihm die Handhabe gegeben werden.

Das Bild rundet sich noch mehr, wenn man die Platonische und die Aristotelische Eidoslehre mehr als ein Ganzes versteht – über die Streitpunkte damaliger Polemik hinweg, die heute ohnehin nicht mehr als zentral einleuchten und es in solchen Problembereichen wie der Ethik auch von Anbeginn nicht waren. Für ein solches Ineinsschauen der Eidoslehre sind die Ansatzpunkte in reichem Maße gegeben[29]. Platon wie Aristoteles haben den Chorismos der Ideen bekämpft, und jeder in seiner Weise hat ihn schließlich überwunden; nur mit der Homonymie kamen sie nicht endgültig zurecht. Für das Problem der Ethik aber konnte auch das Vorbestehen des Eidos vor der Verwirklichung nicht ganz fallen gelassen werden, denn hier ist und bleibt alle Verwirklichung Aufgabe. Anders bliebe der Wahl und dem Freiwilligen kein Spielraum.

V

Gesteht man dieses zu, so kann man sich der Konsequenz nicht entschlagen, daß wir es in den Tugenden der *Nikomachischen Ethik* mit echten moralischen Werten zu tun haben. Nicht zwar in der Weise, daß sie darin aufgingen, denn erst die wirkliche Haltung, die der Mesotes entspricht, die also zwei

[29] Vgl. »Zur Lehre von Eidos ...«.

entgegengesetzte Wertkomponenten zugleich verwirklicht, ist die »wirkliche« Tugend; wohl aber in dem anderen Sinne, daß diese Wertkomponenten als solche vorerschaut und ihre Synthese als »Eidos in der Seele«[30] vollzogen sein muß, bevor sie durch die Wahlhandlung verwirklicht werden kann.

In freier Umschreibung kann man das mit heutigen Begriffen in folgender Weise umreißen. Jeder sittliche Wert enthält zwei Bestimmungsstücke, ein ontologisches und ein axiologisches. Das erstere ist durch das Lebensgebiet gegeben, auf dem er und der zugehörige Unwert sich bewegen; man kann auch sagen, durch den Typus möglicher Situationen und das aus ihm sich ergebende Kontinuum möglicher Verhaltungsweisen. Das zweite Bestimmungsstück besteht in der Festlegung derjenigen Verhaltungsweise, die innerhalb des Kontinuums die allein sittlich gute ist. Das erstere ist empirisch gegeben und an der Struktur menschlichen Gemeinschaftslebens jederzeit aufweisbar; das letztere muß a priori erfaßt werden im Gegensatz zu der verwirrenden Fülle empirisch aufweisbarer Verhaltungsweisen. In ihm liegt der eigentliche Charakter der Anforderung in den sittlichen Werten.

In diesem Ineinanderstecken der beiden heterogenen Momente haben wir die Antwort, welche die Aristotelische Lehre vom Seinsgebiet auf die Frage nach dem Zusammenhang von realer Welt und sittlich-idealer Forderung gibt. Sie dürfte einen unverjährten und heute noch lehrreichen Ertrag antiken Denkens ausmachen. Aus ihr läßt sich grundsätzlich sehr wohl verstehen, was es mit der Seinsbedingtheit in der Differenzierung des sittlich Guten zu einer Mannigfaltigkeit inhaltlich verschiedener Werte auf sich hat. Diese Mannigfaltigkeit ist eben keine a priori deduzierbare; sie ist auch nicht dem zu entnehmen, was man heute das Wertgefühl nennt. Vielmehr ist das Wertgefühl schon an das Verständnis für die verschiedenen Typen möglicher Situationen, sowie für das Kontinuum möglicher

[30] Freilich würde das »Eidos der Seele« hier nicht wie in der Kunstfertigkeit als »Zweck« funktionieren, sondern nur als Richtschnur.

Handlungsweisen innerhalb eines jeden von ihnen gebunden. In diesen Grenzen aber ist seine Entscheidung eine autonome. Der Apriorismus des ideal Geforderten bleibt also auch in dieser Begrenzung durch das ontische Rahmenphänomen der Situationstypen voll und ganz in seinem Rechte.

Darüber hinaus aber dürfte hier doch noch etwas anderes zu lernen sein, woran weder Aristoteles noch sonst ein Denker früherer Zeiten gedacht hat. Denn die soeben herausgearbeitete Überhöhung zweier Momente in den sittlichen Werten ermöglicht unmittelbar eine bündige Antwort auf die in unserer Zeit aktuell gewordene Frage des sog. Wertrelativismus.

Die komplizierte Problematik dieses Relativismus braucht hier nicht entrollt zu werden. Es genügt, sich zu vergegenwärtigen, daß es sich um das Aufkommen und Verschwinden ganzer Wertgruppen in der Vielheit geschichtlich gegebener, zeitweilig herrschender Moralen handelt. Der reine Wertapriorismus hat diesem geschichtlichen Phänomen gegenüber einen schweren Stand. Die auf phänomenologischer Grundlage erwachsene materiale Wertethik hat hier die Auskunft vorgeschlagen, daß nicht die Werte selbst sich wandeln, sondern nur das Wertbewußtsein bzw. das Aufgeschlossensein der Menschen für die eine oder die andere Wertgruppe. Damit läßt sich allerdings manches erklären. Unverständlich bleibt auf diese Weise nur, warum das Wertbewußtsein eines bestimmten Volkes in bestimmter Zeit gerade für eine bestimmte Wertgruppe aufgeschlossen ist, für andere aber nicht.

Darauf gibt die Lehre vom ontischen Einschlag in der Inhaltsbestimmtheit der sittlichen Werte eine klare Antwort: das Wertbewußtsein der Menschen kann zu jeder Zeit nur für diejenigen Werte aufgeschlossen sein, die auf einem der jeweilig entwickelten und aktuell gewordenen Lebensgebiete liegen. Denn nur auf dem ontischen Boden eines Situationstypus, der in der geschichtlich gewordenen Struktur des Gemeinschaftslebens Bedeutung und Dringlichkeit gewonnen hat, erlangt das Bewußtsein die Unterscheidungsfähigkeit für Wertvolles und Wertwidriges.

Woraus sich weiter ergibt: ethische Werte sind freilich relativ – aber nicht, wie man meist gesagt hat, auf das wertende Subjekt, sondern auf die Realstruktur des Menschenlebens, auf die in ihm vorherrschenden Situationstypen. Denn diese bilden das Rahmenphänomen der Werte, ihr Seinsgebiet. Das gilt also auch gerade von der »geschichtlichen Relativität«: auch diese ist nicht ohne weiteres ein Relativsein auf das Wertverstehen der Menschen, sondern zunächst nur auf den geschichtlich realen Wandel des Gemeinschaftslebens.

Das würde also heißen: das Vorherrschen einer bestimmten Wertgruppe in der positiven Moral ist sehr wohl auch durch das Wertbewußtsein bedingt, und insofern bleibt denn auch eine gewisse Relativität auf das Subjekt bestehen. Aber erstens ist das offenbar keine Relativität der Werte selbst, und zweitens ist das Wertbewußtsein mitsamt dem Ausschnitt der Wertmannigfaltigkeit, den es erfaßt, schon abhängig von den vorherrschenden und vordringlich gewordenen Situationstypen – den Nöten, Bedrängnissen, Gefahren oder sonstigen Aktualitäten –, die ihrerseits wieder an der geschichtlich gewordenen Realstruktur des Lebens hängen. Die ganze vielumstrittene geschichtliche »Wertrelativität« reduziert sich so auf die Auslese jeweilig aktuell gewordener Wertdimensionen.

Hinter dieser Relativität bleibt ein sehr bestimmter Sinn von Identität und überzeitlichem Wesen der Werte durchaus bestehen, eine Idealität im strengen Sinne des Wortes.

Diese Idealität zu definieren ist und bleibt eine kaum lösbare Aufgabe. Alle positiven Fassungen, die dafür vorgeschlagen worden sind, haben ihre unvermeidlichen Schwächen oder Einseitigkeiten. Sie haben immer wieder zu Mißverständnissen geführt, einerlei ob man von »Zeitlosigkeit« oder von »Absolutheit« oder auch nur von »idealem Sein« sprach. Am ehesten vielleicht könnte man sich auf die Formel einer objektiven Allgemeinheit der Werte einigen: es muß offenbar einen Sinn des Wertvollseins und Wertwidrigseins geben, der an die bestimmte ontische Form eines Situationstypus gebunden ist und mit diesem auch in der Geschichte immer wiederkehrt. So oft im Entwicklungsgange eines Volkes der betreffende Situationstypus dominant wird, fällt das Verhalten der Individuen immer wieder unter dieselbe Wert-Unwert-Dimension; damit erweist sich diese als übergeschichtlich. Das ist wohlbekannt am Beispiel des Tapferkeitswertes: wo nur immer eine werdende Menschengemeinschaft sich äußerer Feinde zu erwehren hat, da taucht mit Notwendigkeit immer wieder dasselbe Tapferkeitsideal auf, und all die vielen kleinen Varianten, in denen es schillert, ändern an dieser überzeitlichen Identität nichts.

Man sage nicht, daß dieses alles nichts mehr mit der Aristotelischen Fassung der »Tugenden« und ihres Seinsgebietes zu tun habe. Natürlich ist die heutige Problematik der Relativität keine Aristotelische. Darum handelt es sich ja auch gar nicht. Deswegen können gewisse Bestimmungen, die Aristoteles traf, doch sehr wohl geeignet sein, ein heutiges vielfach verschlungenes Problem seiner Lösung zuzuführen. Das hat mit unhistorischer Deutung oder gröblichen Anachronismen nichts zu tun.

Das Grundgesetz, das nach der *Nikomachischen Ethik* das Verhältnis von Realität und Wert beherrscht, ist das einer festen Zuordnung zwischen dem Situationstypus und dem in seinem Bereich allein maßgebenden sittlichen Wert. Wenn aber dieses Gesetz gilt, so hängt offenbar das geschichtliche Verschwinden und Wiederauftauchen einzelner Werte und Wertgruppen an nichts anderem als an der intermittierenden Wiederkehr der entsprechenden Situationstypen.

Kants Metaphysik der Sitten und die Ethik unserer Tage

(1924)

Das Verhältnis von Kants *Metaphysik der Sitten* zur Ethik unserer Tage geht inhaltlich nahezu auf in der Beziehung zwischen Kants Lehre vom kategorischen Imperativ und der materialen Wertethik, wie sie in unserer Zeit durch Max Scheler vertreten ist. Seit dem Auftreten Nietzsches hat sich das Feld ethischer Forschung in ungeahnter Weise erweitert. Eine Mannigfaltigkeit von Werten mit tiefer inhaltlicher Differenziertheit hat sich aufgetan. Es ist heute kaum mehr möglich zu fragen: Was ist das Gute? Denn es ist uns fraglich geworden, ob das Gute überhaupt etwas Bestimmtes, so oder so Beschaffenes ist, ob es nicht vielmehr der allgemeine Wertcharakter menschlichen Verhaltens überhaupt ist, also gleich sittlich wertvoll zu setzen ist. Sooft man in der Geschichte versucht hat, das Wesen des Guten zu bestimmen, ist man immer auf Abwege geraten. Entweder man stellte die abstrakte Idee des Guten auf, ohne sie näher inhaltlich zu bestimmen, ohne also auch mit ihr etwas Faßbares zu sagen, – so war es bei Platon in seiner Lehre von der Idee des Guten – oder man machte einen einzigen speziellen Wert willkürlich zum obersten, behauptete, er sei das Gute und übersah, daß noch sehr viel andere Werte den gleichen Charakter des Guten haben. So geschah es in fast allen positiven Moralen. So wurde z. B. im Eudämonismus der Wert der Glückseligkeit, im Utilitarismus der Wert der Nützlichkeit zum obersten Wert gemacht. Und nicht anders war es in der Gerechtigkeitsmoral, der Liebesmoral, der Kraftmoral, der Herrenmoral (Nietzsche). Überall ist hier der Fehler, daß das Gute einseitig beschränkt wird, daß von einem begrenzten Wert behauptet wird, er sei das ganze Gute.

Was sich in diesen verfehlten Versuchen eines moralischen »Monismus« überzeugend klar herausstellt, ist gerade das Gegenteil von dem, was man bezweckte, nämlich der unabweisbare Pluralismus der Werte. Denn indem die verschiedenen positiven Moralen einander geschichtlich ablösten, oder auch zeitlich nebeneinander bestanden, offenbarten sie die Mannigfaltigkeit dessen, was unter dem Guten überhaupt mit einem guten Recht verstanden werden kann. Am allerwenigsten gelangte man auf diese Weise zur Einheit des Guten. Freilich könnte es trotzdem eine oberste Einheit der Werte geben, aber wir kennen sie nicht und können sie auf keine Weise künstlich konstruieren.

Bedeutet das einen Wert-Relativismus, bedeutet es etwa, daß sittliche Werte bald gelten, bald nicht gelten, daß sie geschichtlich entstehen und vergehen wie Anschauungen und Vorurteile aller Art? Was Schelers materiale Wertethik überzeugend dargetan hat, ist gerade dieses, daß hinter dem scheinbaren geschichtlichen Relativismus der Werte, d.h. hinter dem tatsächlichen Aufkommen und Verschwinden der Wertungen feste bestimmte Wertgehalte stecken, die nicht von menschlicher Meinung erschaffen sind und nicht durch sie vernichtet werden können. Werte sind ewige Wesenheiten. Sie selbst kommen und gehen nicht. Was sich wandelt, das ist der Wertblick resp. die Wertblindheit. Nicht zu allen Zeiten werden alle Werte erkannt, sondern immer nur ein Teil. Es ist, als hätte der menschliche Wertblick eine bestimmte »Enge« und als wanderte diese Enge des Wertblicks auf der Ebene der Werte, so daß jeweilig andere Werte ins Gesichtsfeld des Menschen treten. Die Grundvoraussetzung dabei ist: Es gibt ein Reich der Werte mit eigenem Seins-Charakter und eigener Erfaßbarkeit – a priori. Vielleicht liegt es im Wesen menschlicher Werterkenntnis, niemals das ganze Wertreich überschauen zu können. Das tut weder der Gültigkeit noch der Geschlossenheit des Wertreiches in sich selbst Abbruch. Jeder dieser Werte nun ist ein inhaltlich bestimmter und wird, wenn überhaupt, so nur in dieser Bestimmtheit erschaut. Er geht nicht in Form auf, er hat eine »Materie«, und das ist der Grund, warum die materiale Wert-Ethik sich polemisch gegen den Kantischen »Formalismus« richtet.

Kants *Metaphysik der Sitten* ist in der Tat auf einem formalen Prinzip aufgebaut. Der kategorische Imperativ wollte nichts anderes sein als ein Maßstab, nach welchem Gut und Böse sich eindeutig unterscheiden läßt. Kants Lehre ging dahin: Ein Sittengesetz darf gar nicht inhaltlich bestimmen wollen, was hier und jetzt im einzelnen Falle geschehen soll. Es darf nicht den Inhalt vorschreiben. Täte es das, so müßte es entweder durch seine Allgemeinheit das Tun der Menschen uniformieren, oder aber sich in eine Menge spezieller Gesetze spalten und bis ins einzelne die möglichen sittlichen Situationen voraussehen und vorausentscheiden. Im letzteren Falle würde die Ethik in Kasuistik einmünden. Beide sind offenkundige Irrwege der praktischen Philosophie, wie die Geschichte zur Genüge gelehrt hat. Kant hat sich von beiden gleich fern gehalten. Es darf nur ein allgemeines Kriterium geben, unter welchem evident wird, ob etwas im Einzelfalle Gewolltes (Kant nennt es die Maxime des Willens) gut sei oder böse. In diesem Sinne ist der kategorische Imperativ ein Gesetz, welches nur die allgemeine Form der sittlich wertvollen Handlung angibt. Das nannte Kant ein »formales Gesetz«.

Das liegt deutlich in der bekannten Formulierung des Imperativ: »Handle so, daß die Maxime deines Willens jederzeit Prinzip einer allgemeinen Gesetzgebung sein könnte.«

Was an dieser Formel unmittelbar einleuchtet, ist eben dieses, daß die »Maxime des Willens« jedesmal neu gebildet werden muß, daß sie jedesmal eine andere ist, für jede neue Situation eine neue Maxime. Auf diese Lebendigkeit, man möchte sagen auf dieses Schöpferische in der menschlichen Willensbestimmung kam es Kant am meisten an. Ein Gesetzes-Kodex, welcher wie ein rechtliches Gesetzbuch die Handlungen des Menschen bis ins einzelne Verhalten bestimmen sollte, wäre gerade das Gegenteil dessen, was menschliche Moralität selbst bei strengster Erfüllung ausmachen könnte. Er würde die vollständige Knechtung des Willens unter bestehende Gesetzlichkeiten bedeuten.

Es ist Schelers Entdeckung, daß es auch »apriorische Materien des Willens« gibt, genauer, daß es Inhalte gibt, deren

Wert-Charakter a priori einsichtig ist, so wie z. B. der Wert der Vertrauenswürdigkeit eines Menschen oder der Wert der Vertrauensfähigkeit unmittelbar als solcher einleuchtet. Ein ungeheures Forschungsgebiet des ethischen Apriorismus hat sich damit erschlossen. Es ist heute noch wenig erforscht. Wir kennen noch wenige von diesen apriorischen Wert-Materien. Von einem Überblick des Wertreiches können wir noch kaum sprechen, aber es ist vorauszusehen, daß bei genauer Ausschöpfung der geschichtlichen positiven Moralen und besonders der antiken Ethik, die in ihrer Tugendlehre durchaus materiale Wertethik war, sich unsere Überschau immer mehr erweitern wird.

Bei Scheler nun ist von Grund auf verkannt, was Kant eigentlich das »Formale« nennt und warum er das Sittengesetz als ein bloß formales gelten lassen wollte. Einen eigentlichen »Formalismus« hat Kant nicht gewollt, wie auch das Wort nicht von ihm stammt. Natürlich sollten es Inhalte sein, die allein jederzeit gewollt werden können, und in diesem Sinne sind nach Kant alle »Maximen« des Willens material. Wenn ich z. B. im Sinne der Nächstenliebe will, daß eine bestimmte Person glücklich sei, so ist dieser Wille damit inhaltlich bestimmt; ebenso wie ich will, daß jemand die Wahrheit erfahre und aus diesem Willen heraus wahrhaftig rede, solche Inhalte gehen nach Kant niemals in der Form des kategorischen Imperativ auf. Das allgemeine Gesetz soll diese Inhalte gar nicht vorwegnehmen, sondern bloß angeben, ob sie moralischen Wert haben oder nicht. Dem, was Scheler apriorische Materie nennt, entspricht gar nicht das Kantische Sittengesetz, sondern das, was Kant die Maxime des Willens nennt. Läßt man einmal auch Apriorisches als material-bestimmtes gelten, so ist der kategorische Imperativ weit entfernt, ein formales Gesetz zu sein, und die Schelersche Kritik des Formalismus geht vollständig an ihm vorbei. Es ist ein durchaus bestimmter Wert, der hier gemeint ist, nämlich ein Allheitswert, der auf die Gemeinschaft des Menschen abzielt. Man kann dies deutlich aus der Formel des Sittengesetzes heraushören. Wenn diese sagt, man solle so handeln, wie man zugleich wollen könne, daß jeder andere handeln solle, so steckt darin doch als Inhalt die Forderung gleicher Ziele, ja die Forderung einer allgemeinen Gemeinschaftsordnung. Ja in Wirklichkeit geht bei Kant diese Forderung sogar sehr bis ins einzelne, bis in das rechtliche und staatliche Leben, bis in die Idee der Weltgeschichte.

Der kategorische Imperativ will nur ein Maßstab, keine Vorschrift sein. Damit bleibt unter ihm Raum für materialbestimmte Einzelwerte. Aber es läßt sich noch mehr zeigen, nämlich, daß er diesen Einzelwerten nicht nur Raum läßt, sondern sie auch direkt fordert. Man kann das am schlagendsten zeigen an demjenigen Wert, welcher das formale Gegenstück zu dem Allheitswert des Kantischen Sittengesetzes ausmacht, am individuellen Persönlichkeitswert. Es gibt nämlich einen Wert der Einzelperson als solcher – in ihrer Eigenart und Einzigkeit, etwas, was über die allgemeine moralische Forderung hinaus noch im Wesen der Person bestehen oder fehlen kann. Praktisch bedeutet ein solcher Individualwert, daß in jeder Handlung dieser Person wenigstens etwas sein soll, was nur sie tun kann oder darf, was auch nur sie tun will. Ist nichts derartiges im Tun und Leben der Person, so ist sie ethisch nur eine Nummer, kann durch andere Personen ersetzt werden, ist nichts Einzigartiges, nicht »Persönlichkeit«. Ihr Dasein in der Welt ist ein vergebliches, spurloses.

Daß es Persönlichkeitswerte in diesem Sinne gibt, wird sich niemand nehmen lassen, der überhaupt erfaßt hat, was mit ihnen gemeint ist. Liegt aber in ihnen eine ewige Notwendigkeit, so muß eine jede Formulierung des ethischen Grundprinzips ihnen gerecht werden, also muß auch die Kantische Formulierung des kategorischen Imperativ ihnen gerecht werden. Und es fragt sich: Kann sie das, oder nicht? Formuliert man nämlich die Forderung, die im Persönlichkeitswerte liegt, so ergibt sich die genaue Umkehrung des kategorischen Imperativs:

»Handle so, daß die Maxime deines Willens niemals zugleich (wenigstens niemals restlos zugleich) Prinzip einer allgemeinen Gesetzgebung sein könnte.«

Die Frage ist: Steht das im Widerspruch zum kategorischen Imperativ? Formal ist der Widerspruch mit Händen zu greifen, denn beide Gesetze stehen kontradiktorisch zueinander. Aber inhaltlich kann es deswegen ganz anders sein. Der kategorische Imperativ besagt nur: Ich soll so wollen, wie alle wollen sollten, wenn sie in die gleiche Situation kämen; er sagt aber nicht, daß andere auch in dieselbe Situation kommen sollten. Und wollte er das sagen, so wäre das sinnlos, denn niemand hat ein Interesse, weder ein moralisches noch ein sonstiges, an der Wiederholung der Situation selbst. Es bleibt die Frage übrig: Gibt es vielleicht trotzdem die absolute Wiederkehr derselben Situation? Bedenkt man, daß zum Inhalt der Situation auch das Wesen der eigenen Person gehört, mit seiner ganzen Eigenheit, daß die äußerlich gleiche Situation schon allein dadurch, daß ein anderer in ihr steht, zu einer anderen Situation wird, so wird man jene Frage verneinen müssen. Die absolut gleiche Situation kehrt nicht wieder, denn die gleiche Individualität des Menschen kehrt nicht wieder und sie soll auch nicht wiederkehren. Was folgt? Nach dem kategorischen Imperativ soll jeder so handeln, wie er zugleich wollen kann, daß alle handelten. Wenn ich nun aber wollen muß, daß alle anderen auch individuell handeln sollen? Darin liegt die Lösung des scheinbaren Rätsels. Die Individualität der Maxime (des jeweilig gewollten Inhaltes) ist selbst eine allgemeine Forderung; da sie aber Differenzierung bedeutet, so verlangt gerade die Allgemeinheit des kategorischen Imperativ die Individuation der Handlung. Diese Überlegung ist durchaus keine utopische. Der Handelnde, wenn er sich die Sachlage klar macht, muß ja tatsächlich wollen, daß alle anderen ebenso individuell wie er selbst handeln, ja, sogar die Gemeinschaft der Menschen, sofern sie wirklich der maßgebende, oberste Gesichtspunkt sein sollte, hat das gleiche Interesse an der Individualisierung und Mannigfaltigkeit menschlicher Handlungsweise, denn gerade die Gemeinschaft leidet inhaltlich unter der Uniformität. So wird es verständlich, daß der kategorische Imperativ den Gegensatz seiner selbst aufnehmen kann (unter sich begreifen kann), ohne seinen eigenen

Sinn dabei fragwürdig zu machen. Hier ist eben die Grenze des Allgemeinheits-Charakters in demjenigen Sitten-Grundwert, den er zum Ausdruck bringt. Es ist nur scheinbar eine Wendung des kategorischen Imperativs gegen sich selbst, wenn er die Umkehrung seiner Formel direkt verlangt, denn gerade seine strenge Allgemeinheit macht auch sein kontradiktorisches Gegenteil subsumierbar. Man kann dieses sonderbare Phänomen die Dialektik des Sittengesetzes nennen, eine Dialektik, die Kant freilich selbst nicht erschaut hat, die aber bald nach Kant in der Dialektik Hegels zu prinzipiellem Ausdruck gelangt ist.

Die Umkehrung des kategorischen Imperativ ist die Probe auf das Exempel. An ihr wird es verständlich, wie die Kantische Ethik eines einzigen »Formalgesetzes« und die Ethik unserer Tage, die eine materiale Wertethik ist, im Grunde die gleiche Tendenz verfolgen, die gleiche Metaphysik der Sitten sind. Und es ist kein Zufall, wenn die Grundthese der Kantischen Ethik, der Apriorismus des Sittengesetzes voll und ganz in die materiale Wertethik aufgehen kann.

Dieser Apriorismus ist es, welcher die materiale Wertethik unserer Tage von Nietzsches Wert-Relativismus trennt. Man darf sie vielleicht als eine Synthese Kants und Nietzsches bezeichnen, eine Synthese von Wert-Apriorität und Wert-Mannigfaltigkeit.

Singgebung und Sinnerfüllung

(1934)

I

Der Mensch ist nur ein verschwindend kleines Stück Welt. Aber er gehört zur Welt, und er kann das Problem der Welt nicht fassen, ohne das Rätsel, das er selbst sich ist, zu fassen. Und wiederum der Sinn, den er im Leben sucht, macht an ihm und seinem Leben vielleicht nur ein Moment unter vielen aus; ein Ungewisses und ewig Umstrittenes ist er auf jeden Fall. Aber der Mensch kann sein eigenes Wesen nicht fassen, ohne einen Sinn an ihm zu erfassen, auf den alles bezogen ist, was sonst zu ihm gehört. Wo immer in der Geschichte es um Erneuerung des Menschen ging, war es sein eigenes Wesen, das ihm in neuer Selbstbesinnung aufging. Und wo immer dieses sein Wesen ihm aufging, da war es innere Bestimmung, die er in sich entdeckte. Stets aber fand er seine Bestimmung in Form einer Aufgabe, die zu erfüllen ihm zufiel – einer Aufgabe in der Welt, in der er sich fand. Und im Maße seines Verstehens der Welt und seiner Stellung in ihr erkannte er die Macht der Sinngebung, die ihm zugleich mit der Aufgabe zufällt.

Von hier hat er aber noch einen weiten Weg bis zum philosophischen Verstehen dieses Verhältnisses, und die Geschichte der Philosophie ist voll des Ringens darum. Denn das ist ihm in seinem sehnsüchtigen Ausschauen nach Sinnerfüllung nicht von Natur gegeben, daß er die Macht der Sinngebung, selbst wo er sie ergreift und ausübt, auch als die schaffende Kraft der Sinnerfüllung wisse, die sie ist. Das Wesentlichste an seinem eigenen Wesen liegt seinem Sich-selbst-Verstehen am fernsten, und es bedarf der verschlungenen Umwege der Jahrhunderte, ihn darauf zurückzuführen. Zuletzt aber öffnet sich in der zunehmenden Überschau, die er gewinnt, wohl auch dafür der

Blick; er lernt den Umkreis der Welt, der sein Lebensraum ist, im Lichte seiner Bestimmung sehen, und es dämmert ihm aus dem Dunkel der Sinnlosigkeit die Erleuchtung auf: daß er selbst, indem er dieser Welt den Sinn gibt, den sie ohne ihn nicht hat, zugleich aus ihr die Sinnerfüllung empfängt, die er sich ohne dieses sein Werk an ihr nicht zu geben vermag.

Das Wiedererwachen der Metaphysik im Beginn unseres Jahrhunderts hat es mit sich gebracht, daß uns die Problemtiefe der Welt wieder aufgegangen ist. Die Philosophie der Scheuklappen und der Furcht vor dem Unlösbaren ist nicht mehr die unsere. Der Kritizismus und der Positivismus sind gefallen, die Gedankenwelt Hegels ist wiedererstanden und hat ihre Schätze hergegeben. Bis in die ontologischen Fundamente hinein ist das Weltbild aufgewühlt. Nicht waghalsige Spekulation ist hier am Werke; es sind die Rätsel des Lebens, der Gemeinschaft, der Geschichte, die sich wieder melden, die alten Grundfragen, die der Mensch nicht geschaffen, vor die er immer wieder sich gestellt sieht. Neue Wege haben sich gezeigt ihnen nachzuspüren. Die Psychologie und die Soziologie, die Anthropologie und die Geschichtsphilosophie haben sich gewandelt. Es scheint, der Mensch steht vor einem neuen Verstehen seiner selbst.

An einem aber fehlt es zur Zeit noch: am Wissen um den Sinn des Ganzen, um das, worum das andere alles sich verlohnt. Und heute wie vor Zeiten ist dieses Wissen vor das Sich-selbst-Verstehen des Menschen gesetzt: er wird sein Wesen nicht erfassen, ohne daß er seine Bestimmung faßte. Es genügt nicht, daß er begreife, was er ist; er muß auch begreifen, was er nicht ist, was Aufgabe an ihm ist und Unerfülltes, was bei ihm steht, daß er es erschaue und aus sich mache.

So hat es Platon gesehen – hierin der Klassiker aller Zeiten –: der Mensch kann sein eigenes Wesen nicht in dem finden, was er an sich und seinesgleichen erfährt oder erlebt; sondern unabhängig davon und stets in einem gewissen Gegensatz zum Erfahrbaren muß er es erschauen – an der Idee. Was menschliche Gemeinschaft ist, kann der empirische Staat mit seinen Schäden nicht lehren; aus der »Idee der Gerechtigkeit« allein kann es entnommen werden. Und alles echte Führertum unter Menschen ist das Erleuchtetsein aus der Idee. Es gibt darum ein »größtes Lehrstück«, einen »größten Gegenstand möglichen Wissens«, der jenseits des Wirklichen liegt. Von ihm geht alle Sinngebung aus und alles Sinnverstehen. Ohne ihn steht der Mensch wesenlos in der ihm wesensfremden Welt, sinnlos im Sinnlosen.

Etwas davon gilt für jede Zeit. Irgendwie ringt der Mensch immer um das größte Lehrstück, welche Namen er ihm auch gibt. Er kann nicht anders, das liegt in seinem Wesen. Dieser Drang ist es, der mehr als alles andere die Menschen philosophieren läßt, der immer wieder die jungen Köpfe mitten aus dem Leben heraus zum Sinnen und Suchen zwingt. Nicht subtile Spezialprobleme, nur das größte Lehrstück hat diese zwingende Kraft. Denn nach Sinngebung des eigenen Lebens fahnden wir alle, und ohne Sinn zu sehen mag keiner leben.

Was aber hat die Philosophie unserer Zeit bereit, uns darüber zu belehren? Blickt man auf ihre ausgesprochenen Resultate, so will es nicht eben viel scheinen. In ihren inneren Tendenzen dürfte weit mehr zu finden sein. Diese Tendenzen aber gehören nicht ihr allein an. Sie gehören einer Entwicklung des Sinnproblems an, die mit den Anfängen der Philosophie beginnt und in unserer Zeit nicht abgeschlossen ist. Was also heute sich aufzeigen läßt, ist selbst nur Übergang. Aber es ist ein gewichtiger Übergang, ein solcher der Krise und des Umbruchs, um den es der Mühe eingehender Besinnung wohl verlohnt. Wir werden ihm am besten von seiner Vorgeschichte aus gerecht und müssen dazu weit ausholen.

II

Dadurch wurde Platon der Klassiker der abendländischen Philosophie, daß er aller Seinsproblematik ein Sinnproblem überordnete und es turmhoch über sie erhob. Seine metaphysische Grundthese, aus dem Idealismus des Griechentums geboren, ist eine hoch spekulative und betrifft gleich das Ganze der Welt. Man kann sie frei, in heutiger Begriffssprache, so aussprechen: alles Seiende ist auf Sinn hin angelegt; alles was ist, wird von einem Sinnprinzip getragen und erhalten, alles Werden zum Sein ist zugleich Sinnerfüllung.

Die Ideenmetaphysik erschöpft sich nicht im Gedanken des dem Wandel enthobenen Formenreichs. Die Dinge selbst haben das Hinstreben auf die Idee in sich, sie tendieren zu sein wie die Idee, können sie nur nicht erreichen. Die Ideen selbst aber bewirken diese Tendenz in ihnen, sie ziehen die Dinge herauf zu sich; von ihnen bereits gilt, was nachmals Aristoteles vom »unbewegten Beweger« sagte: sie bewegen »wie der Gegenstand der Liebe bewegt«. Deckt man das Wesen der Dinge bis an den Grund auf, so stößt man auf dieses bewegende Prinzip, und man findet, daß es ein Sinn- und Wertprinzip ist. Die Idee des Guten ist »älter« als alle Ideen, sie steht verborgen hinter ihnen, ist die Kraft des Auftriebes, die von ihnen ausgeht. Das ist der Sinn des Gedankens, daß das »Wahre« und das »Gute« im Grunde identisch sind. Der Sinngehalt der Welt ist die »Unverborgenheit des Seienden«.

Hier liegt im Keim das Grundmotiv des Teleologismus für alle Zeiten. Man macht das Sinnproblem zum höchsten Problem, das Sinnprinzip zur Lösung aller Rätsel. Der Mechanismus ist »sinnlos«, darum befriedigt er nicht. So hat es Platon schon gegen Anaxagoras ausgesprochen, der zwar den Sinngeber der Welt als »Vernunft« einführte, ihn aber nur in Anspruch nahm, wo mechanistische Erklärung nicht ausreichte.

Was dem zugrunde liegt, ist freilich noch etwas anderes: die Entwertung der sichtbaren Welt – zum Unwahren und Unechten. Diese Welt ist wesenlos, weil sie sinnlos ist. Aller Wertgehalt, soweit er überhaupt sich in ihr spiegelt, liegt bei den Ideen; und er allein ist der Wesensgehalt der Welt. Es ist ein Idealismus der Welttranszendenz um der Sinntranszendenz willen. Das ist der Grund jener Abkehr von der Welt und von der Wirklichkeit, die in der *Phaidon*-Stimmung waltet. Daher das Hochgefühl des sterbenden Sokrates, der den Tod als Befreiung aus dem »Gefängnis« des Leibes begrüßt. Die Weltflucht ist Umkehr und Auftrieb, sie ist getragen vom hohen Pathos der Ideenschau. Alle Maße des Menschlichen durchbricht dieses Pathos im philosophischen Mythos von der überhimmlischen Herrlichkeit der Ideenwelt, gegen die das dunkle Reich der Dinge nur ein ferner Abglanz ist, nicht wert, daß man ihn ernst nähme.

Freilich zeigt der Höhlenmythos des *Staates*, daß auch die Flucht aus der Dingwelt nicht das letzte Wort behält. Wer zur Ideenschau aufgestiegen ist, soll bei ihr nicht stehenbleiben, er soll zurückkehren und das Licht der Wahrheit entzünden dort, wohin es nicht scheint. Letztes Ziel ist die Sinngebung an das Sinnlose durch den Sehendgewordenen.

Warum aber, so muß man doch fragen, mußte der Quell der Sinngebung soweit, bis in das »Jenseits« der Welt, hinausverlegt werden? Dafür lassen sich im Platonismus selbst drei Motive aufzeigen, die in ihm eng verbunden auftreten und doch der Sache nach eine gewisse Selbständigkeit gegeneinander haben.

1. In der empirischen Welt erscheint alles relativiert, und zwar nicht erst durch seine Unvollkommenheit – dadurch, daß es die Idee inhaltlich »nie erreicht« –, sondern schon durch den bloßen Seinsmodus des Entstehens und Vergehens. Vergänglichkeit ist Schwäche, Halbheit, Uneigentlichkeit. Was Sinn und Wert am Seienden ist, muß unvergänglich sein und ungeworden, ein »Immerseiendes« und Ewiges. Die empirische Welt kennt ein solches nicht. Also muß es ein ihr Transzendentes sein.

2. Der Sinn der Welt, wenn überhaupt es einen solchen gibt, muß aller Abhängigkeit und aller Relativität enthoben sein. Er muß in einem Absoluten liegen, aller Besonderung ebenso übergeordnet wie allem Wandel. Er muß also im Allgemeinen liegen; er muß, soweit er erscheint, im Ganzen der Welt erscheinen. Von einem Teil kann er nicht ausgehen, an einem Teil allein kann er auch nicht bestehen, wenn er am Ganzen nicht besteht. Die Folge ist: der Mensch kann ihn nicht hineintragen. Ja, das Menschenleben kann nicht sinnvoll sein, wenn nicht das Ganze der Welt von sich aus schon sinnvoll ist.

3. Sinn und Wert können sich in der Welt nur durchsetzen, wenn sie stärker sind als die Seinsordnung des Realen. Sie müssen fundamentaler sein, Grund der Welt sein, müssen den Primat vor dem Sein haben. Nicht Kant erst hat den Primat des »Guten« erdacht, er ist deutlich in der Stellung enthalten, die Platon der »Idee des Guten« anwies. Ein Prinzip von absoluter Kraft ist diese Idee; sie gehört nicht dem Sein an, sondern »ragt hinaus jenseits des Seins an Würde und Macht«. Sie ist das alles beherrschende Prinzip, weil sie das alles hervortreibende, nährende und tragende Prinzip ist.

Der Grundgedanke, der in diesen drei Motiven liegt, hat sich in der Geschichte der Metaphysik mit einzigartiger Zähigkeit gehalten. Die Verschiedenheit der Systeme hat ihn nur wenig variiert. Freilich nahm schon Aristoteles die bewegenden Formprinzipien in die Welt hinein und machte sie damit immanent. Aber alle Polemik gegen die Transzendenz der Ideen in seinen Schriften hebt doch das Grundverhältnis nicht auf. Immer noch zieht die Einheit des höchsten Prinzips alles zu sich hinauf, und darin besteht die Unbewegtheit seiner bewegenden Kraft. Es ist dieselbe Absolutheit, dieselbe Seinsenthobenheit, dieselbe alles herrschende Macht; und daß sie den Namen der Gottheit trägt, macht es nur noch eindringlicher fühlbar, daß sie sinngebende Vernunft ist. Wie denn die Weise ihres Wirkens in aller besonderen Formsubstanz wiederkehrt.

In der Stoa zeigt der Gedanke ein pantheistisches Gesicht. Alles Seins- und Sinngewicht geht auf den »Logos der Welt« über. Die Sinntranszendenz wird dadurch verdeckt, bleibt aber deutlich erkennbar in der Unvollkommenheit der Welt – darin also, daß es auch ein Gegengewicht gegen den Logos gibt, das Sinnwidrige, Wertwidrige, das Übel, das Böse. Und hier ist es denn, wo das Hadern des Menschen mit der Gottheit um Wert und Unwert der Welt philosophische Form annimmt: die Ursprünge des Theodizeeproblems laufen bereits in den Versuch aus, den Weltschöpfer zu »rechtfertigen«, indem das Sinnwidrige dem Weltplan eingegliedert und dadurch selbst mittelbar als sinnvoll verstanden wird. Eine solche Lösung verschiebt zwar das Problem nur, denn das Sinnprinzip der Welt muß nun selbst für den Widersinn in ihr aufkommen; aber der Platonische Primat des Sinnes ist in ihr festgehalten.

Der Neuplatonismus begegnet dieser Schwierigkeit durch die Verselbständigung des negativen Prinzips, der Materie. Er macht das sinngebende Prinzip wieder eindeutig und einheitlich, aber auf Kosten der Einheitlichkeit der Welt. Der Aristotelische Dualismus von Form und Materie wird nun endgültig ins Axiologische gewandt. Es gibt die ursprüngliche Macht des Bösen in der Welt neben der des Guten; sie ist zwar eine nichtseiende, aber das Nichtsein ist mächtig in der Sphäre der Dinge und des Menschenlebens. Eben darum aber gilt nun diese Sphäre als die der Nichtigkeit. Platon glaubte noch an die Macht des Guten in der Welt, Plotin nicht mehr. Die Abkehr von ihr, die Umkehr aus ihr zum »Einen«, die große Sehnsucht nach dem Einswerden mit der Gottheit bleibt allein dem Menschen übrig. Die Welt der Vereinzelung und der Zeitlichkeit ist voll des Widersinnes. Umkehr ist Rettung dessen, der im Widersinn zu versinken droht.

Das Mittelalter ist diesem Gedanken der Sinntranszendenz treu geblieben. Die alte Mär von der selbständigen Macht des Bösen in der Welt, von der Welt als Schauplatz des ungeheuren Kampfes eines guten und eines bösen Urprinzips, geht in die Grundanschauung der christlichen Metaphysik ein. Nicht nur die Welt ist böse, auch der Mensch ist von Hause aus böse; Heil ist bei Gott allein – durch Gnade. Über die Jahrhunderte, über den Gegensatz der Lehrmeinungen hinweg spannt sich die Einheit dieses Gedankens: Augustin, Thomas, Occam, Luther unterscheiden sich nur wenig im Hinblick auf ihn.

Man sollte meinen, ein Idealbild von überwältigender Inhaltsfülle läge hier zugrunde, ein sinngebender Ideengehalt, der als solcher die Sehnsucht des Suchenden überzeugen müßte. Ganz das Gegenteil ist der Fall. Das Ideal in seiner Welttranszendenz ist inhaltsleer. Ja, diese Inhaltsleere wird auch im Laufe der Zeit immer mehr als solche begriffen und behauptet. Weder das Wesen Gottes noch das des Jenseits läßt sich zureichend erfassen; man darf es nicht vermenschlichen, mit Bildern erfüllen, die von irdischen Verhältnissen hergenommen sind. Die Herrlichkeit der Dinge, die des Frommen harren und schon im Diesseits seinen Leidensweg sinngebend verklären, darf nicht vorwitzig von Menschenhand ausgemalt werden, wie das Elysium der Griechen, die Walhall der Germanen, der siebente Himmel des Islam. Gott hat es dem Menschen nicht verraten, was er den Seinigen vorbehalten, und der Mensch soll daran nicht rühren. Keine Analogie kann dafür zureichen. Das »Ganz-Herrliche« bleibt unerkennbar.

Höchstens negativ gelingt dem Menschen eine Art Vorstellung der Seligkeit: Leid und Jammer sollen aufhören. Darüber hinaus wird alle Anschauung blaß und uneigentlich, auch wenn sie in bewußter Selbstbescheidung sich an das hält, was nach menschlichem Ermessen Gott wohlgefällig sein muß. Gott loben, danken, singen – dieses als Zustand gedacht und auf Verhältnisse der Ewigkeit übertragen, ergibt kein inhaltliches Bild von sinngebender Kraft; es setzt vielmehr die Sinngebung als unverstandene voraus. Bis in die Dichtung hinein läßt sich dieses Verhältnis verfolgen. Dantes *Inferno* wirkt anschaulich, bunt, lebensstark, sein *Paradiso* begrifflich-abstrakt und theologisch. Vergil spricht wie ein Dichter, Beatrice wie ein doctor angelicus.

Dasselbe ist vom Gottesbegriff zu sagen. Es ist nie gelungen, ihn als Inbegriff affirmativer Prädikate aufzubauen, wie hoch man diese auch über Menschenmaß hinausprojizierte. Das Wesen des ens realissimum blieb tatsächlich doch unbestimmt. Die besten Köpfe der rationalen Theologie haben das früh erfahren. Und das ist der Grund, warum die entgegengesetzte Tendenz der apophatischen Theologie Raum gewinnen konnte; es leuchtete ein, daß eher noch in der Negation aller positiven Prädikate das Wesen des Unbegreiflichen zu fassen ist. Ja, schließlich ist auch die Mystik mit ihrem Anspruch, Gott unmittelbar im eigenen Inneren zu erfassen, über diesen toten Punkt nicht hinausgekommen. Es war und blieb auch bei ihr dieselbe Gewißheit seines Daseins und dieselbe Unmöglichkeit, sein Wesen zu begreifen; in Wahrheit also dieselbe unaufhebbare Transzendenz, nur in anderer Richtung verstanden, nach innen gewandt.

Im Grunde ist es hier überall dieselbe, immer wiederkehrende Schwierigkeit, die schon in der »Idee des Guten« lag. Platon konnte wohl Gründe anführen, warum es eine solche geben müsse, aber er konnte nicht zeigen, »was« eigentlich sie ist. Es fehlte schon bei ihm die Inhaltsbestimmung des alles tragenden, sinngebenden Prinzips: man erfuhr nichts über die Idee des Guten. Und wenn wir nicht aus ihrer Stellung im Weltbilde sowie aus der Mannigfaltigkeit der besonderen Ideen, deren Krönung sie ist, doch etwas über sie erführen, so wäre es überhaupt unmöglich, sich bei ihr etwas zu denken.

Keine Zeit war wohl so tief bemüht um Sinngebung des Lebens wie die Jahrhunderte des Mittelalters; und doch hat vielleicht keine sie so sehr verfehlt. Nicht freilich im Prinzip und in der Art der Gewißheit, wohl aber dem Inhalt und dem Erfassen nach. Was aber ist Sinngebung ohne inhaltliches Erfassen? Ein Vertrösten auf das, was wir nicht haben und nicht begreifen. Es handelt sich ja nicht um Sein oder Nichtsein, das auch ohne uns, an sich bestünde. Es handelt sich um den »Sinn« des Seienden, der das, was er ist, nur »für uns« sein kann.

Man kann hierin eine Art Dialektik des Sinngedankens in der Geschichte erblicken. Der Mensch sucht zunächst den »Sinn« im Gegebenen, in der bloßen Tatsächlichkeit des Empirischen, und – findet ihn nicht. Das Empirische scheint weit über sich hinauszuweisen auf eine Sinnquelle, von der ein blasser Widerschein auf dem Gegebenen liegt. Der Mensch geht diesem Hinweis nach, er folgt ihm mit dem Gedanken immer weiter hinaus – verliert sich suchend im Jenseits der Welt. Er kann den Sinn nun erst recht nicht fassen. Er hat ihn sich selbst verschlossen, denn er hat die Grenzen des überhaupt ihm Faßbaren überschritten.

Suchen kann der Gedanke, wo und wie er will. Das Gesuchte finden kann er nur dort, wo es ist und wo sein Zugreifen hinreicht. Sucht er den Sinn im Tatsächlichen als solchem, so sucht er ihn dort, wo er nicht ist, sucht wie der Blinde dicht an ihm vorbei. Sucht er ihn im Jenseits der Welt, so sucht er dort, wo er selbst nicht hinreicht, wo er grundsätzlich nicht sehen und nicht fassen kann. In beiden Fällen geht er leer aus.

Der Unterschied ist nur: im ersten Fall weiß er um sein Verfehlen, er erfährt es unmittelbar am eigenen Unbefriedigtsein; im zweiten Fall weiß er es nicht unmittelbar, erfährt es erst auf weitem Umwege. Denn das Stehen vor dem Unfaßbaren täuscht ihm das Bestehen eben dessen vor, was er nicht faßt. Und nichts begreift er schwerer als die Grenzen seines Begreifens.

III

Das neu erwachende Interesse an der Welt, das große Umlernen über den Kosmos, mit dem die Wissenschaft der Neuzeit einsetzt, ändert zunächst nichts an dieser Sachlage. Die Gesetze der Mechanik liefern den Schlüssel zum Verstehen der Welt; aber man versteht auch, daß der Weltmechanismus das Sinnproblem nicht ausschließt, und das Ringen um den Sinn bleibt dasselbe. Ja, es bleibt auch bei derselben Sinntranszendenz, sie nimmt nur gedanklich andere Formen an: beim Cusaner in der coincidentia oppositorum, bei Bruno im Gedanken des »Einen«, bei Spinoza im Prinzip der Substanz und des amor dei, bei Leibniz in der Harmonie der auf innere Perfektion hin angelegten Einzelsubstanzen.

Man spürt die ungebrochene Kraft des alten Gedankens am stärksten, wenn man auf die neuen Wege der Theodizee hinblickt. Ist Gott allmächtig, so fällt ihm auch das Böse in der Welt zur Last. Leibniz zog die Konsequenz, indem er das Prädikat der Allmacht aufhob. Gott kann nicht einfach erschaffen, was ihm beliebt; er kann nur unter dem, was möglich ist, das Beste wählen. Möglich aber ist nur, was unter den Gesetzen seines intellectus widerspruchsfrei zusammen bestehen kann. So schafft er zwar die »beste aller möglichen Welten«, aber es ist keine vollkommene Welt.

Jakob Böhme schlug einen anderen Weg ein, und Schelling ist nachmals auf ihm weitergegangen. Es muß in Gott selbst etwas sein, was nicht aus ihm ist, ein dunkles Prinzip, die »Natur in Gott«. Daraus muß das Böse seinen Ursprung nehmen und in die Welt kommen. Hier ist der alte Dualismus von Sinn und Widersinn in das Wesen der Gottheit hineingenommen. Er ist nun selbst in die Transzendenz hinausprojiziert und damit erst recht verewigt. Die Einheit des sinngebenden Prinzips ist mit dem Gegenteil seiner selbst belastet. Sie ist in der Wurzel gesprengt.

Man darf in diesen Widersprüchen – die freilich nur verschleiert auftauchen – das Scheitern des alten Gedankens der Sinntranszendenz erblicken. Auf diesem Wege war nicht weiterzugelangen. Die Hilfe mußte, wenn überhaupt, so von anderer Seite kommen.

Die Hilfe kam. Sie kam von ebenda, von wo einst im Platonismus der Gedanke der Sinntranszendenz ausgegangen war: von der Besinnung des Menschen auf sich selbst, auf seine Bestimmung, sein Ethos. Wie die Sokratische Forderung »erkenne dich selbst« auf die Idee hingeführt hatte, so führte das seit der Renaissance allenthalben einsetzende Fahnden nach der Innenwelt des Subjekts bei Kant auf die Eigengesetzlichkeit und Eigentendenz der Vernunft im Menschen hinaus. Die Aufklärung hat hier Vorarbeit geleistet. Ihr Werk war zwar in vieler Hinsicht ein negatives, zerstörendes, gefährliches. Aber sie brachte doch die Abkehr von der Transzendenz aller sinnverleihenden Geltung; und Kant konnte mit Recht von ihr sagen, sie sei »der Ausgang des Menschen aus seiner selbstverschuldeten Unmündigkeit«. Die Aufgabe, die sich daraus ergab, war die der Mündigsprechung selbst. Kant vollzog sie, indem er das sinngebende Prinzip des Menschenlebens aus der Jenseitigkeit zurücknahm und es dem Menschen als das seinige wiedergab. Das besagt die Entdeckung des Sittengesetzes als eines autonomen Prinzips der Vernunft.

An der Kantischen Fassung des Sollens läßt sich der neue Sinngedanke deutlich aufzeigen. Es ist nicht das dem Menschen aufgezwungene, sondern das ihm eigene, seinem Wesen entstammende und seinem Willen gemäße Sollen. Die praktische Vernunft ist zwar nicht die des Individuums, aber auch nicht die der Gottheit. Sie ist die des Menschen in genere, die zu seinem Wesen gehörige und es mit ausmachende.

Im Charakter des Sollens aber liegt es, daß dieses sein eigenes Wesen dem Menschen Aufgaben stellt. Der Mensch hat etwas zu erfüllen in der Welt, er hat Bestimmung und Ziel. Es gibt ein »Reich der Zwecke«, und es ist das seine; nur er kann es setzen, nur er es verwirklichen. Seines Wollens, seiner Freiheit, seines Einsatzes bedarf es dazu. Im Gegensatz zu allem, was schon wirklich ist in dieser Welt: es gibt etwas, was noch nicht wirklich ist in ihr und auch nicht wirklich werden kann – ohne sein Tun. Aus keiner Erfahrung kann er wissen, was es ist, worin es besteht; nur aus sich selbst, rein a priori, kann er es schöpfen. Und auf keine Macht der Welt kann er hoffen, daß es durch sie wirklich werde; nur er selbst aus eigener moralischer Kraft kann es hervorbringen. Das ist es, was ihm seine Sonderstellung in der Welt gibt und den Sinn seines Daseins. Er ist mit der Bestimmung, die er in sich findet, ganz auf sich selbst gestellt – in einer Welt, die von ihr nichts weiß und gleichgültig gegen sie ihren Lauf nimmt –; er steht mit seiner Aufgabe allein in der Welt, und gegen sie. Daher das ungeheure Gewicht der Willensfreiheit in seinem Ethos, so wie es Kant wohl erstmalig erfaßt hat. Sein Ethos ist ein heroisches.

Das Große darin ist dieses: Sinn und Wert gehören wieder dieser Welt an. Sie sind nicht mehr ungreifbar, nicht jenseitig. Aufgaben »in« der Welt sind die sinngebenden. Und ihr Maß an sinngebender Kraft ist ausreichend, es bedarf keiner Sinntranszendenz.

Größer vielleicht noch als dieses ist ein Zweites: es sind Aufgaben, deren Erfüllung in der Welt durch keine Macht gewährleistet ist – nicht durch Vorsehung oder göttlichen Willen –, sondern dem Menschen allein anheimgestellt ist. Denn so allein kann es einen Eigenwert des Menschenlebens in der Welt geben.

Das ist ein Gedanke, den man nicht individualistisch mißverstehen darf. In seiner Geschichtsphilosophie hat Kant ihm eindeutig seine Grenzen angewiesen: die Aufgaben der Vernunft sind nicht in individuo, sondern »nur in der Gattung« erfüllbar. Es sind Ziele eines größeren Ganzen in seinem geschichtlichen Werdegange; Ziele, an denen der Einzelne wohl mitarbeitet, die er allein aber nicht verwirklicht. Man sieht sich hier an Platon erinnert. Auch für ihn lag die Bestimmung des Menschen nicht im Individuum, sondern in der Gemeinschaft. Dennoch ist es bei Kant anders: auch die Gemeinschaft ist nicht das Letzte, sie ist vielmehr selbst als die geschichtlich werdende gesehen, und damit eröffnet sich noch eine andere Dimension.

Es ist kein Zufall, daß gerade mit dieser Erweiterung der Sphäre, in der alle Aufgabe und Bestimmung großes Format annimmt, das Immanentwerden des Sinnes und seine Rückholung aus dem Jenseits einsetzt. Denn eben diese Erweiterung ist es erst, die für ihn Raum schafft in der Menschenwelt. Sie bedeutet einen entscheidenden Schritt über den Platonismus und damit über die ganze ältere Sinnmetaphysik hinaus. Die Denker des deutschen Idealismus haben das Problem denn auch am greifbarsten auf geschichtsphilosophischem Felde fortgeführt.

Die Fortführung ist nicht überall eine gelungene. Sie wird zunächst der Größe des neuen Gedankens nicht gerecht. Schelling entwarf im *System des transzendentalen Idealismus* (1800) ein Geschichtsbild, welches dem Menschen die sinngebende Selbstbestimmung wieder nimmt und sie der göttlichen Vorsehung zuspricht. Charakteristisch ist das Argument, das er hierfür beibringt. Hatte man früher wohl meist gedacht, der Mensch habe die Freiheit nicht, Sinn in den Geschichtslauf zu bringen, er sei zu tief in die Verkettung der »Notwendigkeit« des Weltgeschehens verstrickt, so zeigt Schelling umgekehrt, daß gerade seine Freiheit es ist, was ihn unfähig macht, Einheit und Zielrichtung zu gewährleisten. Gilt es doch, dem Geschichtsprozeß von Schritt zu Schritt das eindeutige Hinstreben auf sein Ziel zu verbürgen, und ist doch die Freiheit gerade die Fähigkeit, stets auch anders – »gegen« den Endzweck – zu entscheiden.

Es gibt keine Freiheit zum Guten allein, sie ist ihrem Wesen nach stets Freiheit zum Guten und zum Bösen zugleich. Nicht Freiheit also, nur Notwendigkeit kann hier »Garantie« gewähren. Der Mensch hat nicht zu wenig, sondern zu viel Freiheit, um für Sinngebung im Geschichtslauf aufkommen zu können.

Lehrreich hieran ist die Einsicht, daß die Gewähr der Erfüllung eines Endzweckes in der Geschichte in der Tat von einem Wesen nicht geleistet werden kann, das Freiheit der Entscheidung für oder wider ihn hat. Fraglich bleibt es, ob die Konsequenz nach der rechten Seite gezogen ist. Wer steht uns denn dafür ein, daß in der Geschichte ein Endzweck gewährleistet ist? Von Kant bis Hegel beherrscht dieser teleologische Optimismus das philosophische Geschichtsbild. Aber eben die Voraussetzung bleibt fragwürdig. Ist nämlich die Geschichte kein eindeutig zweck- und sinngeleiteter Prozeß, so könnte gerade die Freiheit des Geschichtsträgers das auf sie zutreffende Maß an Sinngebung hineinbringen.

Von dieser Einsicht ist auch Fichte noch weit entfernt, der sein Geschichtsbild nur wenige Jahre später entwarf (1806). Fichte sah deutlich die revolutionierende, gegen »Vernunft« und höhere Bestimmung gerichtete Tendenz der menschlichen Freiheit in der Geschichte; und er verstand den Geschichtsprozeß als ein Ringen von Freiheit und Vernunft miteinander. Er verband aber diesen Aspekt mit dem Gedanken eines Endzieles, das dennoch den Prozeß beherrscht, sofern die Vernunft auch die des Menschen ist. Die gleichsam losgelassene und verwilderte Freiheit zur Vernunft zurückzuführen, sie mit den Zwekken der Vernunft eins werden zu lassen, das gilt ihm als Endziel der Geschichte. Und lediglich als Übergangsstufen zu diesem Endziel sind die geschichtlichen Stadien der Unvollkommenheit sinnvoll.

Über den Inhalt dieses Endzieles läßt sich streiten. Unstreitig aber ist mit der Hinausverlegung aller Sinngebung in ein fernes Endziel der Sinngehalt des laufenden Geschichtsprozesses über Gebühr herabgesetzt. Weder vermag das Gesamtbild die Erreichbarkeit des Endzieles glaubhaft zu machen, noch gewinnen bei angenommener Erreichbarkeit die jeweiligen Stadien der Geschichte eigenen Wertgehalt. Die alte Sinntranszendenz ist nur ins Zeitliche transponiert, nicht überwunden. In diesem Punkte war Herder mit seiner Geschichtsidee bereits einen Schritt weitergekommen, sofern er in allem Geschichtlich-Wirklichen bereits eine eigene Vollkommenheit erblickte, die nicht erst der Erfüllung in einem Künftigen bedürfe.

Wie alle Fäden des deutschen Idealismus in Hegel zusammenlaufen, so auch die des Sinnproblems. Und wie es auf allen Problemgebieten sein Anliegen war, das Transzendente immanent zu machen und in die konkrete Greifbarkeit zurückzuführen, so wurde er auch in diesem alten Streitpunkte der Vollender des Kantischen Gedankens, daß alle Sinngebung im Leben und in der Geschichte die Tat des Geistes ist, der sich in ihr verwirklicht. Alleiniger Träger und Gestalter seiner selbst ist der lebende Geist. Er muß sich allezeit erst zu dem machen, was er in Wahrheit ist. Und er hat Freiheit und Macht dazu. Denn er ist seinem Wesen nach »das Freie«, und im Maße seines Wissens um seine Freiheit ist er auch wirklich frei.

Diese Freiheit aber ist nicht die Willkür des Individuums, sondern gerade sein Gehorsam gegen die innere Bestimmung, die es als gemeinsame in sich trägt. Und wenn Hegel die Weltgeschichte als den »Fortschritt im Bewußtsein der Freiheit« versteht, so will er damit weder nur ein Endziel noch auch die Macht des Einzelnen auszeichnen, sondern das organische Werden im Ganzen und als Ganzes. Das Individuum für sich genommen ist nur Abstraktion, und wo es sich wirklich isoliert, da ist es »abgeschiedener Geist«; es kommt nur vor im Zusammenhang des geschichtlich lebenden »objektiven Geistes«. Aber auch das Endziel, als erträumte Vollendung gesehen, ist nur Abstraktion; die Wirklichkeit dessen, was Sinn und Wertgehalt der Geschichte ist, liegt stets schon im Jeweiligen, ist in jeder noch so einseitigen Verwirklichungsform schon in seiner Weise da und gegenwärtig. Darum heißt es von der Geschichte, gerade sofern sie die Selbstverwirklichung des Geistes ist: »die Wahrheit ist das Ganze«.

Man erkennt hierin leicht die Synthese des Herderschen und des Kantischen Geschichtsgedankens. Es sind Aufgaben des Menschen, die »Vernunft« in die Geschichte hineinbringen; aber die Vernunft wartet mit ihrem Erscheinen in der Welt nicht auf die Vollendung, sie ist in allem, was sich geschichtlich hochringt, schon enthalten, und »alles Wirkliche ist auch vernünftig«. Damit rücken Sinn und Wert vollends in greifbare Nähe, und das Tun des Menschen wird als sinngebendes faßbar. Durch Hegels Lehre von der Differenzierung des objektiven Geistes in die »Volksgeister« ist dieser Gedanke zu einer gewissen Popularität gelangt: jedes Volk bringt bei seinem Auftreten in der Geschichte ein »eigenes Prinzip« mit sich, und die Sinnerfüllung, die es in seinem Streben sich gibt, besteht in der Verwirklichung dieses seines Prinzips. Stets liegt sie der Größenordnung nach weit über das Maß der Individuen hinaus, obwohl sie den Einsatz der Individuen erfordert; aber sie verschwindet auch nicht im allgemeinen Zuge des Weltgeschehens, sondern bildet in jedem Volke, das in der Geschichte zu eigener Gestaltung gelangt, eine eigene Höhe, die einmalig bleibt und ihren Wertgehalt in sich selbst hat.

Eine maßgebende Rolle spielt hierbei das Durchdringen aller selbsttätigen Gestaltungskraft ins Bewußtsein. Wie die Freiheit jeweilig nur so weit wirklich ist, als sie bewußt ist, so auch aller besondere Sinn- und Wertgehalt. Der objektive Geist drängt in jeder seiner Gestalten zum »Fürsichsein«. Die »Aufklärung« ist für ihn ein notwendiges Durchgangsstadium. Kant hatte sie als Mündigwerdung des Menschen nur in ihrer Idee erfaßt; Fichte hatte sie als »vollendete Sündhaftigkeit« nur nach ihren Auswüchsen bewertet. Hegel wird beiden Seiten gerecht, indem er den Kampf der »reinen Einsicht« gegen den blinden Autoritätsglauben als das Auseinandergehen zweier Momente ein und desselben Strebens versteht, die im Grunde ein und dasselbe wollen; nur daß die Erkenntnis auf der einen, der Sinngehalt aber auf der anderen Seite ist. Die Erfüllung liegt im gegenseitigen Sichwiederfinden und Durchdringen von ausgereifter Einsicht und hergebrachtem Glauben. Denn beide schießen in ihrem Dafürhalten übers Ziel. Der Glaube nimmt alles, was Geltung beansprucht, für ewiges göttliches Gebot, die Einsicht nimmt es für Satzung und Menschenwerk. Jener steht bei der alten Sinntranszendenz, diese hat sie preisgegeben, findet aber im Bereich menschlicher Willkür den Sinngehalt nicht wieder. Die Lösung des Rätsels liegt beim »objektiven Geiste«. Es gibt eben noch ein Drittes: was nicht ewige Gültigkeit hat, braucht deswegen noch nicht auf das subjektive Ermessen des Individuums gestellt zu sein. Wohl wandeln sich geschichtlich Recht und Moral, aber nicht der Einzelne hat Macht über diesen Wandel. In jeder Zeit und jedem Volke ist gültig, was dem lebendigen Gemeingeiste gemäß ist; sein Prinzip bestimmt, was recht und unrecht ist. Der Einzelne ist in den Volksgeist gebunden, dem er angehört, und echte Einsicht für ihn ist es, zu verstehen, was dieser ist.

So sind die sinngebenden Mächte jederzeit die der geschichtlichen Gegenwart, sind für jeden die seinigen. Aber sie sind nicht in sein privates Ermessen gestellt. Es wäre irrig zu meinen, hiermit sei aller Sinn doch wieder auf das »Absolute« verschoben und in die Welttranszendenz entrückt. Freilich lehrt Hegel das Fürsichsein des Absoluten als die Vollendung, aber der Mensch ist nicht bloßes Mittel, das wieder verschwindet, wenn es ausgedient hat. Umgekehrt: das Absolute ist in die Welt hineingenommen und in das Sein des Menschen, ist selbst immanent; die »Substanz« ist nicht ein uns wesensfremdes Etwas, zu dem wir erst zurückkehren müßten; sie ist der lebendige objektive Geist, den wir als den unsrigen kennen, dessen jeweilig wirkliche Tendenzen unsere innere Bestimmung ausmachen. Es sind lauter Menschenwerte, um die es geht. Aber es sind Werte des Menschen nicht in individuo, sondern in der Gemeinschaft und in der Produktivität geschichtlicher Entwicklung.

Hier zeigt sich nun in der Tat eine Lösung des Sinnproblems in einem anderen Durchblick, als der Platonismus ihn gab. Es ist die eigentliche Tat des deutschen Idealismus, die Herrschaft der Sinntranszendenz durchbrochen zu haben. Und nicht im

Prinzip allein liegt der Durchbruch. Man spürt ihn ganz konkret – bis in die Rolle hinein, die dem Einzelmenschen zufällt. Denn der objektive Geist Hegels ist nicht ein hypostasiertes »transzendentales Bewußtsein« über dem menschlichen Bewußtsein. Der subjektive Geist vielmehr gibt ihm erst das Bewußtsein, und damit das Fürsichsein.

Auf dieser Grundlage fällt auch dem Individuum eine entscheidende Rolle in der Geschichte zu. Die Menge als solche ist zwar der Träger des objektiven Geistes, aber sie ist ebenso kopflos als vielköpfig. Von ihr kann geschichtliche Führung nicht ausgehen, es ist ihr nicht gegeben, zu wissen, »was sie will«. Weder die öffentliche Meinung noch die abgezählte Majorität bringt ihre wahren Tendenzen eindeutig zum Ausdruck. Erst das »große Individuum« muß es ihr sagen. Dann freilich, wenn es ausgesprochen und ihr greifbar gemacht worden ist, kann sie es als das ihrige erkennen und erstreben.

Die Idee des politischen Führers ist bei Hegel eine andere als bei Platon. Dort ist der Führer der aus der Idee Erleuchtete; er trägt den in der Finsternis Gefangenen das ewige Licht zu, das er in seiner Jenseitigkeit geschaut hat. Nach Hegel wurzelt er ganz in dem, was geschichtlich wirklich ist; er sieht das Wesentliche in der bereits vorhandenen Tendenz des objektiven Geistes und spricht es aus. Er greift nicht in die Ferne, sondern in das »Substantielle« des Gegenwärtigen; er entdeckt nur, was alle schon in sich tragen, aber nicht wissen. Weil aber das Wissen erst die Freiheit zur Wirklichkeit erhebt, so ist er mittelbar derjenige, durch den allein Ziel- und Sinngebung in der Geschichte sich vollzieht.

Die Überwindung der Sinntranszendenz liegt nicht in diesen Resultaten allein. Sie spiegelt sich sehr deutlich im Ganzen des Hegelschen Systems. Ja, jene Dialektik des Sinnes, die sich in den scholastischen Formen des Platonismus so plastisch aufzeigen ließ, wird durch diese Philosophie ins Bewußtsein gehoben und dadurch überwunden. Das liegt im Wesen ihrer Methode. Denn eben darin besteht bei Hegel die Methode der Philosophie, daß sie überall die verborgenen dialektischen Grundverhältnisse ins Bewußtsein hebt und bis auf die Synthese des Gegensätzlichen hinausführt.

In der berühmten Dialektik des Unendlichen, wie Hegel sie im ersten Bande seiner Logik ausführt, liegt verborgen die alte Dialektik des Sinnes. Man vermutet das nicht auf den ersten Blick, überzeugt sich aber leicht davon, wenn man die Momente darin genauer prüft. Hier kann das Wesentliche nur kurz angedeutet werden. Das Endliche kann nach Hegel nicht bei sich bleiben, es trägt ein »Sollen« in sich, und dieses treibt es über sich hinaus. Es langt bei seinem Gegenteil an, dem Unendlichen; dieses aber hat das Endliche nun außer sich, wird also von ihm begrenzt und somit selbst endlich; die Tendenz geht weiter, wird zum unendlichen Prozeß, oder zur »schlechten Unendlichkeit«. Erst die Synthese beider Momente ist »wahrhafte Unendlichkeit«, d.h. eine solche, die das Endliche nicht außer sich, sondern in sich hat: Rückkehr in den Anfang, zyklische Vollendung, Unendlichkeit im Endlichen.

So formvollendet diese gedankliche Bewegung sein mag, sie ist sinnlos, wenn man sie als Seinsdialektik versteht. Sie wird aber sehr tiefsinnig, wenn man sie als Sinndialektik versteht. Daß das Endliche ontisch nicht bei sich bleiben kann, ist keineswegs zutreffend, wohl aber, daß das Sinnmoment in ihm über sich hinausweist – ins Transzendente. Ebenso schief ist die Bestimmung, daß der unendliche Prozeß das Endliche außer sich läßt; wohl aber stimmt es, daß im Hinausverlegen des Sinnes in jenseitige Ferne die endliche Welt erst recht sinnentblößt dasteht. Schließlich, was heißt »wahrhafte Unendlichkeit« durch Rückkehr in den Anfang? Ontisch genommen bleibt es zum mindesten ein fragwürdiges Bild. Als Sinngebung des Sinnlosen verstanden aber ist es ein schönes und tiefsinniges Bild. Denn das eben ist das Wesen des Immanenzgedankens, daß alle Bestimmung des endlichen Wesens seine eigene und innere ist und nur aus ihm selbst heraus sich erfüllt.

Das wird besonders einleuchtend, wenn man die folgenden fünf Fragen zusammenhält: 1. Ist es ein Zufall, daß diese Unendlichkeitsdialektik ihren Ursprung im theologischen Problembereich der Hegelschen Frühschriften hat? Desgleichen, daß sie in seiner späteren Religionsphilosophie fast unverändert als Dialektik von Mensch und Gott wiederkehrt? 2. Warum eigentlich ist das Endliche in sich nichtig? Weder seine Begrenztheit noch seine Vergänglichkeit beweist das. Wohl aber könnte seine Sinnfremdheit es beweisen. 3. Warum faßt Hegel die Begrenztheit als »Schranke« auf? Was berechtigt ihn, ein »Sollen« im Endlichen als solchem anzunehmen? Das setzt eine Tendenz in den Dingen voraus. Und Tendenz wiederum setzt ein Ziel voraus, das über sie hinaus liegt. 4. Warum ist der »Prozeß« eine »schlechte« Unendlichkeit, ja eine »langweilige«? Doch nicht darum, weil er begrenzt wäre! Er läuft ja vielmehr unbegrenzt weiter. Er ist es lediglich, weil er »kein Ende« findet. Das aber ist Unvollkommenheit nur im Hinblick auf die Unerreichbarkeit der Vollendung. Die Vollendung also ist als das Gute gedacht. 5. Und warum muß die Synthese eine zyklische Form haben? Einzig weil sonst das Telos fehlt, und zwar in dem doppelten Sinne von »Ende« und »Zweck«. Sie ist eben als Vollendung gemeint, und d.h. als sinngebendes Moment.

IV

Der deutsche Idealismus bringt es bis zur Aufhebung der Sinntranszendenz und bis zur konkret-weltgeschichtlichen Perspektive im Sinnproblem. Aber es bleibt noch die Gebundenheit der Sinngebung an ein metaphysisch Allgemeines und Ewiges; die Sinnerfüllung hat hier überall noch die Form der Verwirklichung eines Generellen in der Welt. Beides ist fraglich, in beidem blickt noch ein Rest der Ideenmetaphysik durch, die sich mit der nunmehr proklamierten Sinnimmanenz nicht reimen will.

Ein wesentlicher Schritt vorwärts geschieht durch die neuere Wertphilosophie, und zwar einfach dadurch, daß der Blick auf die inhaltliche Seite des Sinnproblems hingelenkt wird. Der Bahnbrecher dieses Gedankens wurde Nietzsche.

Liegt die Sinngebung beim Menschen, so fällt ihr ganzes Gewicht dem Ethos zu. Das haben Kant und Hegel wohl gesehen. Aber die längste Zeit hielt man das Wesen des »Guten« für etwas Einfaches und Einheitliches; und nicht so sehr um seinen Inhalt bemühte man sich – man glaubte ihn ja zu kennen –, als um seine Begründung.

Man sieht das noch deutlich an der Kantischen Formel des kategorischen Imperativs. Hier aber liegt der Irrtum. Nietzsche war es, der zum Erstaunen der Mitwelt erklärte, wir wüßten noch keineswegs, »was« Gut und Böse ist. Das Gute ist nicht ein einziges, oder gar einfaches Prinzip; es ist eine unerschöpfbare Mannigfaltigkeit, ein Reich sittlicher Werte, die noch keineswegs alle entdeckt sind. Und was wichtiger ist: es läßt sich auch nicht mit einem Schlage aufdecken, es enthüllt sich dem Menschen langsam, in geschichtlichen Schritten; jedes Volk der Geschichte und jedes Zeitalter entdeckt hier Neues. In jeder Zeit hat das Ethos seine Vorzugsrichtung und seine Einseitigkeit, und stets führt wieder neue Wertentdeckung darüber hinaus.

In der Kritik der christlichen Moral und ihres Prinzips der Nächstenliebe ging dem Sucher Nietzsche diese Einsicht auf. Mochte er auch in der Kritik übers Ziel schießen, das Positive in seinem Gedanken blieb doch, daß es Werte gibt, die in der christlichen Moral verdeckt sind. Charakteristisch dafür ist das Prinzip der »Fernstenliebe«, das er dem der Nächstenliebe gegenüberstellte: die Verantwortung und das Eintreten des gegenwärtigen Menschen für die Zukunft und für die kommenden Geschlechter. Es ist eine Verantwortung, die das lebende Geschlecht ja ohnehin jederzeit trägt, selten aber mit Bewußtsein auf sich nimmt und in seinem Streben betätigt; die Forderung einer höheren Solidarität, nicht nur mit den Mitlebenden, sondern mit denen, die alle gute und alle böse Saat der Gegenwart ernten werden.

Eine Fülle weiterer Werte des Menschen rückt gleichzeitig damit ins Wertbewußtsein ein: Kraft, Wille, Macht, Schönheit, Lebensfülle, Frohsinn, Verantwortungsfreudigkeit und vieles andere. Und erst mit dieser Mannigfaltigkeit eröffnet sich dem

Blick die Größe der Aufgabe, vor die der Mensch gestellt ist. Es ist ein erster, aber entscheidender Schritt zur inhaltlichen Erfüllung der von Hegel gesehenen Immanenz des Sinnes. Zugleich aber ist es das Wissen um die Unerfülltheit des Sinnes; ja erst angesichts solcher Mannigfaltigkeit wird es recht eigentlich ernst mit dieser Unerfülltheit und dem Bewußtsein der ungeheuren Aufgabe, die dem Menschen in der Welt zufällt. Hier allererst ermißt der Mensch, was die an ihn gerichtete Zumutung heißt, »der Sinn der Erde zu werden«. Es ist nichts Geringeres als die Einsicht, daß der Sinn des Lebens, den man solange vergeblich bei übermenschlichen Mächten gesucht, vielmehr in der Sinngebung durch den Menschen selbst liegt. Keine Macht der Welt sorgt dafür, wenn er selbst die Aufgabe nicht als die seine erfaßt. Eine unabsehbare Aufgabe, aber auch eine stolze Aufgabe. Eine Aufgabe von so erhebender Größe, daß schon das bloße Eintreten in ihren Dienst Sinnerfüllung ist.

In einem Punkt dürfte Nietzsche zu weit gegangen sein. Er schrieb dem Menschen nicht nur die Kraft zu, Werte zu erfassen und zu verwirklichen, sondern auch die noch weit größere, sie allererst aufzustellen und gleichsam zu erschaffen. In diesem Sinne spricht er von »Umwertung der Werte«. Das lag freilich schon im Zuge der Hegelschen Geschichtsphilosophie; sind doch bereits dort die gültigen Normen Schöpfungen des objektiven Geistes. Und wie dort dem »Geiste« eine Art Allmacht zugeschrieben ist, aus sich zu machen, was er will, so hier dem Menschen. Beides entspricht den gegebenen Tatsachen des Geisteslebens nicht. Werttheoretisch geht dabei der Sinn der Überzeitlichkeit des Wertvollseins verloren, und die Konsequenz ist ein haltloser historischer Relativismus. Vom Standpunkt des Sinnproblems aber wird damit dem Menschen zuviel aufgebürdet. Denn alle Sinngebung bedarf des Halts an etwas Festem, das dem schaffenden Geiste einen Maßstab von Sinn und Widersinn gibt. Mit der zu großen Machtfülle verliert er diesen Halt und seine Freiheit wird zur Willkür. Die materiale Wertethik unserer Tage hat dieses Übermaß wieder auf natürliches Maß zurückgebracht. Sie ist die Synthese der Kantischen Apriorität und Überzeitlichkeit sittlicher Anforderung mit der von Nietzsche erschauten Mannigfaltigkeit der Werte. Die letztere genügt vollkommen, um die Vielheit der Moralen und die geschichtliche Zeitbedingtheit aller Gültigkeit zu erklären. Denn Gültigkeit ist nicht dasselbe wie Wertvollsein. Gibt es eine Vielheit von Werten, und ist das Wertbewußtsein jeder Zeit ein begrenztes, so folgt daraus ohne weiteres, daß nicht alle Werte in jeder geistigen Artung Gültigkeit zu haben brauchen. Was an sich überzeitlich ist, braucht nicht zu jeder Zeit anerkannt und in Kraft (geltend) zu sein. Gültig kann es nur für ein Bewußtsein sein, das es zu erfassen mächtig ist. Auch der objektive Geist braucht die Werte selbst nicht zu »schaffen«; er »findet« sie vielmehr, entdeckt sie, und zwar im Maße seines eigenen Reifens. Nicht die Werte selbst wandeln sich in der Menschengeschichte, sondern nur das Wertbewußtsein – genau so wie im Fortschreiten des Wissens nicht die Welt sich wandelt, sondern nur das Weltbild.

Die Synthese, die hiermit erreicht ist, bildet nicht einen Abschluß. Sie ist viel eher ein Anfang neuen Verstehens und neuer Auswertung. Es ist noch vieles ungeklärt in ihr. So fehlt in ihr immer noch die Überwindung des »Allgemeinen« und »Ewigen« im Wesen dessen, was sinngebend ist. Solange aber diese Momente ihm anhaften, bleibt alle Sinngebung durch den Menschen unglaubhaft. Hebt man sie aber einfach auf, so raubt man dem Charakter des »Sinnes« etwas von seinem Wesen. Es war eben doch ein Stück Wahrheit im Platonischen Gedanken, daß Sinn und Wert, wo und wie immer sie auftreten, Ewigkeitscharakter zeigen. Anders wäre ja auch der Gedanke der Sinntranszendenz in sich sinnwidrig und seine jahrhundertelange Herrschaft in Philosophie und Weltanschauung unerklärlich. Es gilt, die relative Berechtigung auch dieses Gedankens zu erfassen und ihm im Gesamtbilde die Stelle anzuweisen, die ihm zukommt. Dazu macht das angegebene Verhältnis von Wert und Wertbewußtsein wenigstens einen ersten Schritt, indem es das zwanglose Ineinandergreifen von zeitlosem Bestehen und geschichtlich bedingter Gültigkeit aufzeigt.

Insoweit betrifft die Klärung aber nur das Wertproblem. Und das ist nicht identisch mit dem Sinnproblem. Darin aber dürfte gerade von Anbeginn eine Quelle mannigfacher Fehlschlüsse gelegen haben, daß man Sinn und Wert nicht zu unterscheiden wußte. Sind doch beide Begriffe bis in unsere Tage nicht nur nicht streng geschieden, sondern nicht einmal in sich klar herausgearbeitet worden.

Die Verwirrung geht aber tatsächlich noch weiter, insofern das teleologische Denken – und fast alle Metaphysik ist bisher teleologisch gewesen – auch Wert und Zweck nicht sauber auseinandergehalten hat. Wo nur irgend man zweckgeleitete Tendenzen fand oder zu finden meinte, da hielt man sie auch für wertgeleitet; und wo man auf Werte stieß, da nahm man sie meist für Zwecke realer Tendenzen. Beides ist wohl verständlich, aber deswegen doch grundsätzlich falsch.

Zwecke müssen von einem Bewußtsein gesetzt werden; und wenn sie gesetzt sind, müssen sie verfolgt, d. h. durch eine Reihe von Mitteln hindurch realisiert werden. Der Mensch zwar ist so geartet, daß er zu seinen Zwecken nur machen kann, was ihm auch irgendwie als wertvoll einleuchtet; aber das liegt im Wesen des Menschen, nicht im Wesen der Zwecksetzung, und an sich denkbar bleibt es durchaus, daß ein der Teleologie mächtiges Wesen auch Wertwidriges um seiner selbst willen zum Zweck seines Strebens machte. Gegen die Idee des Satans mag man einwenden, daß sie spekulativ frei erfunden sei; in sich widersprechend ist sie keineswegs, und nur darum hat sie sich geschichtlich solange halten können.

Andererseits liegt es auf der Hand, daß Werte ihrerseits weit entfernt sind, die richtunggebende Kraft von Zwecken zu haben. Wohl geht von ihnen eine Forderung aus, und bei den ethischen Werten verdichtet sie sich zum Sollen. Aber das Sollen hat von sich aus nicht die Macht, sich in Sein umzusetzen; es determiniert nicht, wie Naturgesetze – und im weiteren Sinne Seinsprinzipien überhaupt – determinieren, d. h. nicht allgemein, notwendig und unverbrüchlich. Der Beweis dafür ist, daß die reale Welt ebenso voll des Wertwidrigen als des Wertvollen ist, daß das Tun der Menschen ebensosehr böse als gut ist. Werte bedürfen, um sich in Realisation umzusetzen, eines Mittlers, der selbst real in der realen Welt stehen muß, dabei aber die eigentümliche Fähigkeit der Zwecksetzung und Zweckverwirklichung haben muß; erst durch ihn kann das Wertvolle zum Zweck gemacht und in Realisation umgesetzt werden. Der Mittler eben ist der Mensch. Und darauf beruht seine einzigartige Stellung in der Welt. Die Ohnmacht der Werte gerade ist die Grundlage der Macht des werterfassenden und aktiv zwecktätigen Wesens »Mensch«.

Aber auch das erschöpft noch nicht den Gegensatz von Wert und Zweck. Gerade von den höchsten Werten, den sittlichen, gilt der Satz, daß sie nicht einmal im Tun des Menschen den Inhalt der Zwecke ausmachen. Erstrebt wird im sittlichen Tun nicht der sittliche Wert, sondern ein anderer, ein Güterwert; der sittliche Wert erscheint, nach dem Worte Schelers, »auf dem Rücken des Aktes«. Echte Wohltätigkeit ist nicht bei denen, die »wohltätig sein wollen«, sondern bei denen, die allein auf das Wohl des Mitmenschen bedacht sind; dieses »Wohl« aber ist ein offenkundiger Güterwert, und es kommt nicht dem Täter, sondern dem Anderen zu. Der sittliche Wert aber ist Wert des Tuns selbst und fällt dem Täter zu. Er war also gar nicht Zweck des Tuns, sondern wird an ihm realisiert, indem es selbst andere Zwecke verfolgt.

Man muß diese Dinge im Auge haben, wenn man dem Sinnproblem auf den Grund gehen will. Zwischen Zweck und Sinn ist hiernach nicht schwer zu unterscheiden, denn offenbar steht das Sinnmoment dem Wert viel näher als dem Zweck. Die Werte sind es ja, die das Zweckstreben erst sinnvoll machen; verfolgt einer aus Unwissen das Wertwidrige oder auch nur das Wertlose, so empfinden wir das als sinnlos. Dennoch könnte es auf den ersten Blick ganz anders scheinen. Sinnvoll nennen wir im Leben schon alles bloße Zupassen oder Geeignetsein, bis zu den äußerlichsten Nützlichkeitsverhältnissen herab; sinnvoll erscheint uns die Einrichtung des Organischen in seinen aufeinander abgestimmten Funktionen. Im einen wie im anderen Falle hat das Sinnvolle die Form des Zweckmäßigen. Nicht viel anders ist es, wo es sich um die Sinngemäßheit in der Befriedigung eines Bedürfnisses handelt; denn diese besteht auch zu Recht, wenn das Bedürfnis von höheren Belangen aus wertwidrig ist, wie etwa der Rachedurst oder gewisse Formen des Ehrgeizes. Insofern gibt es in der Tat die Wertindifferenz vieler hoch sinnvoller Anlagen, Fähigkeiten, Leistungen.

Aber es leuchtet ein, daß das metaphysische Sinnproblem »Sinn« in anderer Bedeutung meint. Dieser engere und höhere Sinnbegriff ist es, der vom Wertbegriff nicht abzutrennen ist. Sinngebung des Lebens kann nicht in untergeordneten und zufallsbedingten Zweckmäßigkeitsverhältnissen liegen. Sie muß in etwas Unabhängigem und Unbedingtem verankert sein. Ein solches aber haben wir nur in den Werten.

Im Hinblick auf dieses Grundverhältnis läßt sich sagen: aller Sinn in der Welt ist wertbezogen, und aller Wert ist sinngebend. Dieser Satz spricht ein Wesensgesetz aus. Aber das Gesetz hat die Form einer Beziehung. Es setzt also den Unterschied des Bezogenen schon voraus, und aus der Art der Beziehung läßt sich der Unterschied auch angeben. Das Sinnvollsein im Leben ist das Bezogensein auf Werte überhaupt, es mag nun im Hinstreben oder sonst einem Ausgerichtetsein auf sie bestehen. Das Wertvollsein aber ist das, was diesem Ausgerichtetsein den Richtpunkt und den Gehalt gibt.

Unterschied und Zusammenhang in diesem Verhältnis sind gleich wesentlich. Die Differenzierung des Inhalts und der Richtung liegt bei den Werten. Der Umsatz in die Realität aber und die Vermittlung an das Leben – also die Ausrichtung selbst – ist Sache der Sinngebung.

Diese hat daher Bewegungsfreiheit gegen die Wertmannigfaltigkeit. Das Ausgerichtetsein aber bleibt dasselbe. Wir sagen wohl mit Recht im Hinblick auf die Verschiedenheit der Wertbezüge, der »Sinn« der Sache sei ein verschiedener. Aber das Sinnvollsein selbst ist nicht verschieden. Nur das Wertvollsein ist ein immer wieder anderes.

Dieses Angewiesensein von Sinn und Wert aufeinander spiegelt sich sehr deutlich in gewissen Wertverhältnissen. Es gibt sittliche Werte, die noch einer Sinngebung bedürfen, die über ihr eigenes Bestehen, ja über ihr Realisiertsein im Verhalten des Menschen noch hinaus liegt. Zuverlässigkeit und Treue der Gesinnung sind sittlich wertvoll wohl auch ohne das Vertrauen, das sie verdienen. Zu ihrer Sinnerfüllung im Leben aber kommen sie erst, wo das entsprechende gute Zutrauen ihnen entgegenkommt. Dasselbe gilt umgekehrt vom sittlichen Wert des Vertrauens selbst; er besteht sehr wohl zu Recht, auch ohne auf die Zuverlässigkeit zu stoßen, die er erfordert, aber erst wo er diese findet, erfüllt sich sein Sinn an den Menschen. Man kann dieses ein Komplementärverhältnis der Werte nennen; und das Lehrreiche daran ist, daß die Gegenseitigkeit darin die Form einer Ergänzung hat, die als Sinneinheit über die Mehrzahl der Personen und über die Verschiedenheit der Werte übergreift.

Nicht an allen Werten ist diese übergreifende Sinneinheit so deutlich zu sehen. Doch läßt sie sich bei tieferem Eindringen sehr wohl als eine durchgehende erkennen. Alle Pflichterfüllung ist zwar in sich wertvoll, wie auch die anderen sich verhalten mögen, aber es liegt in ihrem Wesen, auch fremde Pflichterfüllung zu fordern. Liebe findet ihre Sinnerfüllung in Gegenliebe, aber ihren sittlichen Wert behält sie auch ohne diese. Sinngebend ist schließlich alle adäquate »Wertantwort«, alle verdiente Achtung, Ehrerweisung, Ehrfurcht, ja schon die einfache Zustimmung und die neidlose Anerkennung. Das, was solche Wertantwort erfordert, wird zwar in seinem Wert durch sie nicht berührt, aber es findet doch in ihr die ihm gemäße Sinnerfüllung.

Und noch ein Weiteres ist hier zu bedenken. Es gibt auch Sinnerfüllung, die nicht in Wertverwirklichung besteht. Es gibt eine Art Sinn im Leben, die gerade darin liegt, daß der Mensch vor die Aufgabe als solche gestellt ist, also vor die Unerfülltheit der Forderung. Diese aber besteht nur, solange die einschlägigen Werte nicht realisiert sind. Denn so allein geschieht es, daß dem Menschen etwas Wesentliches in der Welt zu tun übrigbleibt. Jene »Ohnmacht der Werte«, die darin besteht, daß von ihnen bloß ideale Forderung (Sollen) ausgeht, nicht aber reale Determinationskraft, ist ein für den Menschen tief sinnvolles Moment im Wesen der Werte. Ihm fällt dadurch eine Bestimmung in der Welt zu, eine Aufgabe, ein Lebenssinn. In einer Welt, in der auch ohne seinen freien Einsatz alles Wertvolle sich verwirklichte, wäre er als ein der Freiheit und schöpferischen Aktivität mächtiges Wesen schlechterdings überflüssig.

Was die Gegner Kants gegen das Prinzip des Sollens einwandten – daß es sich selbst aufhebt, wenn seine Forderung erfüllt wird –, ist gar nichts anderes als die Kehrseite dieses Verhältnisses. Es ist nur kein Einwand, es ist einfach das Wesen des Sollens. Fichte, der das Sollen zu einer Art absoluten Weltprinzips erhob, machte eben damit seine Unselbständigkeit greifbar. Hegel in seiner Polemik gegen das Sollen als Prinzip deckte im Sollen die innere Dialektik auf. Darin aber ging er zu weit, daß er das Prinzip ganz fallen ließ. Hegel sah eben noch in aristotelischer Weise den Sinn aller Tendenz und alles Hinstrebens in der Verwirklichung. Der Sinn des Sollens aber erschöpft sich nicht in der Verwirklichung des Seinsollenden (des Wertes also); das Unerfülltsein und die Aufgabe sind ihrerseits auch sinnvoll – für ein Wesen nämlich, dessen ganze geistige Artung auf Freiheit gestellt, auf Wollen, Einsatz des eigenen Selbst für eine Bestimmung, kurz auf Bewältigung von Aufgaben angelegt ist.

Sinn und Wert fallen eben nicht zusammen. Sie sind nur unlöslich ineinander verschränkt. Wohl ist alle Wertrealisation zugleich Sinnerfüllung. Aber die zu Ende geführte und fertig geschaffene Wertrealität ist die Sinnentblößung des auf schöpferische Sinngebung angelegten Menschenwesens.

V

Es drängt nun alles dahin, einen Schlußstrich unter diese Überlegungen zu ziehen, und das Resultat, soweit es sich ergibt, einheitlich herauszuformulieren. Die soeben durchgeführte Begriffsklärung, zusammen mit dem oben gebrachten Durchblick durch die Geschichte des Sinnproblems, ermöglicht das in gewissen Grenzen.

Man kann das Resultat zunächst negativ umgrenzen. Weder die Sinnlosigkeit des Gegebenen noch die Unerreichbarkeit transzendenten Sinnes läßt sich halten. Es muß also sehr wohl aufweisbaren Sinngehalt des Lebens geben; und er muß überall da greifbar werden, wo Wertvolles entweder wirklich ist oder im Wirklichwerden begriffen ist. Aber er liegt nicht notwendig in der Einheit eines Prinzips, nicht in einem Allgemeinen, nicht im Ewigen und Zeitlosen; er liegt auch weder jenseits der Welt, noch notwendig im Ganzen der Welt; er braucht auch innerhalb der Welt nicht darin zu liegen, daß sie – im Ganzen oder im Bruchteil – auf Sinn hin angelegt wäre; ja, er liegt überhaupt nicht im teleologischen Verhältnis allein; und ebensowenig braucht er in den Ursprüngen der Welt zu liegen, braucht nicht in einem Primat des Sinnes vor dem Sein zu wurzeln.

Die Mehrzahl der stillschweigenden Voraussetzungen in der alten Sinnmetaphysik, wie sie von Platon bis in die Neuzeit hinein bestanden haben, sind hiermit aufgehoben. Es gilt nun die Aufhebung als Eingrenzung eines positiven Gedankenkernes auszuwerten, der dem Gewicht der einschlägigen Phänomene standhält.

Es gibt Unzähliges in der Welt, was in sich selbst wertvoll ist, woran teilzuhaben Sinnerfüllung ist. Alles, was wir im Leben als ein Bedeutsames, Erhebendes, Beglückendes empfinden, ist von dieser Art. Erhebung und Beglückung sind nichts anderes als Bewußtseinsformen der Sinnerfüllung; in gewissen Grenzen darf man auch den Genuß hierher rechnen – gibt es doch geistige Güter der höchsten Art, denen man anders gar nicht gerecht werden kann, als indem man sie genießt (so z.B. die künstlerischen Gegenstände). Es ist ein Irrtum, zu meinen, es müsse immer noch etwas anderes dahinter stecken, um dessentwillen Teilhabe solcher Art Sinnerfüllung ist. Das Suchen nach Gründen oder Hintergründen ist hier ebenso abwegig wie das Ausschauen nach Endgliedern der Sinnbeziehung, etwa Selbstzwecken; das letztere freilich ist dem Menschen schwer abzugewöhnen, er ist geneigt, alles teleologisch zu sehen, merkt aber gar nicht, daß er damit das in sich selbst Bedeutsame oder Beglückende bereits zum »Mittel« herabgesetzt, d.h. verkannt hat. Die Verkennung aber ist das Leerausgehen des Menschen, das Vorbeileben an der Sinnerfüllung. Wert und Sinn stehen jenseits aller Teleologie; sie bestehen auch ohne Zweckverhältnis, dieses aber setzt sie voraus. Der beste Beweis dafür ist das eigenartige In-sich-Geschlossensein alles wirklich Erhebenden und Beglückenden im Leben, seine Gleichgültigkeit gegen alle Einrahmung durch die Realfolge der Ereignisse, gegen Zusammenhänge und Gegensätze, die es überschatten.

Es gilt aber gleich hier ein Mißverständnis abzuwehren, das sich überall einzustellen pflegt, wo man vom Beglücktsein spricht. Man glaubt sogleich, es handele sich um das alte Verslein des Eudämonismus; das wäre freilich eine ernüchternd einfache Lösung, wenn das Geheimnis des Sinnproblems kein anderes wäre als eine Form der Glückseligkeit. Ganz anders aber sieht das Verhältnis aus, um das es sich hier handelt: nicht Glück ist das Sinngebende, sondern Sinnerfüllung ist das Beglückende. Diese Abhängigkeit läßt sich nicht umkehren, denn es gibt kein Glück, das nicht schon auf Wertteilhabe – sei es im Empfangen oder im Erstreben – beruhte. Alles Gelingen ernstlicher Bemühung, alles Lieben und Geliebtwerden, aller Anteil an menschlicher Größe, alle Hingebung an ideelle Ziele oder großes Geschehen zeigt dieselbe eindeutige Richtung der Abhängigkeit: es ist nicht sinnvoll, weil es beglückt, sondern es beglückt, weil es sinnvoll ist. Das allein ist gemeint mit der Beglückung als Bewußtseinsform der Sinnerfüllung.

Der Sinn im Leben liegt also nicht in einer primären Einheit, nicht in einem Allgemeinen, das man erst hinter dem Gegebenen annehmen müßte. Er liegt gerade im ontisch Sekundären, in der gegebenen, gewordenen und stets im Werden begriffenen Mannigfaltigkeit; und er ist selbst jederzeit ein unübersehbar mannigfaltiger, nicht auf Inhalte bestimmter Art festgelegter. Denn das gewordene und im Werden begriffene Wertvolle in der Welt ist mannigfaltig, und mannigfaltig sind die Formen der Teilhabe an ihm.

Der Sinn, nach dem der Mensch immer sucht, ist nur deswegen so schwer zu finden, weil der Mensch ihn dort sucht, wo er nicht ist. Er sucht ihn »hinter« dem Gegebenen, sucht ihn in einem Dauernden, Ewigen, Unendlichen. Er greift also hinweg über das, worin der Sinn zu finden wäre, er greift zu hoch, greift viel zu weit hinaus, greift dahin, wo er – selbst wenn das Gesuchte dort wäre – nichts mehr fassen könnte. Ist es nicht das einfache Geheimnis alles Findens, daß man dort suche, wo das Gesuchte »ist«, und nicht dort, wo es nicht ist? Gerade im Endlichen gilt es, den Sinn zu greifen, gerade im Zeitlichen, Vergänglichen, Ephemeren. Denn dort »ist« er – und zwar bis in das Einzelne und Zufällige hinab.

Kann es denn überhaupt anders sein? An einem Ewigen wäre der Sinn bloße Wesenheit, und als solche nicht real: nur das ideal Seiende ist zeitlos. An einem Absoluten vollends wäre eigentlicher Sinn gar nicht mehr faßbar; es wäre das uns Entrückte, an dem nichts mehr zu erfassen ist. Man täuscht sich darüber ja auch nur, weil man das Absolute selbst nicht faßt; so hat man es freilich leicht, Sinn hineinzuprojizieren. Aber es ist ein Irrtum, zu meinen, man erfaßte ihn.

Warum eigentlich dachte man immer, was wahren Wert hat, müsse ewig sein? Ein unausrottbarer Glaube – und dennoch ein Irrtum: was real ist, ist eben damit in der Zeit und kann nicht ewig sein. Ein einfaches Exempel, so sollte man meinen. Warum also glaubte man immer das Gegenteil? Darum, weil es sinnwidrig ist, zu meinen, das Wertvollsein eines realen Etwas könnte ebenso vergänglich sein wie dieses Etwas selbst. Was wertvoll ist, bleibt wertvoll, auch wenn es in der wirklichen Welt nur für einen Augenblick da ist.

Hier liegt nun die Lösung eines alten Rätsels. Es ist vollkommen wahr, daß aller Wert ewiger Wert ist und aller Sinn ewiger Sinn. Darin hatte Platon recht, und mit ihm alle, die ihm gefolgt sind. Aber es ist nicht wahr, daß ewiger Wert und Sinngehalt nicht an einem Vergänglichen bestehen könnten. Und darin hatte der Platonismus unrecht – es war der große Irrtum, gleichsam die falsche Prämisse der klassischen Denker. Das Zeitliche kann sehr wohl ewigen Sinngehalt haben. Es wird dadurch seiner Zeitlichkeit nicht überhoben. Nur der Sinn, der Wert ist es, was sich an ihm erhebt über sein Auftauchen und Verschwinden im Zeitstrom. Oder anders ausgedrückt: das Realsein eines Wertvollen braucht nicht ewig zu währen, kann nicht ewig währen – eben weil es Realsein ist –; das Wertvollsein eines Realen aber, und das heißt sein Wert selbst und als solcher, ist dennoch ewig – und zwar eben deswegen, weil es nicht ein reales Etwas ist. Das Ephemere kann sehr wohl teilhaben am Zeitlosen, ohne doch selbst deswegen aus der Zeit herauszutreten.

Das ist nicht begriffliche Spitzfindigkeit, nicht blasse Theorie. Der Begriff gerade faßt dieses Verhältnis nur unvollkommen. Im Leben aber kennen wir es alle und verstehen ohne weiteres seinen Sinn. Denn so gerade empfinden wir es deutlich und unreflektiert, wo und wie immer im eigenen Leben oder in der Geschichte das Große und Bedeutsame sich zeigt, und wenn es auch nur für Augenblicke aufleuchtet: so ist es mit den großen Individuen vergangener Zeiten, so mit den einzigartigen Situationen und Bewegungen im Leben der Völker, so mit allen großen Taten, mit allem Heldentum und Führertum, ja schon mit allem großen Wollen, Streben, Wagen und Unternehmen, einerlei, ob es sich zu seinen Zielen durchringt oder an der Macht der Widerstände tragisch zugrundegeht. Es hat alles sein Entstehen und Vergehen, seine begrenzte Zeitspanne im Weltgeschehen, ist dem Sein nach unwiederbringlich verloren, wenn es einmal vergangen ist; es leuchtet, in geschichtlichen Maßen gemessen, in der Tat nur für einen Augenblick auf. Aber das Licht bleibt, der Sinngehalt strahlt aus in die Geschichte, über das Vergehen hinweg.

Der stille Glaube der Menschheit an die Unsterblichkeit alles Großen und Sinnvollen ist kein kindlicher Traum, kein Wunschbild unbelehrbarer Idealisten. Er widerstreitet der Härte des Realen nicht, braucht ihr nicht zu weichen. Er ist das unbeirrbare Zeugnis eines Wesensgesetzes im Sinnverstehen des Menschen – auch dort, wo dieses, sich selbst mißverstehend, die Ewigkeit des Wertgehalts dem zeitlichen Träger zuschreibt. Solange die Sinnmetaphysik den Unterschied von Sein und Wert nicht faßt – und in der ganzen Linie des Platonismus ist er verkannt –, dichtet sie einer hypostasierten Realität an, was nur dem Sinngehalt zukommt. Aber es ist ein Wahrheitskern im Irrtum. Und er ist auch gelegentlich klar erfaßt und zutreffend beschrieben worden. Schon Platon selbst hatte ein Bewußtsein davon, als er im *Symposion* die Teilhabe des Menschen an der Unsterblichkeit auf die Unsterblichkeit wahrer Größe zurückführte und ihr äußeres Zeichen im unsterblichen Ruhm erblickte. Man möchte den ersteren Ausdruck – da die Alten einen Wertbegriff nicht hatten – als »unsterblichen Wert«, den letzteren als das Ausstrahlen dieses Wertes in die Geschichte verstehen. Was die Kämpfer von Marathon heimbrachten in ihre sonnige Heimatstadt, war in der Tat ein unsterblicher Ruhm, die Geschichte hat es bewiesen. Der kleinen Polis am Agäischen Meer konnte es nicht Ewigkeit verleihen, wohl aber der Idee, deren Verwirklichung sie ein Jahrhundert lang gewesen ist.

Und wie es im Großen ist, so auch im Kleinen und Kleinsten. Auch das persönliche Leben des Einzelnen empfängt sein Licht vom Vergänglichsten her, von Augenblicken der Sinnerfüllung, die den Alltag überstrahlen. Wer das eigene Leben rückschauend überblickt und sich fragt, worum eigentlich es sich verlohnte, der sieht sich auf kurze Episoden, ja auf einzelne Momente hingewiesen, in denen seine Höhepunkte lagen. Es kann ein Gelingen sein, eine Erfüllung von Ersehntem, es kann auch eine flüchtige Begegnung sein, zeitweiliges Anteilhaben an Bedeutendem und Überragendem, und sei es auch von fern; vielleicht sind es Jahre stolzer Hoffnung, vielleicht ein kurzer

Traum von Glück, der seine Nahrung aus einzelnen Stunden wirklicher Erfüllung empfing.

Wer sich ehrlich Rechenschaft gibt, wird immer derartiges finden – die glückhaften Augenblicke, um die »es sich verlohnte«. Man muß freilich hinzufügen: er wird am ehesten noch derartiges finden. Denn das Finden hängt nicht daran allein, was er erlebte, sondern auch daran, wie er es erlebte und wie er sich auf Erlebtes besinnt. Der Stumpfe und Unempfängliche lebt an allem vorbei, was ihm zufällt, er faßt es nicht, weil er es nicht sieht; der Weise öffnet Herz und Sinne, und es wird alles sein eigen, was das Geschick ihm zuführt. Die Sinnarmut des persönlichen Lebens ist nicht die Schuld des Geschehens allein, es ist auch die Schuld des Menschen an ihm.

Mehr als in anderer Hinsicht unterliegt der Mensch im Ergreifen des Augenblicks der Täuschung. Er unterliegt ihr, weil er ein vordenkendes und vorsorgendes Wesen ist, und das Leben selbst ihn zu ständigem Vorblick nötigt. Sein eigenes Leben im Vorgriff – sein »Sich-selbst-Vorwegsein«, wie Heidegger es genannt hat – läßt ihn die Gewichte der Gegenwart immer ins Künftige vorverlegt finden; aus der Gewöhnung, das Geschehen, in dem er steht, teleologisch anzusehen und zu bewerten, resultiert seine Tendenz, auch den Sinn des Gegenwärtigen im Künftigen zu erblicken – als wäre es ausgemacht, daß alles Jeweilige nur um eines Ferneren willen Sinn hätte. Was Heidegger so als das Wesen des »Daseins« schildert, ist gerade die große Täuschung, das ewige Genarrtsein des Menschen von der schematisch gewordenen Lebensform des eigenen Strebens und Sorgens, die Rastlosigkeit des ewigen Vorwärtshastens, die Unfähigkeit, zu verweilen und den Augenblick auszuschöpfen. Das Erreichte ist ihm schon entwertet, weil es erreicht ist. »Wer immer strebend sich bemüht« – ob er der Erlösbare sei, wird unter dem Aspekt der Sinnewigkeit des Ephemeren sehr fragwürdig. Faust ist der Tor, der nie »verweile doch« spricht, geschlagen mit dem Fluch der Blindheit und des Gehetztseins vom eigenen unsinnigen Wünschen und Sehnen. Der Pakt mit dem Teufel ist demgegenüber nur ein äußeres Symbol. Er ist schon im Leben in der Hölle.

Etwas von diesem Fluch der Unrast und des Sinnverfehlens ist in jedem Menschenleben, wennschon es ein Weise- und Sehendwerden gibt, das sich mit der Reife dagegen durchsetzt. Von der Seite, am fremden Leben, sehen wir es leichter; am eigenen Leben kostet es Lehrgeld. Das echte Glück der Kindheit ermißt erst der im Kampf des Lebens Erfahrene. Und ist es mit der Sinnerfüllung im Sichfinden der Liebenden anders? Wohl gibt es hier tiefes Hingegebensein an den Augenblick, das Sehendwerden des Menschen, auch des sonst Blinden, für Momente. Aber die Unrast des Sehnens wohnt auch in der Liebe. Sie will immer mehr, immer Größeres, das Eigentliche scheint immer noch voraus zu liegen, das Gegenwärtige nur eine Anwartschaft auf Erhofftes zu sein. Und wenn das Glück es will, wenn alles sich erfüllt, ein gemeinsames Leben daraus wird und Früchte trägt, der Wahn geht doch weiter, das Sehnen, Wünschen, Hoffen greift immer weiter hinaus, auch wenn die Höhe längst überschritten ist. Der Mensch lernt so leicht nicht aus. Spät sieht er, im Rückschauen, wo die Sinnerfüllung lag – dort, im Anfang, wo die Herzen sich »suchten und fanden«.

Die Seher des Menschenlebens sind die Dichter. Ihr unerschöpfliches Thema ist gerade das Sichsuchen und Sichfinden, das Flüchtige, das die Ewigkeit der Sinnerfüllung in sich trägt. Und es ist das Gesetz der Ewigkeit des Sinnes, dem sie folgen, indem sie das Flüchtige in die Zeitlosigkeit der künstlerischen Gestaltung erheben.

Und doch, es wäre ein ebenso großer Irrtum, das Streben im Menschenleben zu entrechten; ein Irrtum, zu meinen, es käme nur auf die Empfangsstellung des Menschen an für Sinnerfüllung, die ihm »zufällt«. Es gibt sehr wohl die andere Seite der Sinnbezogenheit im Leben selbst, die Sinnerfüllung, die der Mensch seinerseits hineinzutragen berufen ist, die ohne sein Entscheiden und Tun nicht zuwege kommt. Sie wurzelt in der Idealität der Werte, in ihrer Ohnmacht gegen das Reale, ihrem Angewiesensein auf ihn als Mittler; sie wurzelt in der unerfüllten Anforderung, die von ihnen ausgeht und von ihm »vernommen« wird, in der Aufgabe, die ihm als seine Bestimmung in der Welt zufällt.

In dieser Sichtrichtung hatte die alte Sinnmetaphysik dem Menschen die Wege vermauert: die Welt müßte von Grund aus auf Sinn hin angelegt sein, Sinn und Wert müßten den Primat haben vor dem Sein, müßten »stärker« sein als Seinsprinzipien; anders könnte sich Sinnerfüllung in der Welt nicht durchsetzen. Das Fiasko dieser Metaphysik zeigte sich im Theodizeeproblem. Die Rechtfertigung Gottes vor dem menschlichen Wertbewußtsein, als des Schöpfers und Lenkers einer an allen Enden unvollkommenen Welt, wollte nicht gelingen. Kants Schrift über »das Mißlingen aller philosophischen Versuche in der Theodizee« hat hier reinen Tisch gemacht.

Auch Kant durchbrach das aufgetürmte Mauerwerk nur halb. Es blieb bei einem Primat, wenn auch nur einem solchen der »praktischen Vernunft«. Es läßt sich aber zeigen, daß es eines Primats der sinngebenden Instanz gar nicht bedarf, daß Sinnprinzipien weder die »stärkeren« zu sein noch in den Ursprüngen der Welt zu liegen brauchen. Nicht wenigstens im Hinblick auf Sinnerfüllung des Menschenlebens, und zwar aus dem einfachen Grunde, weil es zum Wesen dieser Sinnerfüllung gehört, daß sie »Sinngebung« durch den Menschen ist. Man braucht dem oben Gesagten deswegen nichts abzuhandeln. Freilich begegnet dem Lebenden Wertvolles in Fülle auch ohne sein Zutun; aber Sinnerfüllung ist im Begegnen erst, wenn er es erfaßt, und das Erfassen geschieht nicht ohne sein Zutun. Im Auswerten also wie im Handeln und im Verwirklichen fallen ihm Aufgaben zu, und in beiden Fällen ist die Sinnerfüllung des Seienden auf Sinngebung durch ihn gestellt.

Der Grundirrtum aller Bemühungen im Theodizeeproblem lag in der stillschweigend hingenommenen Voraussetzung, nur eine vollkommene Welt könne der Güte Gottes entsprechen. Es ist aber gar nicht wahr, daß die unvollkommene Welt für den Menschen sinnwidrig sei. Fichte hat es zuerst ausgesprochen, daß gerade eine an sich »nichtige« Welt – und die empirische

Welt gilt ihm für an sich nichtig – die im höheren Verstande »beste« Welt ist, weil in ihr das »Gute« ganz Aufgabe ist und der Aktivität des freien Wesens Mensch zufällt. Aber er blieb in seiner Zeit allein mit seiner Einsicht.

Die Einsicht bleibt auch schief, solange man sie so zugespitzt auf absolute Nichtigkeit der Welt gründet. Die Welt, wie sie ist, ist weder nichtig noch wertentblößt. In ihr steht überall Wertvolles und Wertwidriges dicht beieinander. Sie ist eben nicht eine wertgegründete und wertgetragene Welt, die Seinsordnung in ihr ist keine Wertordnung, sie ist eine unvollkommene Welt. Aber eben in dieser unvollkommenen Welt ist es mit der Sinnerfüllung gar nicht so schlimm bestellt. Man könnte bildlich sagen, es ist sehr wohl gesorgt für sie. Aber freilich in einem ganz anderen Sinne als die alte Sinnmetaphysik es verlangte.

In dialektischer Form läßt sich das so aussprechen: gerade dadurch ist in der Welt, wie sie ist, für Sinnerfüllung gesorgt, daß nicht eigentlich für sie »gesorgt« ist – nämlich nicht »von oben her«, nicht der Seinsordnung nach und nicht im Ganzen der Welt. Denn so allein kann Sinnerfüllung in der Welt auf »Sinngebung« durch den Menschen gestellt sein, der seinerseits, indem er das »Geben« als sein Anrecht an die Welt und seine Bestimmung in ihr erfaßt, darin seine eigene Sinnerfüllung findet.

Sinngebung liegt ihrem Wesen nach im ontisch Sekundären; sie kommt in die Welt nicht aus den Ursprüngen, sondern durch Epigenesis. Der Mensch ist dem Sein nach ein Spätling in der Welt. Stammte die Sinngebung in der Welt aus ihren Ursprüngen, sie könnte die seinige nicht sein; er mit seiner Freiheit und seinem Schöpfertum, mit seinem Hindrängen auf Sinngebung, ginge leer an ihr aus. Er wäre überflüssig in ihr. Ist die Welt aber unvollkommen, ist sie nicht in den Ursprüngen schon auf Sinn hin angelegt, so ist der Mensch nicht überflüssig in ihr; Sinngebung fällt ihm als Aufgabe zu, und die Aufgabe ist selbst sinngebend für sein Dasein in der Welt.

Sie ist in seine Freiheit gestellt – und zwar in beiden Richtungen: als Verwirklichung des unwirklichen Wertvollen, wie als Auswertung des wirklich gewordenen. Im einen wie im anderen ist seine Freiheit die Macht der Sinngebung. Der Mensch ist gewiß nicht allmächtig, die Rolle, die man der Gottheit zuschrieb, fällt ihm nicht zu; man kann mit ihm nicht hadern um das Sinnlose in der Welt, wie man mit dem Allmächtigen gehadert hat, an ihm haftet kein unwürdiger Streit um seine »Rechtfertigung«. Aber ein Stück Macht ist ihm gegeben, das in der Tat nur er hat. Und dieses genügt, daß er der Welt gebe von dem Seinen, was sie von sich nicht hat. Denn Sinngebung spielt in anderer Dimension als das Ausmeßbare in Raum und Zeit. Es ist mit der Welt wie mit dem Menschenleben: jeder Schimmer von Sinngebung in einem Bruchteil ist unmittelbar Sinngebung des Ganzen.

Etwas von diesem letzteren Verhältnis war es, was die alte Metaphysik im Gefühl hatte, wenn sie meinte, den Sinn in der Welt nur im Ganzen der Welt suchen zu dürfen. Sie kehrte das Verhältnis nur um, und damit verfehlte sie es. Es ist wohl wahr, daß aller Sinngehalt vom Teil auf das Ganze ausstrahlt. Aber es ist nicht wahr, was Platon und das Mittelalter als selbstverständlich voraussetzten: das Menschenleben wäre sinnlos, wenn nicht die Welt als Ganzes schon von sich aus sinnvoll wäre.

Es kann schon ontisch genommen nicht wahr sein. Der Sinn hat nicht die Seinsweise eines Ansich, er ist nicht etwas Reales. Sinn ist etwas, was nur »für jemand« bestehen kann; er bedarf des Menschen, hat die Form des »Für-ihn-Seins«. Die Welt als Ganzes von Grund aus auf Sinn beziehen, hieße entweder ihr ein transzendentes Bewußtsein geben, oder sie auf den Menschen allein beziehen (etwa als die auf ihn »angelegte«). In beiden Fällen wäre es Vermenschlichung der Welt, unhaltbarer Anthropomorphismus.

Es kann aber auch noch aus einem anderen Grunde nicht wahr sein. Dieser Grund ist ein ganz positiver und liegt im Wesen der Sinngebung: es gibt sehr wohl eine Sinngebung »im« Sinnlosen – als sekundäre, die erst vom Teil ausgeht; ja streng genommen kann es Sinn-»Gebung« nur da geben, wo noch Sinnloses ist. Was schon sinngesättigt ist, kann keine Sinngebung mehr erfahren. Nun aber ist Sinngebung an die Welt die spezifische Form der Sinnerfüllung, die einem freien Wesen gemäß ist. Also muß man die alte These umkehren. Nicht so ist es, daß unser Menschenleben sinnlos bliebe, wenn die Welt als Ganzes sinnlos wäre. Sondern vielmehr unser Menschenleben bliebe sinnlos, wenn die Welt als Ganzes auch ohne uns schon vollendet sinnerfüllt wäre. Dem Menschen bliebe dann die ihm gemäße Form der Sinnerfüllung vorenthalten, die durch Sinngebung an die Welt.

Gerade die Aufgabe als solche – und mithin deren Unerfülltheit in der Welt – ist für ihn sinnvoll. Sie ist es auch dann, wenn er selbst sie sich erst stellen, ja sie allererst herausfinden muß. Und vielleicht dann am meisten. Man stoße sich nicht an der Paradoxie des Ausdrucks: sinnvoll für den Menschen ist gerade die Sinnlosigkeit in der Welt. Das Sinnlose ist ja nicht sinnwidrig; es leistet der Sinngebung nicht Widerstand. Es ist vielmehr das, worin allein Spielraum möglicher Sinngebung ist.

Immer hat der Mensch gemeint, sich über die Sinnlosigkeit der Welt beklagen zu müssen. Er hat mit der Gottheit gerechtet um sie. Er hätte ihr auf den Knien danken sollen für sie. Er verwarf um ihretwillen die Welt; er wurde an der Seele krank um sie, wurde weltflüchtig und lebensüberdrüssig. Er begriff nicht, daß er verwarf, was ihm frommte und ihn erhob, daß er ersehnte, was ihn entrechten und vernichten mußte. Er ermaß es nicht, daß er gerade so – in solcher Welt, und nur in ihr – ein Heimatrecht hat, daß sie gerade so und nur so die seinige ist. Sein Heil, daß sein Sehnen ohnmächtig war; daß kein Gott war, seine Gebete im Zorn zu erhören.

Zu diesen Überlegungen tritt schließlich noch eine weitere, die Metaphysik der Freiheit selbst betreffende. Wäre die Welt im Ganzen und von Grund aus auf Sinn hin »angelegt«, so müßte dieser Anlage eine durchgehend teleologische Weltordnung entsprechen. Sie müßte den Weltprozeß, die Geschichte, das Menschenleben umfassen, müßte im Größten wie im Kleinsten walten; müßte also auch das Wollen und Tun des Menschen in sich einbeziehen. Diese Konsequenz ist in der Mehrzahl der metaphysischen Systeme gezogen, wenn auch nicht immer eigentlich »konsequent« durchgeführt worden. Hier wurzelt die alte, immer wieder erneuerte Tendenz der Philosophie zur teleologischen Weltanschauung – eine, vom Sinnproblem aus gesehen, unsinnige Tendenz, denn sie läuft auf die Selbstvernichtung des Menschen hinaus.

In einer Welt, die von Anbeginn zweckläufig auf Wertverwirklichung angelegt und in der alles Einzelgeschehen in diese Zweckläufigkeit einbezogen wäre, könnte Willensfreiheit nicht bestehen. Sie wäre dem Menschen a limine abgeschnitten, es wäre über seinen Kopf weg alles vorentschieden, was geschehen »soll«; er selbst könnte nichts entscheiden. Es würde, was er auch von sich aus ins Werk setzte, doch alles durch die offenbar mächtigeren Endzwecke des Ganzen wieder auf diese zurückgelenkt werden. Der teleologische Determinismus – nicht der kausale, wie man immer gemeint – ist die eigentliche Vernichtung der Freiheit. Der Kausalnexus ist sehr harmlos, er ist nicht auf Endziele festgenagelt, er nimmt Determinanten jeder Art auf und führt sie in seinen Wirkungsketten fort; er ist ablenkbar und umlenkbar, ohne daß die Verkettung selbst abrisse. Er ist eben ziellos und in sich »sinnlos«. Und eben diese seine Sinnlosigkeit befähigt ihn, Sinngebung aufzunehmen. Der Finaldeterminismus ist ihr verschlossen. Er ist in sich perfekt, nimmt keine Determination auf, die nicht aus ihm stammte. Er ist eben auf Endstadien festgelegt. Er ist zwar in sich sinnvoll, sofern sein Endzweck ein wertvoller ist; aber er hat nicht Spielraum für »Sinngebung«. In ihm wäre das freie Wesen zur Ohnmacht verurteilt, der Sinn der Freiheit selbst in Widersinn verkehrt.

Wo Freiheit keinen Spielraum hat, da gibt es den Unterschied von Gut und Böse nicht. Da haben auch sittliche Werte und Unwerte keinen Träger, an dem sie real werden könnten; da gibt es keine Akte, auf deren »Rücken« sie erscheinen könnten. Der teleologische Determinismus ist das Verschwinden des sittlichen Wesens aus der Welt. Die auf Sinn hin »angelegte« Weltordnung ist die radikale Vernichtung aller höheren Sinngebung in der Welt.

Hätte der menschliche Gedanke Kraft, die Welt nach seinem Ermessen umzugestalten, er hätte den Menschen und alle Sinngebung, die von ihm in die Welt ausgeht, längst vernichtet. Sein Glück, daß er die Kraft nicht hat. Die klassische Metaphysik hat mehr als zwanzig Jahrhunderte lang in ihrer Verblendung daran gearbeitet, die Vernichtung des Menschen zu erweisen. Sie hat nichts erwiesen als die Sinnlosigkeit ihres Tuns. Ihr Schicksal – ein weltgeschichtliches Schicksal des Menschengeistes – ist nicht ohne Tragikomik: ihr langes Herrschen war eine Art Schlaf des Geistes, ein einziger großer Traum von unmöglicher Sinnerfüllung; ihr ungeheures Mißlingen ist sein Erwachen, seine Rückkehr in die wirkliche Welt – in die Welt, die gar nicht so sinnwidrig ist in ihrer Sinnlosigkeit und Sinnbereitschaft. Dieses Mißlingen ist sein Wiedererstehen und Wiedererstarken aus weltanschaulich selbstverschuldeter Lähmung.

Über dem caput mortuum der alten Metaphysik erhebt sich eine neue, lichtere. Die spät erreichte Spruchreife im Wertproblem und im Freiheitsproblem hat sie ins Leben gerufen. Sie fußt nicht auf der philosophischen Tradition, nicht auf dem schwachen Gerüst weltanschaulicher Konstruktion – hervorgetrieben von Wunschträumen vermeintlicher Sinnerfüllung –, sie fußt auf Phänomenen, die sich aufzeigen und nachprüfen lassen. Das Tatsachenreich des Geistes, des Menschen, des Ethos, der Geschichte hat sich neu erschlossen. Es hat begonnen, die neue Metaphysik hervorzutreiben – eine Metaphysik, die endlich dem Menschen sein Recht in der Welt wiedergibt, das Recht der Sinngebung, das sie ihm sinnvoll macht.

VI

Es verlohnt sich, in diesem Zusammenhang abschließend noch einen Blick auf die Geschichtsphilosophie zu werfen. Auch in ihr macht sich der Umschwung geltend, seit Hegel die Geschichte erstmalig als die Bewegung des objektiven Geistes verstehen lehrte. In dieser Auffassung ist sie offenbar ein sinngeleiteter Prozeß, ist Entfaltung und Realisierung von etwas, was man ihren Ideengehalt nennen kann – heute würde man Wertgehalt sagen –, ist also dem Wesen nach fortschreitende Sinnerfüllung.

Es wurde schon oben angedeutet, inwiefern damit zuviel behauptet ist. Es ist in der Geschichte nicht anders als im Menschenleben, auch hier gibt es den Einschlag des Sinnlosen. Aber, so darf man nach den letzten Erörterungen hinzufügen, eben damit wird in ihr die Bahn frei für Sinngebung durch das geschichtstragende Wesen, den Menschen. Man könnte also wohl geneigt sein, sich hier a priori einem gewissen Optimismus zu überlassen und damit die Hegelsche Position noch zu verbessern. Der Einschlag der Sinnlosigkeit, das Gewicht der Tatsachen wie der zeitlichen Kürze aller Blüte, des Unterganges aller Größe, würde dem noch nicht zu widersprechen brauchen.

Aber ein anderes steht dem entgegen. Der Sinngeber Mensch ist als Individuum ein begrenztes Wesen, die Geschichte bewegt sich in anderen Zeitmaßen als sein Leben, die Aufgaben eines Volkes sind von anderer Größenordnung als die seinen; weder seine Vorsehung noch seine Macht reicht hier zu. Schelling hatte nicht unrecht mit seinem Gedanken, beim Menschen als freiem Wesen könne eine Garantie der Zielrichtung im Großen nicht liegen. Geschichte kann auf dieser Grundlage kein teleologisch geleiteter Prozeß sein. Aber kann sie denn ohne eine solche ein sinngeleiteter Prozeß sein?

In dieser Form wird man die Frage verneinen müssen. Es kommt hinzu, was Hegel nicht sah, daß die Bewegung der Geschichte – selbst wenn man sie immer noch als die des überindividuell objektiven Geistes versteht – doch von zahllosen Faktoren außergeistiger Art mitbestimmt ist. Faßt man diese in drei Grundtypen zusammen, so lassen sie sich folgendermaßen angeben: 1. der Wechsel der Generationen innerhalb der Völker, und übergreifend deren nebeneinander bestehende Verschiedenheit; 2. der Wechsel der Völker selbst in der Geschichte, ihr Auftreten und Verschwinden mitsamt ihrer Eigenart, Eigenkraft und Eigentendenz; 3. der Wechsel der geschichtlichen

Situationen, in die sie eintreten, der äußeren untereinander, wie der inneren – sei es nun solcher der wirtschaftlichen Bedingungen und des gegebenen Lebensraumes, sei es solcher der selbstgeschaffenen Einrichtungen und der einmal vollzogenen Selbstgestaltung.

Nicht nur jedes Volk der Geschichte tritt in eine neue einmalige Gesamtsituation; schon von jeder neu heraufkommenden Generation gilt dasselbe. Und stets handelt es sich um neue Aufgaben, vor die der Geist sich gestellt sieht; stets aber auch zeigen sich neue Möglichkeiten, sie zu bewältigen. Es kann daher wohl eine gewisse Regelmäßigkeit, eine im Großen faßbare Wiederkehr der Situationstypen in der Geschichte geben, nicht aber strenge Gesetzlichkeit. Das Lernen des Menschen aus seiner Geschichte ist angesichts der Individualität alles geschichtlichen Geschehens begrenzt.

Dem kommt im Wechsel der Generationen die ständige geistige Erneuerung der Völker entgegen. Die junge Generation wächst nicht nur in eine veränderte Gesamtlage hinein, sie bringt stets auch das ihrige an neuer Einsicht, Einsatzkraft und Initiative mit. Sie wird nicht nur geformt vom lebenden Geiste, sie formt ihn auch ihrerseits. Ununterbrochen spielt sich in den Völkern der Kampf der jungen gegen die alte Generation ab, der Kampf um neues Begreifen, neue Bewältigung, neue Ziele. Nur äußerlich geht er um die Selbstbestimmung der Jugend, in Wahrheit geht er stets um das Ganze. Das innere Recht dieser stillen ständigen Revolution beruht aber darauf, daß die Jugend geschichtlich gemessen älter und weiser ist als das Alter. Das Volk selbst – oder wenn man so will, der objektive Geist – ist jedesmal in der jungen Generation um eine Stufe älter und erfahrener geworden als er im gleichen Entwicklungsstadium der alten war.

Dazu kommen Faktoren eigentümlich geistiger und ideeller Art. Es gibt auch einen Wechsel der Normen und Gültigkeiten selbst im objektiven Geiste. Er ist zwar mit bedingt durch den Wechsel der Situationen und Generationen, und vollends durch den der Völker, läßt sich aber darauf allein doch nicht zurückführen. Neben die festhaltende Inertia des Geistes tritt seine Selbstbewegung, sein eigenes Ausschauen nach immer neuen Ideengehalten, das Sicherschließen und Anwachsen des Wertbewußtseins in seiner Selbstentfaltung. Dafür sind wiederum zwei Gesichtspunkte maßgebend. Erstens nämlich überleben sich auf die Dauer im objektiven Geiste selbst alle Ideen – und zwar auf Grund ihrer eigenen Macht, die sie über die Menschen gewinnen. Sie werden geläufig, selbstverständlich, gehen »in Fleisch und Blut« über. Als die geläufigen und gewohnheitsmäßigen aber sind sie nicht mehr die erhabenen Maßstäbe oder Vorbilder; sie sind im Wertbewußtsein herabgesetzt, entwertet, sind geschichtlich verbraucht. Nietzsches *Genealogie der Moral* ist auf dem Gedanken aufgebaut, daß der Mensch auf die Dauer in der Tat so wird, wie er sich gewollt hat. Er drängt sich selbst in die Richtung der ihm vorschwebenden Ideen. Ist er aber annähernd so geworden, so bricht das Ethos um; er hascht sofort nach neuen Ideen, die ihn weiterführen können. Das macht ein unaufhaltsames inneres Moment des Weitertreibens und der ständigen Revolution im Wertbewußtsein aus.

Zweitens aber hat der geschichtliche Geist den Ideengehalten aller Art gegenüber auch grundsätzlich größere Macht als der Einzelmensch. Die Freiheit des Individuums – als die innere, ethische verstanden – erstreckt sich nicht auf die Auswahl der Werte, die er in seinem Leben gelten läßt. Sie erstreckt sich nur auf die Entscheidung im Wollen und Handeln; sie besteht in der Fähigkeit, auch gegen das empfundene und anerkannte Sollen zu entscheiden. Die Normen und Gültigkeiten selbst also sind für die Person ein Moment der Unfreiheit; die Ausdrücke »Anforderung«, »Gebot«, »Sollen« sagen das in aller Eindeutigkeit. Für den objektiven Geist aber sind sie ein Moment der Freiheit. Denn seine innere Bewegung entscheidet darüber, welche von ihnen zur Zeit »Gültigkeit« haben, anerkannt sind, im Gewissen und Wertempfinden der Menschen »in Kraft« sind.

Der geschichtliche Geist also hat auch in der Wahl seiner Werte noch eine gewisse Freiheit. Diese ist zwar keine absolute Freiheit, dafür sorgen die mitbestimmenden außergeistigen Faktoren. Auch er ist nicht allmächtig; auch er kann nicht Werte kreieren, er kann sie nur wählen. Aber auch das Wählen ist Freiheit, und in gewissen Grenzen hat er in der Tat die Autonomie der Wertselektion. Und da alles Sinnvollsein in der Beziehung auf Werte wurzelt, so hat er in eben denselben Grenzen auch die Macht über Sinngebung und Sinnerfüllung des eigenen geschichtlichen Lebens.

Von hier aus lassen sich nun Konsequenzen ziehen, die den Sinngehalt der Geschichte grundsätzlich betreffen. Sie seien ohne den Anspruch des Erweises hierher gesetzt – nur um des Durchblickes im Sinnproblem willen, nicht um des Geschichtsbildes willen. Zu ihrer Begründung bedürfte es einer ganz anderen Untersuchung.

1. Der Geschichtsprozeß ist weder ein bloßes Bestimmtwerden des Geistes von außen her noch auch bloße Selbstbestimmung des Geistes. Er ist weder aus dem Geiste allein zu verstehen noch aus vitalen und ökonomischen Faktoren allein; eine Geschichtsphilosophie, die rein »von oben« her erklärt, ist ebenso abwegig wie eine solche, die rein »von unten« her erklärt. Wirtschaftliches Bedürfnis und geistig-schöpferisches Finden greifen ebenso tief ineinander wie völkische Vitalkraft und geistige Formgebung. In der Art der Synthese liegt die Lösung des Rätsels.

Die Geschichte ist selbst der synthetisch geschichtete Prozeß. In ihr ist Geistesentfaltung getragen von vitaler und wirtschaftlicher Entfaltung, aber das Getragene ist nicht in jeder Hinsicht abhängig. Stets erscheinen neue Nöte, ungerufen, unvorgesehen, »von unten« auftauchend; stets aber ist es selbständiges geistiges Suchen und Finden, das ihrer Herr zu werden die Kraft aufbringt. In aller Bedingtheit behält das Fortschreiten doch den Charakter der Eigenbewegung, es wahrt seine Autonomie.

Dieser Prozeß ist das untrennbare Ineinandergreifen von Bewegen und Bewegtwerden. Er ist das ständige Herausgefordertsein des Geistes durch die immer neue Situation, immer neu entstehende Not. Der Geist wird immer wieder vor Aufgaben gestellt, die er nicht gesucht noch gewollt hat, die aber ihn zum schöpferischen Suchen nach Lösung und Bewältigung zwingen. Er ist also herausgefordert zur Selbsttätigkeit, gezwungen zur Freiheit. Es ist damit ähnlich wie im Leben der Einzelperson; auch sie wählt sich die Situation nicht, sie »gerät« in sie, ist aber, einmal hineingeraten, durch sie zur freien Entscheidung gezwungen. Hier wie dort kommt die Nötigung von außen. Aber hier wie dort schreibt sie nicht vor, was zu tun ist; sie überläßt das der Sinngebung des Menschen.

Zugleich aber ist diese Bewegung das ständige Heraufbeschwören neuer Situationen durch den Geist selbst, und zwar eben durch die Art, wie er die gegebene bewältigt. Nicht, daß er sie sich suchte oder wählte. Dazu reicht seine Vorsehung nicht. Er schafft sie ungewollt mit, nicht anders als der Einzelmensch es auch tut. Das ist nicht unwichtig zum Verständnis der Grenzen menschlicher Sinngebung in der Geschichte. Mißversteht man das Mitschaffen des Geistes an der werdenden Situation als ein wissentliches und willentliches, so bleibt vom Einschlag des Sinnlosen in der Geschichte das meiste unverstanden.

2. Die Geschichte ist weder reine Sinnerfüllung noch reine Sinnlosigkeit. Sie ist der stets zugleich sinnvolle und sinnlose Prozeß, die fortlaufende Synthese aller in der Welt waltenden Mächte, getrieben »von unten«, gezogen »von oben« – von den im Wertbewußtsein wechselnden Ideen –, und doch schaffend im ständigen Lavieren zwischen diesen Mächten. Aber die schaffende Schicht in der Gesamtschichtung des Prozesses – und das ist die sinngebende Schicht – ist die sekundäre, abhängige, getragene. Ihre Autonomie ist die eingeschränkte alles höheren Seins über dem niederen. Ihre Form- und Sinngebung ist nicht die aus der Ganzheit, nicht die aus dem Primat eines Fundamentalprinzips, und sie gilt niemals unmittelbar dem Ganzen. Sie ist das immer erst suchende, tastende, ringende Streben des gewordenen Geistes um Vergeistigung und Sinngebung des von Hause aus geistlosen und sinnlosen Werdens. Ihre Ziele sind nachträglich gesetzte, ihre Mittel nachträglich seligierte, ihre Machtentfaltung ist nachträglich gewonnene und selbst erst werdende Macht.

Geschichte ist wohl teleologischer Prozeß im Kleinen, aber nicht im Großen, und schon gar nicht im Ganzen. Die Zwecktätigkeit steht bei der Einzelperson, diese aber verschwindet im Gesamtprozeß. Wohl bedarf der geschichtlich objektive Geist der Vorsehung, Zwecksetzung und Führung. Aber er selbst als solcher ist ihrer nicht mächtig, er ist kein Gemeinbewußtsein über dem Bewußtsein der Individuen. An die Stelle des fehlenden Gemeinbewußtseins tritt das führende Individuum. Aber seine Vorsehung und Zielsetzung hat Menschenmaß, Maßstäbe von geschichtlicher Größenordnung übersteigen seine Kraft. Es kann nur auf kurze Sicht vorsehen. Geschichtliches Wirken aber ist nur auf weite Sicht möglich.

Hier liegt der eigentliche Grund, warum Geschichte nicht »reine« Sinngebung sein kann: er liegt in der Inadäquatheit zwischen der Aufgabe und dem grundsätzlichen Können des Menschengeistes im Weltgeschehen. Dennoch ist das laufende geschichtliche Geschehen stets voller Sinngebung. So weit geht die Inadäquatheit nicht, daß sie den Geist grundsätzlich lahmte. Sie setzt ihm nur Grenzen. Innerhalb der Grenzen ist Sinngebung in allem Erfassen und Auf-sich-Nehmen von Aufgaben, allem Ringen mit ihnen, allem Lösen, Bewältigen und Erreichen, aller richtunggebenden und aufbauenden Arbeit. Sie hört auch dort nicht ganz auf, wo Mißerfolge und Rückschläge ein hohes Streben vereitern. Auch der geschichtliche Geist lernt, indem er Lehrgeld zahlt.

Auch das ist nicht schlechthin sinnlos, daß keine Aufgabe in der Geschichte vollkommen gelöst wird, daß in allem Aufbau auch Abbau ist, daß nichts für ewig geschaffen wird. Das Wiedererstehen der immer neuen Nöte hat selbst sein Sinnvollsein für den Geist, sofern Aufgaben als solche gerade für ihn sinnvoll sind. Am deutlichsten kommt das darin zum Ausdruck, daß der Geist vor seinen immer größer anschwellenden Aufgaben im allgemeinen nicht erlahmt, sondern mit ihnen wächst, reift, erstarkt. Alles Große in der Geschichte ringt sich gegen große Widerstände hoch. Nicht im glücklichen Genießen erstarken die Völker der Erde, sondern in Not und Kampf und harter Arbeit.

Das Sinnlose ist in der Geschichte so wenig sinnwidrig wie im Menschenleben und in der Welt überhaupt. Es ist auch hier das Element, in dem allein Sinngebung möglich ist. Und auch hier ist gerade dadurch für Sinngebung gesorgt, daß nicht eigentlich für sie »gesorgt« ist.

Es ist also wohl in der obigen Formel, daß Geschichte der zugleich sinnlose und sinnvolle Prozeß sei, noch zu wenig gesagt. Als der im Ineinandergreifen der Seinsschichten fortschreitende Prozeß hat sie das sinngebende Moment zwar nur in ihrer oberen Schicht, und diese ist das ontisch Sekundäre, Getragene, Abhängige und insofern das Schwächere. Aber der Prozeß besteht auch gerade darin, daß die Autonomie dieses Schwächeren in ihm erstarkt, daß Autonomie und Kraft des Geistes wächst. Geist nun ist wesentlich Sinngebung. Wachsen des Geistes also ist Wachsen der Sinngebung selbst. Und so läßt sich gerade im Hinblick auf das Ganze sagen, daß Geschichte, ohne auf Sinn hin angelegt zu sein, dennoch Sinnerfüllung in der Welt ist.

3. Es gilt schließlich von der Sinngebung in der Geschichte dasselbe wie von der Sinngebung im Leben des Einzelnen: der Mensch erhält sie zurück aus der Welt, der er sie gibt. Die Erfüllung dessen, was er in sie hineinträgt, fällt ihm zu.

Die Geschichte ist der Prozeß, in dem der Mensch erst erfährt, was er dem Wesen nach ist. Wie ihm als Einzelnem die Selbsterkenntnis nicht vom Himmel zufällt, wie er sich stets erst in dem Maße verstehen lernt, als er sich erprobt, so auch der geschichtlich objektive Geist. Er erfährt nicht nur, was ihm möglich oder erreichbar ist (das ist mit »unten« bedingt), auch nicht nur, was an Ideengehalt sich ihm auftut (das ist mit »von oben«, vom Reich der Werte, bedingt). Er erfährt vielmehr auch erst in der Geschichte, was er selbst der Intention und der Bestimmung nach ist. So erfährt er im Reifen die Tendenzen, die er selbst mitbringt; in jeder Generation, in jedem geschichtlich jungen Volke ist dieses Erfahren wieder dasselbe Schauspiel. Ja, er erfährt auch erst, was eigentlich und im Besonderen er gewollt hat. Denn eben das Gewollte erweist sich erst in der Verwirklichung als das, was es in Wahrheit ist. Auch dem geschichtlichen Geiste zeigt die vollbrachte Tat stets »ein anderes Antlitz« als die ungeschehene. Und sie zeigt ihm nicht nur den Erfolg, den er nicht gewollt; das andere Antlitz ist vielmehr das innere, das wahre. Es ist das seine, wie es schon im Keim der Tat war.

Fragt man, was ihm das frommt, so ist zu antworten: es ist noch einmal eine andere und neue Form der Sinnerfüllung. Das geschichtliche Geschehen ist blind, solange der Mensch ihm nicht Richtung und Ziel gibt. Nach bloßer Analogie aber kann die Zielgebung nicht gehen. Das Geschehen der Geschichte hat kein Gesetz strenger Gleichartigkeit, wie das der Natur. Auch nach allgemeinen Werten kann er nicht Richtung geben; der objektive Geist hat Bewegungsfreiheit gegen die Mannigfaltigkeit der Werte, er muß unter ihnen erst wählen, und das setzt ein Wissen der eigenen Richtung stets schon voraus. Er kann nur aus seinem eigenen Wesen schöpfen, was ihm gemäß ist. Daß er sich selbst »erfährt« in der Geschichte, ist also mehr als seine Selbstentdeckung dem Sein nach; es ist auch die fortschreitende Entdeckung dessen, was er nicht ist und was zu werden sein eigenes Wesen ihm eröffnet. So empfängt er verstehend sich in seiner Geschichte als das, was er aus sich ihr vorzeichnet.

Dem Geiste, wenn er sich selbst begreift, ist eine Richtung im Fortschreiten, ist Sinngebung in der Geschichte gewiß. In dem Maße des Begreifens geht ihm seine Bestimmung in der Welt auf. Dadurch erst trägt er sie in die Welt hinein. Und wiederum in dem Maße, als sie ihm aufgeht, wächst ihm auch Einsicht und Kraft, sie zu erfüllen. Das aber heißt, es wächst im eigenen Werden ihm die Macht, den Prozeß durch seine Sinngebung zur Sinnerfüllung zu erheben.

Zeitlichkeit und Substantialität

(1938)

I

Von jeher hat die philosophische Spekulation eine ausgesprochene Abneigung gegen die Zeitlichkeit und die damit verbundene Vergänglichkeit an den Tag gelegt. Es ist nicht erst das Christentum mit seiner Verlegung aller Werte ins Transzendente und Ewige, das diese Tendenz aufgebracht hat; das Christentum hat ihr nur die populäre Form gegeben, in der sie weitere Kreise erfaßt hat. Die metaphysische Verwurzelung dieser Abneigung ist viel älter. Sie ist dem orientalischen, dem indischen, dem chinesischen und dem abendländischen Denken gemeinsam. Sie fehlt auch nicht auf der daseinsfreudigen Höhe des Griechentums. Ja, sie hat dort wohl ihren radikalsten und wirksamsten Ausdruck gefunden.

Parmenides sprach es aus, daß das Seiende keinem Werden und keiner Veränderung unterliegen könne, daß es nicht entstanden sei und nicht vergehe. Niemals wird es ein Gewesenes sein, und niemals war es ein bloß Sein-Werdendes, sondern es beharrt im ewigen Jetzt und ist in ihm beisammen. Man kann diese These auch umkehren: ein eigentlich Seiendes ist überhaupt nur das allem Entstehen und Vergehen Enthobene, das Ewige.

Auf dieser These beruht der bekannte Gegensatz von Sein und Werden, der die Jahrhunderte des abendländischen Denkens beherrscht hat. Denn an sich ist dieser Gegensatz kein evidenter. Die natürliche Weltansicht widerstreitet ihm; sie kennt die Dinge in ihrer Veränderlichkeit und läßt sie gerade mit ihr durchaus als Seiende gelten. Sie versteht das Werden – dessen Geheimnis sie freilich nicht durchschaut – als die allgemeine Form des Seins. Sie kennt das Leben nicht anders als im unentwegten Kommen und Gehen dessen, was ist.

Aber eben an diesem Kommen und Gehen haftet auch das Widerstreben des Menschen. Denn es bedeutet, daß der Mensch nicht halten kann, was er sich erringt, was er hat, was er ist. Die eigene Endlichkeit entreißt ihm wieder alles; der Tod, die Sterblichkeit alles Lebendigen, die Einmaligkeit und Flüchtigkeit des Schönsten, das er kennt, legt einen Schleier von Trauer und Dunkel über sein Leben. Es kommt ihn die Furcht an, es sei alles nichtig, weil es vergänglich ist. Und es resultiert daraus eine Sehnsucht nach Bleibendem, Beharrendem, Ewigem, nach Überwindung des Entgleitens, nach Befreiung vom Fluch der Zeitlichkeit.

Aber die Welt, in der er lebt, bietet ihm keinen Halt dafür. Wohl weiß er, daß manches in der Welt ihn überdauert; jeder Stein schon ist ihm darin überlegen. Aber er weiß auch, daß dieses alles ebenso vergeht, nur in anderen Zeitmaßen. Es scheint, als hätte alles Seiende sich versündigt – eben damit, daß es etwas Bestimmtes ist – und müßte nun »Buße und Strafe zahlen für sein Unrecht, nach der Ordnung der Zeit«. So sprach es Anaximander aus, und er dachte dabei an eine Rückkehr alles Gewordenen in die Unbestimmtheit des einen Unendlichen. Dieses allein schien seiend, ein Göttliches hinter dem Wechsel der Dinge.

Und wiederum dahinter taucht früh ein anderer Gedanke auf. Ist denn solch ein ewiger Fluß aller Dinge sinnvoll? Es scheint, daß Sinn und Wert einzig beim Ewigen liegen kann. Denn daß diese ganze Welt mit ihrer reichen Mannigfaltigkeit sinnlos sei, das will dem menschlichen Empfinden am wenigsten einleuchten. Bei den Griechen war es Platon, der das in der Form eines greifbaren Weltbildes faßte: hinter dem Werdenden stehen in unveränderlicher Vollkommenheit ewige Urbilder; sie sind das allein wahrhaft Seiende, die flüchtigen Dinge aber sind nur Abbilder, ihr Inbegriff ist das Reich der Erscheinung. Aber sie haben teil an den Urbildern und sind durch sie wertbezogen, denn über diesen, ihnen die Kraft verleihend, thront die Idee des Guten. Darum haben die Dinge das »Streben«, zu sein wie die Ideen.

Unlöslich verband sich seit Platon mit dem Ausschauen nach dem Ewigen das Suchen nach dem Sinngehalt der Welt. Die ersten Weltprinzipien mußten Sinnprinzipien sein; anders, so schien es, konnte im Getriebe der Welt kein Sinn enthalten sein. Es liegt darin der richtige Gedanke, daß aller Sinn und Wert etwas Überzeitliches ist. Aber davon war das philosophische Sinnen noch weit entfernt, zu begreifen, daß der Träger des Wertes deswegen sehr wohl vergänglich sein kann. Daß ein ephemeres Wertvolles in seiner Zeitspanne einen Wert haben kann, der es überdauert, ja dem Vergehen gar nicht unterliegt, das ist eine späte Einsicht. Sie ist auch in unserer Zeit noch keineswegs durchgedrungen.

So verschlingen sich Wahrheit und Irrtum in den geschichtlichen Motiven des Substanzgedankens. Sie bilden zusammen einen Auftrieb philosophischen Suchens, der ohnegleichen ist. In unabsehbarer Reihe wechseln hinfort die Gedankenbauten, und fast ohne Ausnahme ist ihr Anliegen dieses, ein Bleibendes zu finden in der Flucht des endlosen Entstehens und Vergehens. Wie fasziniert ist der spekulative Blick auf dieses Endziel gerichtet, als gäbe es keine ernsteren Probleme. Mannigfach stuft sich dabei die Feindseligkeit gegen die Zeitlichkeit ab; sie steigert sich in manchen Systemtypen bis zur tiefsten Entwertung und Verachtung der realen Welt und des in ihr verlaufenden Menschenlebens. Alle Weltflucht der Enttäuschten, alle Verneinung der Schwachen und Lebensmüden verbindet sich fest mit dieser Tendenz. Der Gedanke wird dem Wirklichen entfremdet; er gewöhnt sich an das Verweilen in erträumten »besseren Welten«, wird heimisch im Nichtseienden und schreibt ihm zuletzt skrupellos ein ebenso erträumtes »höheres Sein« zu.

Auch das weit nüchternere theoretische Suchen nach einem Beharrenden ist von spekulativen Wunschtendenzen solcher Art keineswegs frei. Schon in der Vorsokratik schieden sich deutlich zwei Richtungen, in denen man die Substanz zu erschauen meinte. Die eine erblickte sie im Stoff aller Dinge, die andere in der Konstanz wiederkehrender Gestalten und Verhältnisse. Aristoteles hat sie dann beide vereinigt, indem er

Formsubstanz und materielle Substanz nebeneinandersetzte und als Teilmomente des realen Konkretums verstand. Aber in den Ursprüngen stehen beide Arten der Substanz ins Transzendente erhoben, vergöttlicht da; der Hylozoismus erblickte ein allumfassendes und alles gebärendes Leben in der Materie, die Logos- und Ideenlehre eine ebenso allumfassende Vernunft in der Form. Das letztere Motiv blieb im System des Aristoteles und im gesamten Universalienrealismus bestehen; und mit ihm erhielt sich der metaphysische Traum von der Erhabenheit einer vollkommeneren Welt, in der Zeitlichkeit und Vergänglichkeit keine Macht haben.

II

Das alles verschlingende Ungeheuer, der Fluch des Realen, die feindselige Macht, gegen die man in so vielen Jahrhunderten beharrlich ankämpfte, ist nichts anderes als das Prinzip der Zeit. Man kämpfte, obschon mit Aufbietung vieler List, doch titanisch, gleichsam mit Felsblöcken. Man dachte nicht daran, den Gegner zu erforschen und bei seiner Schwäche zu nehmen. Man fragte wohl auch: was ist die Zeit? Aber man antwortete mit den Folgephänomenen der Zeitlichkeit, oder sogar bloß mit denen des menschlichen Zeitbewußtseins. Es fehlte diesen Theorien an der Ruhe philosophischer Vertiefung, die Leidenschaft des Kampfes riß sie zu voreiligem Zuschlagen fort. Solche Bilder wie das des Vernichtens und Verschlingens legen deutlich Zeugnis davon ab. Man schrieb der Zeit Tendenz und Aktivität zu; man spürte dunkel das dynamische Moment in ihr, aber man verdinglichte, beseelte, vermenschlichte es. Dasselbe tat man auch in umgekehrter Richtung: neben das mythische Bild des Verschlingens trat das des Hervorbringens, des Gebarens, oder in modernerer Form des »Zeitigens«. Da wir die Zeit ja nicht an sich, sondern nur am Werden der Dinge spüren, das Werden aber den Doppelaspekt des Entstehens und Vergehens zeigt, so mußte sich die vermenschlicht aufgefaßte Zeit konsequenterweise ebensosehr als produzierende wie als resorbierende Macht darstellen: sie gibt alles aus sich her und nimmt alles wieder in sich zurück, es kommt alles aus der Tiefe des Zukunftsschoßes und versinkt in die Tiefe der Vergangenheit. So übertrug man die ganze Dynamik der in der Zeit laufenden Prozesse – ja schließlich sogar deren unabsehbare Inhaltsfülle – auf die Zeit selbst. Man übertrug auf sie, ohne es zu bemerken, die Funktion jenes Apeiron, das einst im Beginn der abendländischen Philosophie als Anfang und Ende aller Dinge gegolten hatte.

Geistesgeschichtlich ist es ein lehrreiches Kapitel, zu sehen, wie unter dem Druck des metaphysischen Rätselratens die alten Gestalten des Mythos wieder- und wiederkehren. Philosophisch kommt dabei nichts weiter heraus als immer derselbe Irrtum. Erst wo der Gedanke sich dazu erhebt, den Prozeß des Entstehens und Vergehens als etwas zwar »in der Zeit« Laufendes, aber eben deswegen doch von ihr Verschiedenes zu sehen, gelangt er zu einer tragfähigen Grundlage für das Verständnis der Zeit. Es fehlt nicht an Ansätzen fruchtbarer Analyse, die auf dieser Grundlage gemacht worden sind. Man kann die Resultate solcher Analyse, die freilich heute noch ganz unabgeschlossen ist, in drei Stufen zusammenstellen. Sie entsprechen dem verschiedenen Grade des Eindringens. Sie lösen einander nicht ab, sondern ergänzen einander – in der Weise, daß immer die tiefere Schicht, auf die man im weiteren Vordringen stößt, die Momente der seichteren aufnimmt und in die ihrigen einbaut. Zu beginnen ist daher mit der Oberfläche, d. h. mit der uns zugewandten Seite der Zeit.

Was ist nun die Zeit? Das Nächstliegende in ihrem Wesen dürfte dieses sein, daß die Welt nie beisammen ist, daß sie auseinandergezogen ist in die Stadien des Prozesses. Und was von der Welt gilt, das gilt ebenso von allem, was in der Welt ist, von Dingen, Lebewesen, Menschen; alles unterliegt dem Gesetz, daß es jetzt nicht ist, was es war, und schon morgen nicht sein wird, was es jetzt ist. Niemand kann im Ernst behaupten, er sei überhaupt nur das, was er zur Zeit ist; er ist vielmehr noch sehr viel anderes, und eben das macht ihn zu etwas weit Größerem und Reicherem. Als das Ganze, das er ist, gehört das, was er war und sein wird, durchaus wesenhaft dazu. Aber eben dieses Ganze, vom ersten bis zum letzten Atemzug gerechnet, ist niemals beisammen; seine Seinsform ist eine andere, das Auseinandergezogensein in die Zeit. Man kann nicht einmal sagen »in die zeitliche Dauer«, denn eben das Besondere des Einzelstadiums dauert ja nicht. Was aber ist das für eine Ganzheit, der das Beisammensein eben dessen fehlt, woraus sie besteht?

Was vom Menschenleben gilt – wo es vielleicht am unmittelbarsten erlebt wird –, das gilt ohne weiteres vom Leben des Organismus, vom Leben und Schicksal eines Volkes, vom Werdegang eines Planetensystems wie eines Atoms. Kein aufweisbares Ding ist über das Jetzt hinaus ganz mit sich identisch, es zerfällt in die Stadien seines eigenen Anders- und immer Anders-Seins. Das eben bedeutet an ihm die Zeit: das Aufgeteiltsein dessen, was es als Ganzes wäre, an ein dimensional unverrückbares Auseinandersein. Es ist im Grunde nichts anderes als die Aufspaltung seiner Ganzheit. Die Zeit erscheint als deren Aufhebung.

So gesehen, stellt sich die Zeit als ein Prinzip der Trennung dar. Und in der Tat hat man sie als das momentum discretionis an allem Realen verstehen wollen. Diese Auffassung liegt dem Menschen, als dem selbst in der Zeit Gefangenen und mit seinem Weltbewußtsein an ein Jetzt Gebundenen, von Hause aus am nächsten. Sein Blick in die Welt ist der des Januskopfes: voraus in die Zeit und zurück in die Zeit, sein eigener Standort ist das jeweilige Jetzt. Durch die Wende des Jetzt ist ihm die Welt aufgeteilt in Vergangenes und Künftiges; und beides wiederum scheint, wiewohl ohne angebbare Grenze, vom Gegenwärtigen geschieden.

Dieser Doppelaspekt mitsamt seinem Mittelpunkt liegt der alten Bestimmung der Zeit durch die Dreiheit ihrer sog. »Modi« zugrunde: Gegenwart, Vergangenheit, Zukunft. Freilich, gerade »Modi« – d.h. Arten oder Zustände der Zeit – sind es nicht; eher schon könnte man sagen, es seien Teile oder Abschnitte der Zeit, denn auch die Gegenwärt wird ja vom konkreten Zeitbewußtsein keineswegs als Punkt verstanden, sondern als mehr oder weniger gedehnter Abschnitt. Aber auf den Ausdruck als solchen kommt wenig an. Wichtig ist vielmehr, daß es sich um die erste Schicht der kategorialen Momente der Zeit handelt, so wie das noch an der Oberfläche haftende, eben erst beginnende Eindringen sie zu fassen bekommt.

Von alters her aber verbindet sich mit diesem natürlichen Zeitaspekt die Vorstellung, als handelte es sich um dreierlei Seinsarten; ist doch Zukünftigsein nicht dasselbe wie Gewesensein, und beides nicht dasselbe wie Gegenwärtigsein. Es scheint, weder das Vergangene noch das Künftige ist eigentlich seiend, nur das Gegenwärtige ist seiend. Was nicht mehr ist, und was noch nicht ist, das »ist« eben nicht. Diese Überlegung lag der Eleatik zugrunde. Die Konsequenz war das unbewegliche Sein im ewigen Jetzt, die Stillegung des Prozesses, die Aufhebung der Zeit am eigentlich Seienden. So gerade konnte man die Zeitlichkeit des Seienden nicht begreifen. Den Eleaten war es darum auch nicht zu tun. Die Ansicht aber setzte sich fest, auch wo man keineswegs an den Stillstand der Welt glaubte. Für den Menschen eben ist das Gegenwärtige von einzigartigem Seinsgewicht. Das Künftige erscheint ihm als das noch Ungewisse, Schwankende; es kann und es kann auch nicht kommen. Vollends das Vergangene kümmert ihn nicht mehr, es liegt hinter ihm und kehrt nicht wieder.

Eines aber vergaß man: daß auch das Gegenwärtige einmal ein Künftiges war und bald ein Vergangenes sein wird. Es ist dasselbe Seiende, an dem nur die »Modi« wechseln; das Jetzt steht nicht still, es wandert hinauf – zukunftwärts –, und immer neues Seiendes durchläuft sein Gegenwartsstadium. Ob ein Ereignis früher oder später drankommt, das gerade macht ja keinen Seinsunterschied an ihm aus. Und in ihrem Ephemersein sind sie alle einander gleich. Nur vom bestimmten Zeitstadium aus gesehen stehen sie verschieden da. Aber dieses Stadium ist vielmehr selbst ein ephemeres, sein Aspekt ist selbst kein bleibender. Der Mensch verewigt das Jetzt, indem er es zur Grenzscheide des Seins macht. Aber er verewigt es nur in der Flüchtigkeit des Gedankens. Im Sein vermag weder er noch sonst eine Macht der Welt, es festzuhalten. Das ist das Gesetz der Zeit.

Auch anders läßt sich die Schiefheit in der Ontologisierung des Doppelaspektes einsehen. Ist es denn wahr, daß das Gewesene, darum weil es vergangen ist, ein Nichtseiendes sei? Wie leicht hätte es dann der Mensch, mit seiner Vergangenheit fertig zu werden! Ist denn nicht das gerade das Eigentümliche des einmal Geschehenen, daß es auf keine Weise wieder ungeschehen zu machen ist? Oder besteht es etwa nur in der Erinnerung der Menschen fort? Etwa so, daß man das eigene und das fremde Erinnern nur auszulöschen brauchte, um das Geschehene ungeschehen zu machen? Auch das ist offenbar keineswegs der Fall. Das Vergangene vielmehr bleibt, was es ist, unabhängig vom Gedächtnis der Menschen. Wie anders sollte sich denn auch das Geschehene vom Ungeschehenen, das einmal Gewesene vom niemals Gewesenen unterscheiden? Oder löscht etwa die Zeit, indem sie darüber hingeht, auch diesen Unterschied aus, so wie sie auf die Dauer in der Tat das Erinnern daran auslöscht?

Ganz im Gegenteil. Das gerade ist das Gesetz der Zeit, daß sie diesen Unterschied festhält. Sie nimmt das einmal Geschehene auf und behält es unaufhebbar in sich. Das Vergangene bleibt unverrückt an seiner Zeitstelle stehen, wie weit immer diese auch vom Jetzt abrückt. Es gibt keine Macht, die es nachträglich aufheben könnte, so wenig als es eine gibt, die es wiederkehren lassen könnte. Das ist der Sinn des ewigen Stillstehens der Vergangenheit.

Es ist ein fadenscheiniger Subjektivismus, das Vergangensein auf die Grenzen menschlichen Gedenkens zu beschränken. Wohl ist nur das Vergangene Gegenstand der Erinnerung, nicht aber umgekehrt nur das Erinnerte ein Vergangenseiendes. Wie das Gedächtnis das Einstige nicht wiederbringt, so löscht auch das Vergessen es nicht aus.

In allgemeinerer Form läßt diese Überlegung sich noch so ergänzen. Wie sollte denn Gegenwärtiges mit Vergangenem zusammenhängen, wenn das Vergangene nicht auch ein Seiendes wäre? Zusammenhang mit Nichtseiendem wäre gar kein Zusammenhang. Oder sollte es etwa den über die Zeitstadien hinweggreifenden Zusammenhang gar nicht geben? Das wird nicht leicht jemand behaupten wollen. Leben wir doch ganz und gar in solchen Zusammenhängen. Es geht auch nicht an, die Frage auf das Kausalitätsprinzip hinauszuspielen; denn das ist hier ganz einerlei, ob die Zusammenhänge von kausaler oder sonst einer Art sind. Und ebensowenig kommt es hier auf deren Gesetzlichkeit an, die ja nur die durchgehende Gleichartigkeit inhaltlicher Verhältnisse betrifft. Wichtig ist allein der Zusammenhang selbst. Und der dürfte außer Frage stehen. Er allein aber genügt, um über die unaufhebbare Realität des Vergangenen zu entscheiden.

Und wie steht es mit dem Zukünftigen? Ist das jetzt noch nicht Seiende vielleicht doch mehr ein Nichtseiendes als das jetzt nicht mehr Seiende?

So könnte es scheinen, weil hier die Ungewißheit des Kommenden sich sehr greifbar von der Gewißheit des Vergangenen abhebt. Aber das ist nur ein Unterschied des »Wissens« um Seiendes, nicht des Seins selbst. Das aus der Zukunft Anrückende mag uns verborgen sein, es rückt deswegen doch tatsächlich und in aller Seinsschwere heran. Der Mensch kann es im allgemeinen nicht aufhalten, am wenigsten wo er es nicht zum voraus erkennt. Erkennt er es aber und will er es abwenden, so muß er in die Realzusammenhänge eingreifen, die es mit dem Gegenwärtigen verbinden. Warum in aller Welt sollte der Mensch in Erwartung, Sorge, Furcht oder Hoffnung dem Anrückenden entgegenschauen, wenn es ihn nicht sehr real beträfe, nicht vollgewichtiges Sein hätte? Nun aber ist unser ganzes Menschenleben sehr wesentlich ein solches Entgegenschauen, Vorsorgen, Sicheinrichten auf Anrückendes, ein Abwehren, Parieren, oder auch ein Gefaßtsein auf das Unabwendbare.

Oder soll man etwa sagen, es handle sich ja nur um das in Gedanken Vorweggenommene, um Streiche, welche die Phantasie uns spielt? Die Täuschbarkeit des Zukunftsbewußtseins scheint dafür zu sprechen. Dann aber müßte der Leichtlebige und Sorglose der am besten im Leben Zurechtkommende sein. Ihm müßte gelingen, was dem Strebenden und ernstlich Bemühten versagt ist. Denn alles Bemühen geht in die Zukunft. Nun aber hängt alles menschliche Gelingen – wenn es nicht ein gelegentlicher Zufallstreffer ist – an der Vorausschau, an der Vororientierung im Anrückenden. Schon das Wählen der Mittel für unsere Zwecke beruht auf ihr; denn eben daraufhin, was sie bewirken werden, wählen wir sie aus. Es ist das Seinsgewicht des Künftigen, was in alledem ausschlaggebend ist.

Bestünde das Zukünftige nur in der Vorwegnahme, wie sollte sich dann noch das wirklich Anrückende vom Nichtanrückenden unterscheiden? Denn in der Vorwegnahme unterscheidet es sich nicht, sie eben ist täuschbar. Es ist leicht gesagt: was ich nicht weiß, macht mich nicht heiß. Das bedeutet in den Modi der Zeit: was ich vergessen habe, ist auch nie geschehen; und was ich nicht voraussehe, das kommt auch nicht. In gewissen Grenzen mag der Mensch in solcher Blindheit leben können, auf die Dauer kommt er mit der Vogel-Strauß-Taktik nicht durch. Die Philosophie aber, die aus ihr eine Theorie machen wollte, wäre bewußte Irreführung des Menschen. Was anders aber macht eine Philosophie, die dem Zukünftigen das Sein abspricht?

Auch diese Überlegung kann man noch auf eine breitere Basis stellen. Wie könnte wohl Gegenwärtiges mit Zukünftigem zusammenhängen, wenn das Zukünftige nicht auch ein Seiendes wäre? Ein Zusammenhang mit Nichtseiendem wäre gar kein Zusammenhang. Daß nun hier wirklich kein Zusammenhang bestünde, wird niemand sich einreden lassen. Zu sehr spielt sich das ganze Menschenleben in diesem Zusammenhang ab, zu sehr ist dafür der Mensch schon vom Anrückenden vorbetroffen. Und selbst wo er sich täuscht in seinen Besorgnissen und Erwartungen, er behält doch in dem einen Punkte stets recht, darin, daß überhaupt immer neues Geschehen im Anrücken ist. Täuscht sich der Mensch, so war nur die Vorwegnahme irrig: das Erwartete war nicht das Anrückende. Dann aber rückt anderes heran, je nachdem wie der Zusammenhang mit dem Gegenwärtigen es mit sich bringt. Und dieses ist dann das seiende Zukünftige.

Dieser Zusammenhang braucht so wenig wie der mit dem Vergangenen ein kausaler oder bestimmter Gesetzlichkeit unterliegender zu sein. Die Gleichartigkeit der Verläufe, die wiederkehrende Typik des Geschehens, spielt hierbei eine untergeordnete Rolle. Wichtig ist nur die Einheit des Realzusammenhanges überhaupt, sofern sie als ein Ganzes über die flüchtige Gegenwart hinausgreift – in die Zukunft so gut wie in die Vergangenheit. Anders könnte es die Einheit ganzer Abläufe, Geschehnisse, Begebenheiten gar nicht geben. Eben diese Einheit aber steht außer Frage, und nachträglich im Rückschauen erfassen wir sie auch ohne Schwierigkeit. Nur solange wir darinstehen, kann uns durch die Verschleierung des Zukünftigen für unseren Blick die Einheit des Zusammenhanges gelöst erscheinen. Aber gemeinhin fehlt es auch da keineswegs an einem gewissen Bewußtsein der in die Zukunft hinausgreifenden Verbundenheit der Geschehnisse.

III

Sehr anders als es zu Anfang schien, stellt sich nunmehr die Zeit dar. Es hat sich als Fehlgriff erwiesen, sie als Trennungsprinzip zu fassen. Das Jetzt scheidet wohl das Vergangene und das Kommende, aber keineswegs absolut. Es wandert vielmehr selbst, ist eine bewegliche Grenze, über die hinweg ständig das aus der Zukunft Anrückende hinwegschreitet, um weiter und immer weiter in die Vergangenheit abzurücken. Der scheinbar diametrale Seinsunterschied des Anrückenden und des Abrückenden, sowie der gemeinsame Unterschied beider zu dem, was gerade den Grenzstrich passiert, erweist sich so als ein sehr relativer. Relativ nämlich ist er auf den seinerseits beweglichen Jetztpunkt.

In dem so gewonnenen neuen Aspekt der Zeit ist das Moment der Trennung zwar erhalten, aber zu einem untergeordneten geworden. Deutlich sichtbar wird hinter ihm als zugrundeliegendes das entgegengesetzte Moment der Kontinuität. Grundsätzlich ist ja überhaupt ein Discretum nur möglich an einem Continuum. Und dieses Continuum ist da. Es hat sich in der Stetigkeit des Anrückens aus der Zukunft, des Einrückens in die Gegenwart und des Abrückens in die Vergangenheit aufzeigen lassen. Und insofern läßt sich sagen: die Zeit ist um nichts mehr Trennung des Seienden als Verbundenheit des durch sie Getrennten. Sie verbindet alles Reale – einerlei, ob Dinge oder Geschehnisse, organisches oder seelisches Leben – in der Einheit eines stetigen Zuges, in dem aller Zeitunterschied und alle Zeitordnung die gemeinsame Basis hat.

Damit treten nun auch die sog. »Modi« der Zeit, wie sie die erste Stufe der Analyse zeigte, auf den zweiten Plan zurück. Mit dem Hervortreten der Kontinuität schreitet die Betrachtung in ihr zweites Stadium vor, und damit tut sich eine neue Schicht am Wesen der Zeit auf. Sie ist charakterisiert durch die drei Momente des Zugleichseins, der Aufeinanderfolge und der Dauer, oder wie die alten Termini lauten, der Simultaneität, Sukzession und Duration.

Darin gleichen diese Momente noch den »Modi« der Zeit, daß sie weniger die Zeit selbst als das in der Zeit Seiende betreffen. Sie sind die Grundbestimmungen der »Zeitlichkeit« des Seienden, d.h. seines »in der Zeit Seins«. Sie sind aber nicht mehr wie jene auf dem Gegensatz der Zeitabschnitte, resp. ihrer Aspekte von einem Zeitpunkt aus, aufgebaut. Sie sind vielmehr die Arten des Zeitverhältnisses selbst innerhalb des Zeitkontinuums. Denn alles, was in der Zeit ist, hat eben dadurch sein sehr bestimmtes Zeit-Verhältnis zu allem anderen, was in der Zeit ist. Alles hat Grenzen seines Bestehens in der Zeit, hat seine Maße, in denen es besteht, seine Dauer; alles besteht mit mancherlei anderem zusammen in gleicher Zeit; und alles löst im Zuge der Zeit anderes ab, das vor ihm war, und wird wieder von anderem abgelöst, das nach ihm kommt. Das Simultane unterliegt gemeinsamer Sukzession, das Sukzessive gemeinsamer Simultaneität. Ein ganzer Weltaugenblick mit allem, was in ihm ist, folgt einem anderen; alle besondere Aufeinanderfolge aber in diesem Sichablösen der Weltaugenblicke vollzieht sich in strenger Gleichzeitigkeit.

Schon so im ersten Überblick sieht man leicht, daß diese Arten des Zeitverhältnisses weit mehr den Zusammenhang als die Geschiedenheit des in der Zeit Seienden besagen. Das tritt am stärksten an der Simultaneität hervor. Sie ist das Miteinandersein des Verschiedenen und Auseinanderliegenden in der Einheit einer und derselben Zeit, und zwar nicht der Zeit überhaupt – denn das trifft auch auf das Nacheinander zu –, sondern desselben Zeitabschnittes, ja desselben Zeitpunktes. Ob jenes Auseinanderliegen ein räumliches ist wie bei den Dingen und Naturprozessen oder ein anders dimensioniertes wie bei den seelischen Vorgängen, macht hierbei keinen Unterschied aus. Die Zeit ist gleichgültig gegen die Heterogeneität der Abmessungen, in denen das Gleichzeitige koexistiert.

Daran freilich ist mancherlei Merkwürdiges zu verzeichnen. Es bedarf für die Gleichzeitigkeit des Auseinanderliegenden offenbar einer »Breite« der Zeit, in der das zeitlich Zusammenfallende den Spielraum seines Auseinanderseins hat. Da aber die Zeit nur eine Dimension hat, eben die des Nacheinanderseins, diese aber für das Gleichzeitige nicht in Frage kommt, so ist sie auf die Ergänzung durch andere Dimensionen angewiesen. An diesem Punkte springen nun die Raumdimensionen ein, aber natürlich nur für das Räumliche, d. h. für das Dingliche, Materielle, Physische. Das Reale aber umfaßt noch das seelische und geistige Sein, es umfaßt den Menschen mitsamt der von ihm geschaffenen kulturellen Welt. Die Zeitlichkeit der letzteren kennen wir als die Geschichte.

Es spielen also offenbar noch andere Dimensionen gleichzeitiger Mannigfaltigkeit hinein als die des Raumes. Von diesen aber ist es schwer anzugeben, wie sie beschaffen sind. Man kann sie nicht anders als durch die inhaltlichen Gegensätze und die zwischen ihnen bestehenden Kontinuen möglicher Übergänge charakterisieren. Aber ihre gemeinsame Bezogenheit auf die Zeit als eine Grunddimension alles Realen – des Räumlichen wie des Unräumlichen – ist nicht zu verkennen. Sie ist durch die Zeitlichkeit der seelischen, sozialen, kulturellen, geschichtlichen Vorgänge außer Frage gestellt.

Das bedeutet aber weiter, daß alle diese Dimensionen gleich denen des Raumes in einem eindeutigen Verhältnis zur Zeit stehen. Und da in der physischen Welt Raum und Zeit ein unlösbares Ganzes, eine in vier Dimensionen sich bewegende Welt bilden – so nämlich, daß die drei Raumdimensionen ebenso »senkrecht« auf der Zeitdimension wie aufeinander stehen –, so muß man schließen, daß dieses selbe Verhältnis die Zeit auch mit den Dimensionen des seelischen und geistigen Seins verbindet.

Nimmt man dieses an, so wird mancherlei verständlich. Vor allem dieses, daß es immer den Spielraum des Gleichzeitigen gibt, und zwar für alles, was zeitliches Sein hat, auch für das Heterogenste. Die Zeit eben ist keine isolierte Bestimmung des Realen, sondern besteht nur mit anderen Arten der Besonderung zusammen. Die »Breite der Zeit« ist nicht ihre Breite, sondern die des Realen, des Weltprozesses. Sie ist nicht auf den Raum allein angewiesen, denn nicht alles Reale ist im Raume. Und das gerade ist wesentlich an ihr und macht ihren Unterschied zum Raume aus, daß in ihr Räumliches und Unräumliches zusammenbesteht, in zeitlich eindeutiger Bezogenheit aufeinander.

Man hat das oft in Abrede gestellt, hat dieses ganze Verhältnis im Hinblick auf die tiefe Heterogeneität dessen, was in der Zeit ist, auflösen zu müssen gemeint. Es schien, als müßte die Zeit, in der der Mensch lebt, in der die Völker sich bekriegen, ganze Kulturen kommen und gehen, doch eine andere sein als die, in der die mathematisch abgemessenen Prozesse der Atombewegung, der Strahlung, der kosmischen Umläufe sich abspielen. Aber die Erfahrung gibt dem nicht recht. Sie gestattet es, psychische Vorgänge mit der Uhr zu messen, geschichtliche Ereignisse nach Jahren und Tagen zu datieren, und zwar, wenn auch ungenau, so doch vollkommen eindeutig. Das wäre unmöglich, wenn die Erddrehung und ihr jährlicher Umlauf (an denen die Datierung hängt) nicht in derselben Zeit verliefen wie die Geschehnisse des Völkerlebens, resp. wenn der Uhrzeiger nicht dieselben Sekunden durchmessen müßte wie die Auswirkung seelischer Energie.

Man reißt die Welt auseinander, wenn man das Wesen der Zeit in die Vielheit dessen aufspaltet, was in ihr gleichzeitig abläuft. Die Zeit gerade ist das Verbindende, das Gemeinsame alles Realen. An der Einheit der Zeit hängt die Einheit der Welt. Und nicht weniger hängt an ihr die Einheit jeder flüchtigen Situation, jeder Lebens- und Sachlage im Augenblick. Denn stets ist darin Sichtbares und Unsichtbares, Räumliches und Raumloses, Dingliches und Menschlich-Innerliches miteinander verbunden und durch Abhängigkeiten eigener Art ineinandergefügt.

Man darf sich das Verständnis dieser Einheit der Zeit nicht durch Hereinziehen der Zeitanschauung erschweren. Es gibt eine Zeitperspektive des Bewußtseins, die zugleich die Auffassungsform alles Erfahrens und alles Erlebens ist. Diese ist nicht Realform der erfahrenen Gegenstände (etwa der Ereignisse), sondern nur Anschauungsform; und sie ist mit jener so wenig identisch wie die Raumanschauung mit dem Realraum. Ihr Lauf ist nicht gleichförmig, ihre Gegenwart kein Schnitt, ihre Vergangenheit nicht ewig stillstehend. In dieser Zeitperspektive spiegelt sich der reale Weltlauf nur unvollkommen. Aber das ist nicht die Zeit, in der die seelischen Vorgänge ablaufen; denn auch ihr Ablauf, wo er ins Bewußtsein erhoben wird, spiegelt sich in ihr nur verzerrt ab. Das Zeitbewußtsein ist nicht identisch mit der Zeit, in der das Bewußtsein lebt. Es entsteht und vergeht wie alles Reale in der einen Realzeit. Nur was es von sich weiß, erscheint ihm in seiner Anschauungszeit. Aber eben was es von sich weiß, ist nicht identisch mit seiner seelischen Realität.

Das Gegenstück zur Gleichzeitigkeit ist das Nacheinander, die Sukzession. Es ist das zentrale Moment am Wesen der Zeit, jenes Kontinuum, das im Hintergrund der »Zeitmodi« steht, und an dem alle Geschiedenheit der Zeitpunkte ihren Boden hat. Und hier nun wird etwas Neues sichtbar. Weder Kontinuität noch Diskretion, noch auch ihr bloßes Ineinander, macht die Sukzession aus. Das Nacheinander geht nicht im zeitlichen Auseinanderliegen auf, es ist dem räumlichen Nebeneinander nur oberflächlich vergleichbar. Das Moment des Aufeinanderfolgens geht in keiner Nebenordnung, ja überhaupt in keiner bloßen Anordnung auf. Nicht das Aufgereihtsein der Stadien macht ihr Folgen aus, sondern ihr Kommen und Gehen, ihr Fluß und die eindeutige Richtung dieses Flusses.

Damit erst wächst die Zeit über den Charakter einer Dimension hinaus. Sie ist zwar eine Dimension, aber nicht einfach die vierte neben den drei Raumdimensionen – ganz abgesehen davon, daß die höheren Bereiche des Seienden auch Zeitlichkeit ohne Räumlichkeit zeigen –, sondern eine sehr eigenartig ausgezeichnete, durch ein fundamentaleres Wesen von allen anderen grundverschiedene Dimension. Was sie auszeichnet, ist ein Moment der Bewegtheit, der Dynamik, ist eben jenes Fortschreiten, das sich nicht aufhalten und nicht umkehren, aber auch nicht beschleunigen läßt. Das Fließen ist freilich nur ein Bild dafür und zwar ein räumliches und insofern schiefes Bild. Die Wahrheit ist, daß es kein adäquates Bild dafür gibt, weil die allein passenden Bilder schon von der Bewegung, also mittelbar von der Zeit selbst, hergenommen sind. Die Ausdrücke »Sukzession« und »Aufeinanderfolge« sprechen es noch am besten aus; freilich ohne es zu erklären, denn sie sind dem schlichten Zeitbewußtsein entnommen.

Im Wesen einer Dimension als solcher liegt es nicht, daß eine in ihr aufgereihte Mannigfaltigkeit in bestimmter Richtung, und nur in ihr, durchlaufen wird; sie ist an sich gleichgültig gegen alles Fortschreiten und alle Richtung. Die Zeit ist nicht gleichgültig dagegen. Sie läßt zwar der Betrachtung Freiheit, an den Geschehnissen vorwärts oder rückwärts entlangzuwandern, nicht aber den Geschehnissen selbst, die in ihr ablaufen. Das zeitliche Nacheinander ist irreversibel und zugleich unaufhaltsam. Was man in der Wissenschaft »reversible Prozesse« nennt, das ist doch nur räumlich oder inhaltlich (nach der besonderen Bestimmtheit seiner Stadien) umkehrbar; zeitlich ist es nicht umkehrbar, denn auch der inhaltlich umgekehrte Prozeß läuft in der Zeit vorwärts, und keineswegs rückwärts.

Dieses, daß alle Prozesse – alle im strengen Sinne, auch die seelischen, geistigen, geschichtlichen – in der Zeit vorwärts laufen, alle denselben Richtungssinn haben und alle zusammen ein einziges unaufhebbares Weiterdrängen ausmachen, in welchem nichts sich überspringen und nichts sich festhalten läßt, das ist das Wesen dieses scheinbar einfachen und alltäglichen Phänomens, das wir das »Nacheinander« nennen. Das Nacheinander scheidet die Zeit vom Raume, von aller bloßen Dimensionalität und aller bloß quantitativ bestimmten Ordnung. In ihm und nicht in der linearen Gleichförmigkeit wurzelt das unaufhaltsame »Entstehen und Vergehen«, das von alters her das Problem des Werdens ausmacht. An ihm haftet jene Abneigung des spekulativen Denkens seit den frühesten Zeiten her, von der unsere Untersuchung ausging. Die Sukzession ist das Rückgrat aller Bewegtheit, aller Prozessualität in der Welt, kurz allen Werdens. Das Werden aber ist die gemeinsame Seinsform alles Realen.

Es wurzelt aber noch mehr im Nacheinandersein. Ganz offenkundig beruhen auf ihm die drei »Modi« der Zeit, Gegenwart, Vergangenheit und Zukunft. Was sich in ihnen als das Anrücken, Passieren des Jetzt und Abrücken darstellte, ist nichts anderes als die vom Doppelaspekt der Gegenwart aus gesehene Sukzession. Nur das Gewicht ist in der Aufeinanderfolge verlegt: nicht mehr das Auseinandergerissensein ist die Hauptsache, sondern der Zusammenhalt, die Einheit der sich ablösenden Stadien. Der Gegensatz von Vergangenheit und Zukunft aber zeigt nun sein wahres Gesicht als irreversible Eindeutigkeit der Richtung in allem zeitlichen Ablauf. Nichts anderes besagt das »Auf-uns-zu-Kommen« des Zukünftigen, das »Vergehen« des Gegenwärtigen und das Entrücktsein des Vergangenen.

Sehr merkwürdig aber ist es, wie diese Einheit der Richtung sich in zwiefacher Weise darstellt, je nachdem ob man dem fortschreitenden Jetzt folgt oder dem inhaltlichen Zug der Geschehnisse. Das Vergangene ist das zeitlich Frühere, das Zukünftige das Spätere; was im Augenblick gegenwärtig ist, steht mitten inne zwischen beiden. So gesehen, will es scheinen, daß die Zeit mit der Vergangenheit beginnt und in die Zukunft fortgeht. Der Strom der Ereignisse hat diese Richtung, und da die Zeit die Form dieses Stromes ist, so muß die Richtung vom Früheren zum Späteren die der Zeit selbst sein. Blickt man aber auf ein einzelnes Geschehnis hin und verfolgt es in diesem Strome – wie es zuerst im Anrücken ist, sodann das Jetzt passiert, um sogleich weiter ins Unwiderbringliche abzurücken, – so scheint umgekehrt die Zeit mit der Zukunft zu beginnen und in die Vergangenheit auszulaufen. Und wiederum ist es die Zeitlichkeit der Geschehnisse selbst, an der die Zukunft nun als das Erste, die Vergangenheit als das Letzte erscheint.

Dieser Widerspruch ist ein scheinbarer, durch das Hinken der Gleichnisse verschuldeter. Man beschreibt die Zeit durch Bewegung; Bewegung aber ist selbst etwas, was schon in der Zeit läuft, sie kann also auf die Zeit nicht genau zutreffen. Bewegung ist stets relativ auf etwas, wogegen sie fortschreitet. Man meint die Zeit als Fluß zu sehen; aber man sieht den Fluß anders, wenn man am Ufer steht, anders, wenn man auf ihm treibt. Aber es ist dieselbe Bewegung, ob der Fluß vorwärts fließt oder das Ufer zurückbleibt. Die Zeit ist kein Fluß mit Ufern, sie ist das Nacheinander der Geschehnisse selbst. Aber weil das Frühere vergangen ist, wenn das Spätere gerade da ist oder noch im Anrücken ist, so muß notwendig das einzelne Geschehnis zuerst anrücken, dann das Jetzt passieren und zuletzt abrücken.

Die Ungenauigkeit der Ausdrücke ist geeignet, diesen einfachen Sinn des in sich eindeutigen Verhältnisses zu verschleiern. Es ist schon fehlerhaft zu sagen, die Zeit »beginne« mit der Vergangenheit, desgleichen sie »beginne« mit der Zukunft. Die Zeit selbst beginnt natürlich überhaupt nicht, sie hat ihrem Wesen nach keinen Anfang. Wahr ist nur, daß das Frühere im Zeitstrom zuerst drankommt, daß es also vergangen ist, wenn das Spätere noch ein Zukünftiges ist. Insofern kommt der Zug der Ereignisse – von jedem Jetzt aus gesehen – aus der Vergangenheit und geht in die Zukunft fort. Und ebenso wahr ist es, daß eben darum jedes Ereignis zuerst ein zukünftiges, zuletzt ein vergangenes ist. Aber das bedeutet nicht, daß die Zukunft (als Inbegriff künftiger Ereignisse verstanden) zuerst drankäme und die Vergangenheit (entsprechend verstanden) zuletzt. Nur an ein und derselben Sache ist das »Zukünftigsein« als solches vor seinem »Gegenwärtigsein«, und dieses vor seinem »Vergangensein« da. Das aber drückt nicht die umgekehrte Richtung des Zeitstromes aus, sondern eben dieselbe, die mit seinem »Herkommen« aus dem Vergangenen und seinem Fortlaufen auf das Zukünftige zu bezeichnet ist. –

Das dritte Moment der Zeit, die Dauer, ist zunächst etwas Sekundäres im Vergleich mit Simultaneität und Sukzession. Wenn wir sagen, ein Prozeß »dauere« so und so lange, so meinen wir nicht, daß irgendeines seiner Stadien sich so lange erhalte – etwa mit alledem, was in ihm simultan ist –, sondern gerade daß die Stadien alle entstehen und vergehen, einander weichen, ineinander übergehen. Und von der Einheit eines Prozesses sprechen wir hierbei nur, sofern wir irgendeine Art bestimmten Zusammenhanges der früheren Stadien mit den späteren sehen oder voraussetzen. Und wiederum mit der Dauer des Prozesses meinen wir nichts anderes als den Zeitabschnitt, über den ein solcher Zusammenhang reicht.

So gesehen, ist an der Dauer nichts Neues. Und wäre mit ihr nichts anderes gemeint, so würde sie nichts als das Fortlaufen der Sukzession selbst, d. h. eben ihr Andauern bedeuten. Es gibt eine Auffassung, die damit vollen Ernst macht. Es gibt nach ihr überhaupt nur den Prozeß, und was wir im Leben als ein Bleibendes ansehen, das ist in Wahrheit nur ein verlangsamt Werdendes; vom subjektiven Zeitmaß des kurzlebigen Menschen aus gibt es mancherlei »Konstantes«, aber es sind nur relativ konstante Prozeßstadien. Die sog. »Dinge« z. B. sind solche Prozeßstadien, und nicht weniger die organischen Individuen, sowie die Lebensbedingungen, in denen sie sich erhalten. Für eine auch nur wenig erweiterte Überschau, wie sie dem Menschen ja unschwer erreichbar ist, weichen alle diese Konstanzen dem Flusse, und der Prozeß ist das allein Reale. Ja, noch mehr: indem alles, was im Prozeß auftaucht, wieder vergeht, ist er selbst das allein Unvergängliche. Denn eben das unaufhaltsame Andauern des Entstehens und Vergehens ist sein Bleiben.

Dieser Gedanke ist schon in der Lehre des Heraklit vom ewigen Werden deutlich erkennbar. Aber wie er das Problem des Bleibenden geschichtlich nicht verdrängt hat, so erschöpft er auch ontologisch das Wesen der Dauer nicht. Es fragt sich doch: was läßt uns denn auch nur einen bestimmten Prozeß als dauernd, ja überhaupt als ein einheitliches Etwas auffassen? Hier kann man sich nicht auf die Subjektivität menschlicher Gesichtspunkte berufen, denn solche Prozesse – etwa die Umläufe der Planeten oder der Entwicklungsgang eines Organismus – sind ja gerade etwas objektiv in sich Zusammenhängendes und Geschlossenes. Etwas also muß sich darin erhalten. Und dieses Etwas, was immer es auch sei, ist dann dasjenige, was eigentliche Dauer hat.

Es ist durchaus nicht nötig, daß ein solches Bleibendes gleich ein Ewiges und überhaupt Unvergängliches sei. Es genügt, daß es ein in begrenzter Zeitspanne Dauerndes ist. Aber auch damit schon ist das Problem der Dauer auf eine andere Basis gestellt. Denn es ist weder die absolute Dauer des Prozesses als solchem noch auch die relative eines Prozeßstadiums, um die es sich hier handelt, sondern gerade die Dauer von etwas, was die Stadien eines bestimmten Prozesses miteinander verbindet; d.h. etwas, was in ihnen identisch bleibt.

Ob es so etwas gibt, und worin es besteht, ist keineswegs mehr ein Problem der Zeit, sondern ein solches der in der Zeit laufenden Prozesse. Und da das Prinzipielle in dieser Frage sich keineswegs auf eine bloß relative Beharrung beschränken kann – damit würde man das Problem nur verschieben –, so stehen wir bereits vor dem Problem der Substanz. Mit Substanz eben ist das Identischbleibende im Prozeß selbst gemeint, dasjenige, »an« dem die besonderen Bestimmtheiten oder Zustände (Akzidentien) wechseln. Oder in Kürze, sie ist dasjenige, »woran« der Prozeß verläuft und wodurch er allererst die Einheit eines Ablaufs ausmacht.

Dieses Problem nun gehört offensichtlich einer anderen Untersuchung an. Seine Analyse muß daher noch zurückgestellt werden. Nur sein Auftauchen selbst gehört noch dem Fragenkreis der Zeitlichkeit an. Die Zeit als solche nämlich schließt ein absolut Beharrendes keineswegs aus. Sie würde es von sich ausschließen – und damit aus dem Bestände der realen Welt verbannen –, wenn es sich um ein zeitlos Seiendes handelte, um ein sog. Überzeitliches, also der Zeit Enthobenes und in diesem Sinne »Ewiges« (aeternum). Darum aber handelt es sich nicht. Mit Substanz ist nicht das außer der Zeit Seiende gemeint (ein solches könnte nicht dem Prozeß subsistieren), sondern gerade das in der Zeit und im Prozeß Beharrende, das Bleibende im Sinne dessen, was dem Flusse standhält. Setzt man dafür die alten Begriffe der Metaphysik ein, so muß man sagen: Der Substanz kommt nicht aeternitas zu, sondern sempiternitas. Die letztere eben besagt das unaufhebbar identische Sein in aller Zeit.

IV

Die zweite Stufe der Zeitanalyse hat bis auf die Dynamik des Fließens hinausgeführt. Sie hat zugleich das Problem berührt, was es eigentlich mit dem Beharren im Fluß auf sich hat. Indem die Untersuchung sich nun dem Fließen als solchem zuwendet, tritt sie in ein drittes Stadium. Denn der Zeitfluß ist das eigentliche Innenwesen der Zeitlichkeit, dasjenige, woran alle Bilder und alle von der Räumlichkeit entlehnten Begriffe versagen.

Man kann das Grundmoment in ihm, die Rastlosigkeit des Fortschreitens, nicht weiter beschreiben. Es ist uns in der Unmittelbarkeit des Erlebens zwar ohne weiteres gegeben, aber doch nur unvollkommen, nur für die jeweilige Gegenwart und nur in den Zeitmaßen, die unserem Lebensrhythmus einigermaßen angemessen sind. Auf größere und auf kleinere Zeitmaße gesetzt, ist es dem Erleben so gut wie ganz entzogen. Nun ist aber das Fließen selbst allen übereinandergreifenden Rhythmen des Weltgeschehens gemeinsam. Es hat keine eigenen Maße, liegt vielmehr als an sich maßloses Kontinuum aller Artikulation zugrunde. Die Zeit selbst hat keine natürlichen, ihr eigentümlichen Abschnitte oder Grenzen. Es ist der bestimmte Zeitinhalt, der Zug der Geschehnisse in der Zeit, was in ihr Grenzen, Maße und Abschnitte schafft. Sie selbst geht gleichförmig darüber weg. Sie ist ein Gleichfluß, ein sich immer gleichbleibendes Hinfließen, das ohne Unterschied, ohne Verlangsamung und Beschleunigung über alles hinstreicht, was in ihm auftaucht und verschwindet. Der Rhythmus der Geschehnisse gibt vielerlei Maßstäbe dieses Fließens; aber es sind sehr relative Maßstäbe, und einen absoluten gibt es nicht. Der Zeitfluß hat keine angebbare Geschwindigkeit. Alle Maßstäbe und Geschwindigkeiten sind vielmehr selbst schon auf den einen Zeitfluß bezogen. Und eben darum darf man vom Gleichfluß, der ihnen allen zugrunde liegt, als von einem gleichmäßigen und unveränderlichen sprechen – im Bilde der Raumbewegung also als von einem solchen, der seine Geschwindigkeit niemals ändert.

Von den kategorialen Momenten der Zeit in ihrer dritten und innersten Schicht ist hiermit bereits eines angegeben. Der »Gleichfluß« – wie unzureichend das Bild, wie ungreifbar die Sache auch sein mag – ist der ontologisch fundamentale Grundzug der Realzeit. Das Anrücken und das Vergangensein, das flüchtige Jetzt und sein Vorrücken in die Zukunft, das Zugleichsein und das Nacheinander, das Vergehen und die Dauer – sie alle haben am Gleichfluß der Zeit ihre Grundlage. Im Verhältnis zu ihm sind sie alle bloß untergeordnete Momente.

Der Gleichfluß der Zeit ist durchaus keine Selbstverständlichkeit. Erst die vorangegangenen Erörterungen haben ihn einigermaßen greifbar gemacht. Das unreflektierte Zeitbewußtsein kennt an seiner Stelle etwas ganz anderes. Je nach dem Stande seines Erlebens, seines Sorgens und Strebens, scheint ihm die Zeit bald langsamer, bald schneller zu laufen. Wo die Ereignisse, Anforderungen oder Überraschungen sich drängen, da »entflieht« sie ihm pfeilschnell; wo es Leere empfindet und sich langweilt, meint es, sie »stehe still«. Und umgekehrt stellt sich ihm der gleiche Unterschied in der Vergangenheit dar: ein Lebensabschnitt, der eine Überfülle des Erlebten brachte, erscheint im Rückschauen vergrößert, d.h. verlängert; Zeiten der Leere schrumpfen zusammen, scheinen verkürzt, ja fast zu nichts geworden.

Diese Ungleichförmigkeit des Zeitflusses, seine Relativität auf das Erleben, ist charakteristisch für die Zeit als Anschauungsform. Die Anschauungsform ist nicht identisch mit der Realzeit. Wohl kann die Überlegung sie der Realzeit anpassen; die zunehmende Objektivität der Weltorientierung im gereiften Menschen rechnet auch im Leben mit einem genähert gleichförmigen Zeitfluß. Aber eben durch das Moment der Überlegung ist es dann schon nicht mehr die reine Anschauungsform. Die Gewöhnung an objektive Maßstäbe – etwa im fest eingeteilten Leben nach der Uhr – ist schon Entfernung von der Anschaulichkeit. Und tatsächlich werden ja auch die Erscheinungen des anschaulichen Zeiterlebens (das »Fliehen«, das »Stillstehen« usw.) dadurch keineswegs aufgehoben. Es legt sich nur ein Zeitbewußtsein zweiter Ordnung darüber.

Ganz bis zum Gleichfluß der Realzeit erhebt sich kein Zeitbewußtsein. Nur theoretisch können wir um ihn wissen. Und da es keine besondere Wissenschaft von der Zeit als solcher gibt – etwa wie es vom Raume die Geometrie gibt –, so kann man auch sagen: ganz grundsätzlich weiß nur die Philosophie um die Gleichförmigkeit des Zeitflusses. –

Mit diesem Grundmoment des Gleichflusses hängen zwei weitere zusammen, in denen das Wesen von Sukzession, Gleichzeitigkeit und Dauer noch einmal in neuem Lichte erscheint. Diese beiden Momente sind die strenge »Parallelität« alles in gleicher Zeit verlaufenden Geschehens und das »Wandern« des ihnen allen gemeinsamen Jetzt.

Zunächst ist von der Parallelität zu handeln. Sie erschöpft sich nicht in der Gleichzeitigkeit der einzelnen Stadien, sofern sie die Vielheit der zugleich laufenden Prozesse verbindet und von Augenblick zu Augenblick mannigfaltig dimensionierte »Schnitte« durch die ganze Breite des einen Weltgeschehens legt. Sie besagt vielmehr das absolute Parallellaufen der Prozesse selbst, soweit sie in den gleichen Zeitabschnitten laufen. Das bedeutet: in der Zeit kann kein Prozeß den anderen überholen und keiner hinter dem anderen zurückbleiben. In der Zeit laufen alle Prozesse gleich schnell.

Es kommt natürlich alles darauf an, diesen Satz richtig zu verstehen. Auf den ersten Blick scheint er etwas Erfahrungswidriges auszusprechen. Jedermann weiß, daß physische Prozesse sehr verschieden schnell laufen, daß z. B. räumliche Bewegung den denkbar größten Spielraum in der Abstufung ihrer Geschwindigkeit hat. Nun aber läuft sie doch in der Zeit ab. Sie muß also doch in der Zeit verschieden schnell laufen.

Selbstverständlich läßt sich diese Art der Geschwindigkeitsabstufung nicht antasten. Aber was heißt es denn eigentlich, daß eine Bewegung schneller ist als die andere? Was heißt es ontologisch, daß ein Läufer den ändern in der Rennbahn überholt? Heißt es etwa, daß er ihm zeitlich vorauskommt, bzw. ihn zeitlich hinter sich läßt? Etwa so, daß er schon »früher« im späteren Zeitstadium anlangte als der andere – nach der Art, wie wir in Gedanken schon beim Zukünftigen verweilen können, während das unmittelbare Erleben noch am Gegenwärtigen hängt? Das wäre ein Nonsens. Und niemand meint so etwas mit dem Überholen. Was wir wirklich meinen, ist vielmehr nur ein räumliches Überholen: der schnellere durchmißt die größere Raumstrecke in »derselben Zeit«, in welcher der andere die kürzere durchmißt. Sofern er aber früher am Ziel ist, und wir dann sagen, er sei dieselbe Strecke in kürzerer Zeit gelaufen, so ist doch vielmehr nur diese kürzere Zeitspanne beiden Bewegungen gemeinsam – die andere Bewegung dauert noch fort, wenn die eine aufgehört hat –, und wir meinen nicht, daß diese selbe Zeitspanne in der einen Bewegung eine kürzere wäre als in der anderen, sondern gerade daß sie die gleiche in beiden ist. Und nur sofern sie wirklich die gleiche ist, läßt sich mit eindeutigem Sinne sagen, der eine Läufer sei schneller gelaufen als der andere. »In der Zeit« also liefen sie, solange sie überhaupt »zugleich« liefen, streng parallel. Und das besagt, sie liefen in der Zeit »gleich schnell«. Im Raume nur war ihre Bewegung verschieden schnell.

Alle Bewegung in der Welt ist auf die Einheit und Identität des großen Gleichflusses bezogen, den wir die Zeit nennen. Diese Identität macht sie vergleichbar und in eindeutigen Maßen der Geschwindigkeit bestimmbar. Das bedeutet die absolute Parallelität aller gleichzeitig laufenden Bewegung. Die Zeit ist nicht einfach eine vierte Dimension neben den drei Raumdimensionen, sondern ein Fließen mit einheitlicher Fortbewegung alles dessen, was in ihm abfließt. In diesem Fluß gibt es keinen Unterschied der Geschwindigkeit. Wohl ist die raumzeitliche Bewegung ein vierdimensionaler Vorgang. Aber freie Variabilität des Tempos hat sie nur in drei Raumdimensionen. In der Zeitdimension ist sie an den universalen Gleichfluß der Zeit gebunden. Es ist dasselbe Verhältnis, auf Grund dessen sie auch zeitlich irreversibel ist, während ihre Richtung im Raume je nach den dynamischen Bedingungen, aus denen sie resultiert, ohne Grenzen wechselt.

Was von der Raumbewegung gilt, überträgt sich ohne weiteres auf Prozesse anderer Art, auf qualitative Veränderung, auf die Lebensvorgänge im Organismus, auf das innere Geschehen des Seelenlebens, auf geschichtlich-soziale, politische, kulturelle Begebenheiten. So schwer vergleichbar sie inhaltlich sein mögen, ihrer Zeitlichkeit nach sind sie homogen. Sie fließen in ein und demselben Gleichfluß der Zeit ab, stehen in einer einzigen, durchgehenden Parallelität des Ablaufs miteinander und mit der räumlichen Bewegung. Sie teilen miteinander die Gleichzeitigkeit, das Früher und Später, das Jetzt und das Einst. Auch sie überholen einander nicht. Die Verschiedenheit ihrer Geschwindigkeiten bedeutet nur die verschiedene Dichte der Stadien in derselben Zeit. Ein Menschenleben kann früher oder später aufhören, es kann früher als ein anderes, neben ihm sich abspielendes in ein bestimmtes Reifestadium treten; dann läuft der Entwicklungsprozeß inhaltlich schneller in ihm, die Phasen drängen sich mehr zusammen – nicht anders, als sich beim schnelleren Läufer die räumlichen Phasen enger zusammendrängen, – aber die Spanne der gleichzeitig durchlebten Zeit ist dieselbe. Auch das Menschenleben läßt sich zeitlich nicht beschleunigen und verlangsamen, es ist wie alles Geschehen an den Gleichschritt der Zeit gebunden. Niemand kann sein Älterwerden aufhalten, niemand – wie vielleicht das Geltungsbedürfnis des Jugendlichen es gern täte – es beflügeln. Daß ernstes Erleben uns frühalt machen, weises Haushalten mit der Vitalkraft den Verfall hinausschieben kann, das hat mit dem einfachen, zeitlich-gleichförmigen Älterwerden nichts zu tun. Zwei Brüder, die einmal um zwei Jahre im Alter verschieden sind, bleiben bis an ihr Lebensende um diese zwei Jahre auseinander; der jüngere kann den älteren nie einholen, und wenn er ihn im Fortgang der Reife noch so sehr hinter sich läßt.

Das erstaunlichste aber an dieser Parallelität des Geschehens ist, daß sie Vorgänge der heterogensten Art umfaßt und in der Einheit eines Gleichschrittes bändigt. In der Zeit läuft nicht nur Achilles nicht schneller als die Schildkröte, sondern beide halten auch Schritt mit solchen Prozessen wie Lesen und Verstehen, Sinnen und Suchen. Die stille Arbeit des Gedankens in der Studierstube ist im Gleichfluß mit dem knatternden Motorrad auf der Landstraße, das Ablaufen eines Völkerschicksals mit dem Gange des Lichtstrahls im Weltraum.

Das ist keineswegs paradox. Was hier im Tempo gleichgesetzt ist, ist gar nicht das Heterogene in diesen Prozessen, sondern das Identische. Es ist wenig genug, nur die Zeitlichkeit. Die aber betrifft gerade den Prozeßcharakter als solchen, und in diesem sind sie alle einander gleich. Die Zeit aber läßt in ihrer Dimension nur die eine Bewegung zu, die sie selbst ist: die des alles Reale verbindenden Gleichflusses. Von hier aus erscheint auch die Sukzession in einem neuen Lichte. Sie erschöpft sich nicht im Nacheinander der Stadien eines Prozesses; sie ist die gemeinsame Aufeinanderfolge der Stadien aller Prozesse, die miteinander gleichzeitig laufen. Oder mit anderen Worten, sie ist die gleichförmig stetige Aufeinanderfolge eben jener Simultanschnitte, deren jeder in seiner Ganzheit die Totalität aller Prozesse schneidet, die zur Zeit das Weltgeschehen ausmachen.

Diese Einheit und Gemeinsamkeit der Sukzession, die auch das im übrigen Unvergleichbarste auf einen Nenner bringt, ist nichts anderes als die allgemeine Parallelität alles Geschehens in dem Zeitflusse, der selbst kein Zeitmaß hat. Er hat aber keines, weil es kein Langsamer und Schneller in ihm gibt, sondern nur den Gleichfluß seines Fließens.

Hieraus läßt sich eine weitere Konsequenz ziehen: es gibt keine Eigenbewegung der Dinge in der Zeit. Sie machen alle nur die gemeinsame Bewegung des Zeitflusses mit, sie schwimmen gleichsam rein passiv in diesem Flusse mit. Aktivität, die gegen den Zeitfluß ginge, gibt es nicht; es gibt nur eine solche, die gegen bestimmte Inhalte geht. Alle Vorgänge haben zwar sehr wohl ihre Eigenbewegung – der Richtung wie der Geschwindigkeit nach –, aber nur in den anderen Dimensionen, die dem Zeitfluß seine Breite geben (den räumlichen wie den unräumlichen); d.h., sie haben ihre Eigenbewegung in allen Dimensionen, die quer zur Zeit liegen, nur in der Zeit selbst haben sie keine.

In einem bloß dimensionalen Kontinuum können Dinge sich frei bewegen, Prozesse in Geschwindigkeit und Richtung beliebig variieren. Eine Dimension ist eben nur ein Spielraum möglicher Mannigfaltigkeit. Die Zeit aber ist weit entfernt, ein bloß dimensionales Kontinuum zu sein; was sie darüber hinaus ist, das eben ist das »Fließen«. Und wie unzureichend dieses Bild auch sein mag, es spricht doch gerade das Grundphänomen sehr eindeutig aus: die strenge Parallelität der gleichzeitigen Abläufe und die Verbundenheit des inhaltlich Heterogenen – sofern es nur überhaupt ein Zeitliches ist – in der Einheit eines gleichförmigen Vorrückens.

Das alles gilt aber nur von der Realzeit, nicht von der Anschauungs- und Erlebniszeit, d.h. nicht von der Zeit als Kategorie des Bewußtseins. Das Bewußtsein sieht zwar alle Dinge und alles Geschehen in seiner Zeitlichkeit, ist aber seinerseits nicht gezwungen, in der Betrachtung den Fluß der Zeit mitzumachen. Wie es nachträglich beim Vergangenen, zum Voraus beim Künftigen verweilen kann, so kann es auch in der Betrachtung weite Zeiträume schnell überfliegen, einen unverfolgbar geschwinden Vorgang beliebig verlangsamt in seinen Stadien entlangwandern. In der Anschauungszeit eben überwiegt der dimensionale Charakter, und der Gleichfluß ist kein zwingender.

Aber wohlverstanden, solche Freizügigkeit des Zeitbewußtseins ist durchaus nur dem Inhaltsfelde des Bewußtseins eigen, keineswegs aber den Bewußtseinsvorgängen selbst. Diese Vorgänge laufen in der Realzeit ab, sie sind der Gleichzeitigkeit und dem Gleichfluß aller realen Vorgänge unterworfen; sie sind eben selbst Realvorgänge des Seelenlebens und wie dieses an ihre Zeitspanne gefesselt. Der Bewußtseinsablauf in der Zeit ist nicht identisch mit dem Ablauf der Anschauungszeit im Bewußtsein; die Zeit, in der wir betrachten, ist nicht identisch mit der Zeit, die wir betrachten. Und nur weil es diese Verschiedenheit gibt, hat das Bewußtsein in seiner Betrachtung Freiheit gegen den Gleichfluß der Realzeit.

In ähnlicher Weise wie die Parallelität hängt auch das dritte Grundmoment der Zeit mit dem Gleichfluß zusammen: das »Wandern des Jetzt«.

Es zeigte sich schon an der Sukzession, wie alle Geschehnisse zuerst im Anrücken sind, sodann das Jetzt »passieren«, um weiter in die Vergangenheit abzurücken. Der ganze Strom des Weltgeschehens zieht so an der Gegenwart einmalig vorbei. Da aber die Gegenwart selbst, inhaltlich genommen, flüchtig ist, so kann man ebensogut umgekehrt sagen: sie rückt den Geschehnissen entgegen, ist entsprechend ihrem Zuge stets eine andere. Dieses Aufrücken ist das getreue Spiegelbild des Gleichflusses, es teilt seine Stetigkeit und Gleichförmigkeit, seine Unaufhaltsamkeit und Irreversibilität. Das Wandern des Jetzt in der Zeit – vom eben Vergangenen her auf das eben Anrückende zu – ist das einfache Komplementärphänomen des Fließens der Zeit.

Aber es ist nicht bloß die Umkehrung der Sicht. Vielmehr zeigt das objektive Verhältnis von Sukzession und Dauer erst so sein eigentümliches Wesen. Was entsteht, rückt in das Jetzt ein, was vergeht, entflieht ihm; was aber dauert, das hält sich im Jetzt fest. Sofern nun das Jetzt wandert, so bedeutet das Einrücken und Entfliehen ein Stehenbleiben an seiner Stelle des Zeitstromes, das Dauern aber ein Mitwandern mit dem Jetzt.

Dieses Mitwandern ist das, was wir »Beharrung« nennen. Es ist das Beharren im wandernden Jetzt, gleichsam sein Festhalten an ihm. Ein Prozeß dauert an, solange die Reihe seiner Stadien durch eines von ihnen im Jetzt vertreten ist. Auch er als Ganzes hat Anfang und Ende, und auch er rückt im Wandern des Jetzt Schritt für Schritt in die Vergangenheit ab; die einzelnen Stadien rücken flüchtig ein und ab, aber in ihrer Sukzession erhält sich das Ablaufen als solches im Jetzt – so lange, bis ihre Reihe zu Ende ist.

Nicht nur Prozesse haben Dauer, sondern auch Dinge, Lebewesen, Menschen, Völker, kurz Realgebilde aller Arten und Seinsstufen. Auch sie erhalten sich im wandernden Jetzt, zwar in sehr verschiedenen Grenzen, aber doch so, daß sie tatsächlich eine Zeitlang mitwandern. Sie beharren dabei keineswegs absolut identisch, sie unterliegen auch dem Prozeß der Veränderung; aber selbst so erhält sich doch etwas in ihnen, was ihre Identität auch in der Wandlung aufrechterhält. Sie unterliegen alle dem Gesetz des Auseinandergezogenseins in die Zeitstadien, die sie durchlaufen; sie sind zeitlich niemals als Ganzes beisammen. Aber eben, gerade indem ihr Dasein dem Ablauf unterliegt, in jedem seiner Augenblicke teils vergangen, teils zukünftig ist, erhalten sie sich doch eine Zeitlang. Insofern also unterscheiden sie sich von den Prozessen nicht. Sie währen so lange, als die Stadien ihres Daseins mit dem Jetzt Schritt halten. Wenn keine Stadien mehr folgen, bleiben sie hinter ihm zurück und versinken in die Vergangenheit. Dann hat ihre Dauer aufgehört.

Die Dauer ist auf diese Weise nicht ein Gegensatz zum Prozeß. Sie hat vielmehr selbst Prozeßcharakter. Sie widersteht nur, solange sie währt, dem Entstehen und Vergehen. Aber auch in den Prozessen, sofern sie Zusammenhang und Einheit haben, widersteht immer etwas dem Entstehen und Vergehen. Das aber heißt: Dauer überhaupt ist allem Realen, Prozessen wie Gebilden, gemeinsam; wie denn in beiden etwas ist, was sich im Jetzt erhält. Und dem entspricht es sehr genau, daß ontologisch der Unterschied von Gebilde und Prozeß überhaupt ein sehr relativer ist. Nur das naive Bewußtsein zieht hier eine strikte Grenze, weil es geneigt ist, alles, was ihm als geschlossenes Gebilde entgegentritt, zu verdinglichen. Das Verdinglichte erscheint ihm dann als Substantielles, und erst im Gegensatz dazu stehen die Prozesse depotenziert, als ein Akzidentelles da.

Welche Seinsform ist wohl dem Menschen mehr eigentümlich: die des Prozesses oder die des Gebildes? Nimmt man ihn als Einheit von Leib und Seele, von Denken und Handeln, von Abhängigkeit und Selbständigkeit, von Individualität und Glied einer Gemeinschaft, so ist er ohne Zweifel ein in sich konsistentes Gebilde mit eigenartigem Bau und Gepräge. Nimmt man ihn als Einheit von Kind, Mann und Greis, als ein Menschenleben mit Schicksalen, mannigfachem Streben, Gelingen und Mißlingen, so ist er gerade in seiner Ganzheit ein Ablauf und in keinem Augenblick beisammen.

Auch der Mensch, sowohl als organisches wie als geistiges und moralisches Wesen, muß sich im Jetzt erhalten, aller Veränderung und aller Mannigfaltigkeit seiner Zustände zum Trotz. Nur so ist sein Leben das Dauern eines mit sich identischen Wesens. Gerade an seiner Seinsform, der höchsten, die wir kennen, wird diese Erhaltung zum zentralen und wahrhaft wunderbaren Grundphänomen. Denn in den Grenzen, die ihr gezogen sind, widersteht sie dem Zeitflusse, der ihn in die Prozeßstadien eines langen Lebens auseinanderreißt. Denkt man sich in diese Sachlage hinein, so findet man, daß der Mensch eigentlich vom Anbeginn seines spekulativen Sinnens mehr Grund hatte, über dieses Wunder zu staunen, als über seine Vergänglichkeit zu klagen. Denn nicht die Grenzen seiner Dauer, sondern das Dauern selbst ist darin das Erstaunliche.

Aber auch das zielt bereits über die Zeitlichkeit als solche hinaus. Nur eines an diesem Phänomen gehört noch zu ihr: das Verhältnis des jeweiligen Bewußtseins zum Zeitflusse, sofern es selbst ein Zeitbewußtsein ist, und dennoch in seinem eigenen Ablaufen den Fluß der Realzeit mitmacht. Die Freiheit des Bewußtseins, sich in der Zeit hin und her zu bewegen, ist durchaus nur eine inhaltliche; sie besteht nur in der Zeitanschauung, nicht in der Realzeit, von deren Verlauf sie stets nur ein perspektivisches Bild hat. Aber eben die Zeitperspektive des Bewußtseins beruht darauf, daß es wie alles Reale jederzeit selbst an das Jetzt gebunden ist und alles unmittelbar Erlebbare diesem Jetzt angehört. Auch das Bewußtsein kann realiter nicht aus seiner jeweilen Zeitstelle heraus. Nur in der Betrachtung – in der Vergegenwärtigung, im Hineinversetzen – kann es beim Vergangenen oder Künftigen verweilen. Aber die Vergegenwärtigung ist kein Zurückholen des Vergangenen, das Sichhineinversetzen kein Vorspringen oder Zurückspringen in der Zeit; eines wie das andere ist und bleibt durchaus jetziger Akt des Bewußtseins, jetziges Rückschauen und Vorausschauen. Und es besteht nur, solange der Vollzug dieses Schauens sich im Jetzt erhält.

Die wohlbekannte Macht des Gedankens, die Zeit zu überfliegen, darf einen hier nicht irremachen. Das Bewußtsein setzt sich durch sie nicht mit seinem eigenen zeitlichen Dasein über die Zeit hinweg, sondern nur mit seinem Blick auf das zeitlich ausgedehnte Gegenstandsfeld, das seine Anschauungsform ihm offen hält. Dem eigenen Sein nach ist es ebenso an seine Zeitstelle gebunden wie alles Reale, und keine Macht der Welt kann es von ihr losreißen. Auch sein Vergehen ist ein Entsinken aus dem wandernden Jetzt in die Vergangenheit, und auch seine Dauer ist Beharrung im Jetzt, Mitwandern im Gleichschritt seines Vorrückens.

V

Mit der Klarstellung der Dauer sind wir dicht an das Substanzproblem herangerückt. Denn nicht um ein zeitlos Seiendes handelt es sich in der Substanz, sondern um das, was zeitliche Dauer hat; allerdings im strengen und eigentlichen Sinne nur um das, was unbegrenzte Dauer in der Zeit hat.

Immer hat man gemeint, es müßte so etwas geben, und dieses Etwas müßte dann das Echte und Eigentliche, ja das allein Wirkliche sein. Man verband damit die Vorstellung von etwas Erhabenem, an Kraft und Würde dem Vergänglichen Überlegenen; und zwar eben deswegen überlegen, weil es dem Vergehen standhält. Man suchte es darum mit Vorliebe bei dem Größten und Höchsten, was man zu denken vermochte: bei der Gottheit, bei der Seele, bei den »ewigen Formen« des Seienden.

Die Geschichte der Metaphysik ist eine ununterbrochene Kette von Versuchen, das Unvergängliche in einer dieser Richtungen zu finden. Der Radikalismus dieser Tendenz spricht sich deutlich in den Fassungen solcher spekulativen Begriffe aus wie »das Absolute«, »das Unbedingte«, »das Unendliche«. Man rückte aber die Substanz damit nur ins Zeitlose hinaus; und man merkte nicht, daß man sie eben damit preisgab. Denn das Zeitlose ist nicht in der Zeit, kann also weder Dauer haben noch dem Zeitlichen subsistieren.

Das zeigt sich am deutlichsten dort, wo man für das Absolute den traditionellen Gottesbegriff festhielt. Von Gott ließ sich natürlich ohne Widerspruch behaupten, daß er ewig sei. Die Schwierigkeit erwuchs erst auf der anderen Seite: man mußte dann noch erweisen, daß er real existiere. Denn die Ewigkeit eines Irrealen – nach Art der Zahlen oder der Ideen – genügte natürlich nicht. Und tatsächlich hat es sich in den mancherlei »Gottesbeweisen«, die diese Metaphysik ersonnen, um den Nachweis seiner Realexistenz gehandelt.

Die Geschichte der Gottesbeweise nun ist wohlbekannt. Es gibt keinen, der nicht ebensosehr bezweifelt und widerlegt wie immer wieder geführt worden wäre. Die apriorischen mußten sich notgedrungen an das ideale »Wesen« Gottes halten, die empirischen von irgendwelchen im Umkreise der realen Welt gegebenen Tatsachen ausgehen. Aus dem »Wesen« aber konnte auf keine Weise Realexistenz in der Zeit, aus gegebenen Tatsachen auf keine Weise Ewigkeit und Absolutheit folgen. Das »ontologische Argument« mochte die Existenz noch so sehr unter die Wesenszüge Gottes aufnehmen, es entwertete sie damit bloß zu einem zeitlosen (idealen) Sein; denn was zum Wesen gehört, ist eben damit bloß Wesenszug und entbehrt der Realität. Das kosmologische Argument aber und das teleologische (physikotheologische), sowie alle diesen verwandten, konnten zwar auf einen realen Weltgrund bzw. auf eine reale ordnende Macht hinausführen, aber sie konnten nicht zugleich erweisen, daß das auf diese Weise Erschlossene ein in der Zeit ewig Fortbestehendes sei. Daß es außerdem auch keineswegs die ihm zugedachten Züge der Gottheit zu tragen brauchte, ist ebensowenig zu bestreiten, spielt aber im Zusammenhang des Substanzproblems keine Rolle.

Was hier nicht gelingen wollte, ist also gerade der Erweis eines zugleich Ewigen und Zeitlichen (in aller Zeit Seienden). Wies man ein in der Zeit Bestehendes auf, so hatte es keine ewige Dauer; und faßte man ein Ewiges, so bestand es nicht in der Zeit, hatte also auch keine Dauer, weil seine Existenz nicht Realexistenz war.

Dieses Geschick begleitet auch die anderen spekulativen Versuche mit der Substanz. An keinem Problem springt das mehr in die Augen als an dem der Seele. Denn hier handelte es sich um die »Unsterblichkeit«, also ganz ausdrücklich um das Moment der Dauer ohne Ende in der Zeit. Aber auch hier hatten Beweise kein Glück. Man kann zwar im Zweifel sein, ob die Kantischen »Paralogismen der reinen Vernunft« den Kern der Sache treffen; ohne Zweifel aber folgt aus der Beharrung des Ich im Wechsel seiner Vorstellungen auf keinen Fall die Fortdauer des Ich ohne den Wechsel der Vorstellungen. Wie denn aus begrenzter Dauer sich niemals auf Substantialität und Unvergänglichkeit schließen läßt.

Weit besser fundiert war der alte Gedanke der reinen »Formen« als der Substanzen aller Dinge. Man hatte sich ursprünglich am Reich des Organischen orientiert: da wechseln die Individuen, während die Artform fortbesteht – an immer wieder neuen Individuen. Hier sprach ein wohlbekanntes, überwältigend reiches Tatsachenmaterial für ewige Dauer in der Zeit. Indem man diesen Gedanken erweiterte und auf alle Arten des

Realen übertrug, bekam man eine Welt ewiger substantieller Formen heraus, ein Reich der reinen essentiae, das unberührt über der Welt des Werdens thronte, und an dem sich nun alle menschliche Sehnsucht nach Unvergänglichkeit zu erfüllen schien. In solcher Erfüllung ist der Hauptgrund zu suchen, warum im Lauf der Jahrhunderte so viel Scharfsinn und Arbeit auf die Theorie der essentia verwandt worden ist.

Auch hier aber zog man Schlüsse, ohne die Prämissen geprüft zu haben. Denn tatsächlich sind auch die Formen des Organischen nicht absolut stabil. An ihnen aber war der Formgedanke gewonnen; unterliegen sie dem Wandel, so stürzt das Fundament der Theorie ein. Und auch die generelle apriorische Voraussetzung, die man machte, hält nicht stand. Denn selbstverständlich setzte man voraus, daß die Formen des Realen selbst etwas Reales seien; der Universalien-Realismus erklärte sie sogar für das allein Reale, während die Dinge ihm zu unvollkommenen Abbildern herabsanken. Den Begriff der Realität konnte man freilich umprägen, soviel man wollte, die Sache aber, um die es ging, fügte sich solcher Willkür nicht. Gesetzt selbst, die Formen, die man meinte, wären wirklich unveränderlich, so sind sie deswegen doch nicht für sich, sondern nur in den Individuen real; in ihnen aber lösen sie sich ebenso auf wie die individuellen Züge, unterliegen also dem Werden. Nimmt man sie dagegen nach Platonischer Art als etwas für sich Bestehendes, so haben sie bloß ideales Sein, nicht reales. Das ist kein Sein in der Zeit, also auch nicht ewige Dauer, sondern zeitloses Sein; nicht sempiternitas, sondern bloße aeternitas.

Daran scheitert der Substanzgedanke im Formprinzip: die ewige Form als solche ist nicht real, und das reale Geformte ist nicht ewig. Und so leidet denn der metaphysische Ewigkeitsglaube auf der ganzen Linie Schiffbruch. Es ist etwas Unmögliches, was in ihm verlangt wurde: das Reale ist seinem Wesen nach zeitlich und zerstörbar, das Werden und nicht das Beharren ist seine Existenzform. Alle Beharrung in der Zeit muß sich erst gegen den Zeitfluß durchsetzen. Darum ist alle Dauer, die wir empirisch kennen, eine begrenzte. Und das heißt, sie ist bloß relative Beharrung, eine solche also, die selbst dem Werden und der Zerstörung unterliegt.

Wohl gibt es noch eine andere Richtung, sich des Beharrenden zu versichern. Sie ist, wenn man von den Anfängen absieht, weit nüchterner, entspricht aber auch weniger dem spekulativen Bedürfnis des Menschen. Denn sie sucht die Substanz nicht in den höchsten, sondern in den niedersten Regionen des Seins, in der »Materie«.

Im Materieprinzip kündigte sich schon bei Aristoteles etwas überaus Fundamentales an. Dafür sprach schon die Negativität seiner Fassung: alles Aussagbare ist Form, die Materie ist formlos, unsagbar, alogisch, unerkennbar. Aber sie ist Substrat aller physischen Formung. Etwas von diesem Materieprinzip erhielt sich in der klassischen Physik der Neuzeit. Die Materie ist Grundlage aller Bewegung und Veränderung; man lernte sie exakt-quantitativ fassen in den Momenten der Schwere und der Trägheit. Und so, als »Masse« gefaßt, verlor sie etwas von ihrer alten Irrationalität.

Kant glaubte einen strengen Beweis für die Erhaltung der so gefaßten Materie führen zu können. Er führte ihn als eines der Argumente seiner ersten »Analogie der Erfahrung« auf Grund einer Analyse der Veränderung. Veränderung ist nicht Entstehen und Vergehen, sondern Wechsel der Zustände an etwas, was identisch bleibt; wird auch dieses Identische in den Wechsel hineingezogen, so ist der Vorgang gar nicht mehr Veränderung von etwas, entbehrt also der Einheit eines Prozesses. Das Resultat ist ein paradoxes: man hat immer gemeint, Substanz sei das Unveränderliche, und man meinte damit, was beharrt, könne sich nicht verändern; ganz das Gegenteil lehrt die Kantische Analyse: »nur das Beharrliche (die Substanz) wird verändert, das Wandelbare erleidet keine Veränderung, sondern einen Wechsel, da einige Bestimmungen aufhören und andere anheben«.

Dieser Beweis – es ist nicht der einzige, den Kant bringt, wohl aber der sachlich am besten fundierte – hat den unschätzbaren Vorzug vor allen spekulativen Substanzargumenten, daß er wenigstens das Problem genau trifft und nicht an ihm vorbeiargumentiert. Denn hier geht es in keiner Weise mehr um ein außerzeitliches Sein, sondern sehr ausdrücklich um Beharrung in der Zeit, d.h. um Dauer eines Etwas im Wechsel seiner Zustände. Substanz in diesem Sinne also hat wirklich reales Fortbestehen. Denn es handelt sich in ihr nur um dasjenige, »woran« die physischen Prozesse ablaufen.

Aber wie reimt es sich damit, daß gerade diejenige Wissenschaft, deren Fundament dieses Substanzprinzip sein sollte, im Fortgange der Forschung nicht an ihm festgehalten hat? Auf den Wechsel der Anschauungen über die Struktur und die kleinsten Teile der Materie läßt sich das nicht zurückführen. Das Problem ist im Grunde gar kein strukturelles, sondern ein dynamisches. Das Erhaltungsprinzip sprang von der Materie auf die Energie über; die kosmische Physik stieß auf den Umsatz von Materie in Strahlung, die Materie erschien als eine Sonderform der Energie neben anderen Formen. Und selbst vor der Energie hat diese Relativierung nicht haltgemacht; im zweiten Grundsatz der Thermodynamik ist auch ihre Unzerstörbarkeit sehr fraglich geworden.

Es kommt hier nicht auf die Haltbarkeit bestimmter Wissenschaftsresultate an, insonderheit soweit sie selbst eines gewissen spekulativen Einschlages nicht entbehren. Die Folgerichtigkeit des Grundsätzlichen in den Überlegungen selbst wird man deswegen doch nicht wohl bestreiten können. Dieses Grundsätzliche aber genügt, um das Kantische Argument – auch wenn man es nicht auf die Materie beschränkt, sondern auf die dynamische Energieerhaltung ausdehnt – sehr fragwürdig zu machen. Steckt aber ein Fehler in diesem Argument, so muß er sich aufzeigen lassen.

Und er läßt sich aufzeigen. Kant schloß aus der Tatsache der Veränderung auf eine notwendige Vorbedingung der Veränderung: auf die Beharrung von etwas, woran die Veränderung sich vollzieht. Daran wird nicht zu rütteln sein. Aber wenn sich nun ergab, daß nur ein Beharrendes sich verändern kann, folgt denn daraus, daß dieses Beharrende ein unbegrenzt Beharrendes, d.h. ein Unvergängliches und Ewiges sein müsse? Das würde doch nur folgen, wenn zuvor ausgemacht wäre, daß es kein anderes Werden als die Veränderung gibt. Gibt es noch ein anderes, gibt es z. B. neben der Veränderung das reine Entstehen aus Nichts und Vergehen in Nichts, so ist es sehr wohl möglich, daß auch das in der Veränderung Beharrende sich auflöste. Das würde dann zwar auch das Aufhören des bestimmten Veränderungsprozesses bedeuten, aber keineswegs das Aufhören aller Veränderung. Vielmehr könnten mit der Entstehung neuer ebenso begrenzt beharrender Veränderungssubstrate immer wieder neue Prozesse ähnlicher Artung anheben, deren Dauer sich in derselben Zeit mannigfach überlagern und teilweise zeitlich überdecken müßte.

Was in Wahrheit aus dem Kantischen Argument folgt, ist also keineswegs das Bestehen eines unzerstörbaren Substrates in allem Werden, sondern nur das Auftreten relativ beharrlicher Substrate begrenzter Veränderungsprozesse. Für die Veränderung nämlich – und zwar gerade im streng Kantischen Sinne genommen – genügt es vollkommen, wenn sie einen Träger hat, der sich eine Zeitlang im Wechsel seiner Zustände identisch erhält; so lange nämlich, als der betreffende Prozeß eine in sich geschlossene Einheit bildet und den Charakter der Veränderung behält. Und so allein entspricht es auch aller menschlichen Erfahrung. Die Gebilde, aus denen die reale Welt besteht, Dinge, Lebewesen, Personen usw., machen wohl mannigfaltigen Wandel durch, aber nicht unbegrenzten; ihre Veränderung ist stets an bestimmte Grenzen gebunden, an inhaltliche wie an zeitliche. Über diese Grenzen hinaus sind es nicht mehr dieselben Gebilde, die sich im Wandel erhalten; der Träger der wechselnden Zustände ist dann nicht mehr derselbe.

Ob es darüber hinaus nicht doch auch noch absolute, d. h. wirklich unzerstörbare Substanz gibt, ist von diesen Überlegungen aus in keiner Weise zu entscheiden. Nur eben erweisen kann man ihr Vorkommen in der Welt auf diese Art nicht. Im Resultat also kommt man dem, was man suchte, der eigentlichen Substanz, mit dem Kantischen Beweise auch nicht näher als mit den spekulativen Argumenten.

Überblickt man das Trümmerfeld aller dieser Fehlbeweise, deren jeder einmal der Ruhm seines Urhebers, mancher gar der Stolz eines Zeitalters war, so kann man sich des Eindrucks nicht erwehren, daß sie alle einem Phantom nachgejagt sind. Die faszinierende Kraft des Phantoms ist nicht zu verkennen. Sie trieb den menschlichen Scharfsinn zu Leistungen von erstaunlicher Höhe. Aber sie hat ihn auch nicht weniger erstaunlich in die Irre geführt, um ihn zuletzt doch nur der Leere seines Mißerfolges auf der ganzen Linie, sowie der unvermeidlichen Ernüchterung zu überlassen. Die lange Reihe der Theorien, die sich am Substanzproblem versucht haben, hat letzten Endes doch nichts anderes erwiesen, als daß eigentliche Substantialität – so wie man sie meinte, als ein absolut beharrendes Etwas, das allem Wechsel unberührt zugrunde liegt und dem Fließen der Zeit standhält , – sich nicht erweisen ließ.

Oder war etwa schon in den Anfängen, vor dem Einsetzen der großen Lehrsysteme das entscheidende Wort gefallen? Liegt vielleicht doch eine positive Lösung in dem Gedanken des Heraklit, der Krieg sei »Vater und König« aller Dinge, der Fluß des Werdens selbst sei das allein Ewige und Beharrende? Daß eine solche Deutung Heraklits in manchen seiner Fragmente Boden findet, läßt sich wohl nicht bestreiten. Man kann ihr auch, wenn man sie annimmt, eine sehr schlagende dialektische Form geben. Das ewige Fließen ist zugleich das Gegenteil seiner selbst: indem es die Auflösung alles Seienden und die Aufhebung aller Beharrung ist, erweist es sich doch selbst zugleich als das beharrlich Seiende. Wenn nämlich der Fluß der Dinge nicht beharrte, wenn er also jemals zum Stillstand käme, dann müßten die »Dinge« beharren. Denn er ist die Aufhebung ihrer Beharrung; sein Stillstand also wäre die Aufhebung dieser Aufhebung. Beharrung muß es folglich immer geben: beharren die Dinge nicht, so beharrt der Fluß, und beharrt der Fluß nicht, so beharren die Dinge.

Diese Dialektik hat wohl etwas Bestechendes. Aber es ist nicht wahr, daß sie das Problem genau träfe, geschweige denn es in positivem Sinne löste. Denn erstens ist das »ewige Werden« nur die Verewigung des Entstehens und Vergehens selbst, und keineswegs ein ihm Subsistierendes. Setzt man es also an die Stelle der Substanz, so wird deren Begriff in etwas von Grund auf anderes verwandelt. Zweitens führt die dialektische Überlegung keineswegs auf die einheitliche Beharrung eines identischen Etwas hinaus, sondern bestenfalls auf das Alternieren von zweierlei sehr verschiedenem Beharren, das sich gegenseitig ausschließt (entweder der Fluß oder die Dinge); das Alternieren im Weltprozeß ist aber gerade ein zeitliches Sichablösen, also vielmehr das Gegenteil von Beharrung. Und drittens: es ist nicht wahr, daß die Dinge beharren müßten, wenn der Fluß stillstünde. Sie könnten ja ebensogut auch mit seinem Stillstande aufhören zu sein. Und ist es wahr, daß das Werden überhaupt die Seinsform alles Realen ist, so wird diese Konsequenz sogar notwendig, und das Aufhören des Flusses wird zum Aufhören aller Dinge; d.h. es ist identisch mit dem Aufhören der realen Welt.

Nur wenn man schon zum voraus wüßte, daß die reale Welt in der Zeit nicht aufhören kann zu sein, dürfte man jener Dialektik des Flusses trauen. Mit einer solchen Voraussetzung aber hätte man nicht viel anderes vorausgesetzt, als was man beweisen wollte. Denn ist das Fließen die allgemeine Seinsform des Realen, so ist die Ewigkeit der realen Welt in der Zeit identisch mit der Ewigkeit des Flusses.

VI

Es ist nicht anders: absolute Beharrung läßt sich nicht erweisen. Ist damit eigentlich viel verloren? Berechtigt die Enttäuschung, die der Mensch so an seiner alten Lieblingsidee erlebt, irgend zu Skepsis und Pessimismus?

Es wurde schon eingangs gezeigt, wie der Sinn- und Wertgehalt der Welt mit Ewigkeit nichts zu tun hat. Ein Wertvolles ist unter allen Umständen ein Reales, muß also begrenzte Dauer haben; sein Wertvollsein als solches aber geht nicht mit ihm zugrunde, es unterliegt als ideelles Moment an ihm einem anderen Gesetz. Und was wäre denn auch für den Wertgehalt des Lebens gewonnen, wenn Materie oder Energie, oder selbst die Formen des Lebendigen sich unwandelbar erhielten? An solchen Trägern wird ihn schwerlich jemand suchen. Dagegen finden wir ihn immer wieder am Flüchtigen und Ephemeren, zum mindesten aber am Zeitbedingten und zeitlich Begrenzten, auch wenn dieses die Spanne eines Menschenlebens weit überdauert. Wohl liegt dann auf der Dauer als solcher auch ein Wertakzent. Aber er liegt deswegen doch nicht auf deren Unendlichkeit.

In Wahrheit ist auch vom Wertgesichtspunkt aus an der Ewigkeit nichts gelegen. Erst mit dieser Einsicht wird der Blick frei für eine nüchternere Fassung des Substanzproblems, gleichsam für seinen reellen Kern. Das Subsistenzverhältnis nämlich besteht auch sehr wohl ohne ein absolut Beharrendes. Jedes relativ konstante Realgebilde kann in den Grenzen bestimmter Dauer das identische Substrat mannigfacher Prozesse sein, in denen seine Zustände wechseln. Das gilt von einem Atom so gut wie von einem Organismus, einem bewußten Ich oder einem Volk. Und stets ist die Art, wie sich ein solches Etwas verhält, in maßgebender Weise bestimmend für die Art der Veränderungen, Prozesse und Schicksale, die sich an ihm vollziehen.

Das Gewicht des Problems verschiebt sich damit von der metaphysischen Idee der Substanz auf die im Bereich unserer Erfahrung aufweisbare zeitlich begrenzte Subsistenz; zugleich aber auch von der Idee der Beharrung überhaupt auf die besonderen Typen des Beharrenden. Denn keineswegs handelt es sich in allen Regionen des Seienden um ein und dieselbe Art der Erhaltung. Ja, die Typen haben auch keineswegs alle den Charakter eigentlicher Subsistenz, nicht wenigstens, wenn man den genauen Wortsinn festhält.

Zu fragen ist also vielmehr, welche Arten wirklicher Beharrung es in der realen Welt gibt. Nun ist die Welt ein Stufenreich, in dem jede Stufe des Seienden ihre besonderen Formen, Gesetze und Prinzipien hat. Es ist also von vornherein zu erwarten, daß jeder Stufe auch eine besondere Art der Beharrung entspricht. Und die Erwartung wird durch die Tatsachen noch übertroffen, insofern auf den höheren Stufen die Mannigfaltigkeit der Erhaltungsformen zunimmt. Es soll hier nicht in alle Einzelheiten dieser zum Teil recht komplizierten kategorialen Verhältnisse hineingeleuchtet werden. Für den Abschluß der gegenwärtigen Untersuchung genügt es, zu zeigen, daß oberhalb des Materiellen ein zweiter Haupttypus der Erhaltung neben die eigentliche Subsistenz tritt, der sich dann freilich in mancherlei Untertypen spaltet. Es gibt für ihn keinen gangbaren Namen, der sich bequem neben den der Substanz stellen ließe. Es gibt aber eine Fülle charakteristischer Phänomene, an denen er durchaus eindeutig faßbar wird. Worauf es dann ankommt, ist nur noch, das Prinzipielle daran herauszufinden und zu formulieren.

Eigentliche »Subsistenz« – verstanden als das Beharren eines »Zugrundeliegenden«, welches in weitgesteckten Zeitgrenzen dem Wandel standhält, – gibt es nur auf der niedersten Stufe des Realen. Substanz in diesem Sinne, wennschon nur eine relative, ist die »Materie« der älteren Theorien, sowie die »Energie« der neueren. Was an Substanzen solcher Art wechselt, sind recht eigentlich Akzidentien, Bestimmungen, Zustände, Transformationen. Zwei wesentliche Merkmale zeichnen sie aus: 1. ihre Erhaltung ist, soweit eben sie reicht, eine quantitative (ihre Menge erhält sich); und 2. sie hat die Form der »Trägheit«, d. h. der passiven Widerstandskraft gegen ihre Vernichtung. Wendet man hierauf den oben herausgearbeiteten Sinn des Dauerns an, so ist sie dasjenige, was sich im »wandernden Jetzt« erhält, weil es, einmal in Schwung gebracht, nicht mehr von selbst zum Stillstande kommen kann.

Im Gegensatz zu diesem Nichtkönnen, dieser bloßen Passivität, ist der zweite Typus der Beharrung als charakteristische Selbsttätigkeit zu verstehen. Er setzt mit dem Reich des Organischen ein, um von da an aufwärts der Herrschende zu bleiben.

Ein Lebewesen erhält sich nicht durch Subsistenz. In ihm ist nichts, was als ein passiv Beharrendes zugrunde läge. Es gibt keinen Lebensstoff, gibt auch keine einheitliche, sich quantitativ erhaltende Lebensenergie. Und auch die »Form« als solche tut es nicht, denn sie geht in jedem Individuum zugrunde und entsteht in neuen Individuen wieder. Dieses Wiederentstehen aber ist ein in mehr als einer Hinsicht rätselhaftes.

Wohl gibt es im Organismus stoffliche Elemente, und nicht weniger energetische. Aber gerade sie sind nicht das Bleibende in ihm; sie sind das unausgesetzt in ihm Wechselnde. Sie sind, ungeachtet ihrer physischen Erhaltung, nicht einmal bleibende Bausteine; denn der Bau des Organismus ist im ständigen Umbau begriffen. Und gerade solange er als Ganzes fortdauert, ist der Stoff, aus dem er sich aufbaut, in ständigem Kommen und Gehen begriffen. Dieses Kommen und Gehen macht ein Wesensstück seines Lebensprozesses aus. Sein Fortbestehen aber ist eben die Erhaltung dieses seines Lebensprozesses. Von den wechselnden Elementen aus gesehen, ist der Organismus als Ganzes etwas Sekundäres. Das Eigenartige aber ist, daß dieses Sekundäre, das von ihnen getragene Gebilde höherer Ordnung, sich in ihrem unausgesetzten Wechsel erhält.

Wie also erhält sich der Organismus? Dadurch, daß er diesen Wechsel seiner Aufbauelemente beherrscht. Oder genauer: dadurch, daß er dem eigenen Zerfall die ständige Wiederbildung entgegensetzt. Das bedeutet nicht nur die Aufnahme geeigneten Stoffes, sondern auch die unausgesetzte Hinaufbildung des Aufgenommenen zur eigenen organischen Struktur, seine Angleichung an die höhere Form, die Assimilation.

Und was sich am Individuum im Kleinen vollzieht, das wiederholt sich im Großen am Leben der Art. Hier sind es die Individuen selbst, die da wechseln; ein jedes hat nur seine begrenzte Dauer, aber die Art lebt weiter dadurch, daß sie das Individuum wieder bildet. Sie setzt dem Tode die Zeugung entgegen und lebt in immer neuen Exemplaren fort. Das ist nicht bloße Erhaltung der »Form«, diese vielmehr muß ja erst immer wieder gebildet werden. Im Artleben erhält sich vielmehr der ganze einmal entstandene und an bestimmte (lokale) Lebensbedingungen angepaßte Stamm fortgehenden Lebens, der durch die

Einheit der Form äußerlich kenntlich und innerlich zusammengehalten ist.

Alles Leben ist auch ein Sterben, nicht erst am Ende seines Bestehens, sondern von Anbeginn und während seiner ganzen Dauer. Es besteht im Kreislauf von unentwegtem Verlust und Gewinn. Im einzelnen Organismus ist der ständige Zerfall durch das Moment der Dissimilation, im Stammesleben der Art durch den Tod der Individuen vertreten. Es gibt aber auch eine zeitliche Grenze des Stammeslebens, den »Artentod«; nicht zwar als »natürlichen Tod« wie bei den Individuen, wohl aber als Folge von Änderung äußerer Lebensbedingungen, an welche die Art angepaßt war. Auf jeder dieser drei Stufen geschieht die Erhaltung, soweit eben sie reicht, durch spontanen Ausgleich des Verlustes, durch Wiederbildung oder durch Neuschöpfung. Dem Artentod freilich folgt keine Wiederbildung der gleichen Art; wohl aber treten andere Arten des Lebendigen unter ständiger Neuanpassung ihrer Organisation an die Stelle der alten.

Die Eigenart der Erhaltung liegt hierbei in einem Prinzip aktiver Selbstregulation, das den Gegensatz zur Trägheit der Subsistenz sehr anschaulich werden läßt. Dieses Prinzip sieht man am deutlichsten, wenn man davon ausgeht, daß wir es auf allen drei Stufen des Lebensprozesses mit einem Gleichgewicht entgegengesetzter Prozesse zu tun haben. Auf der Stufe des Individuums ist es das Widerspiel von Dissimilation und Assimilation; auf der des Artlebens halten sich Sterblichkeit und Reproduktion der Individuen die Waage. Im phylogenetischen Lebensprozeß der Artenbildung steht der Veränderung der Lebensbedingungen die Umbildungs- und Anpassungstendenz der bestehenden Arten selbst entgegen.

Nun aber ist das Gleichgewicht der Prozesse nirgends ein ganz ausgeglichenes; es hat überall eine gewisse Labilität. Oder vielmehr, seine Stabilität hat auf jeder Stufe sehr bestimmte Grenzen. Und diese Begrenztheit ist wesentlich für das sich überlagernde Verhältnis der höheren Stufe. Das Gleichgewicht von Assimilation und Dissimilation reguliert sich zwar selbsttätig, aber nur im großen Ganzen, nicht unbedingt in allen Einzelheiten; sein Versagen ist der Verfall des Individuums, sein Tod. Viel weiter ist der Spielraum von Sterblichkeit und Reproduktion im Leben der Art; aber hier geht ständig mit dem Verhältnis von Verlust und Ersatz ein zweites, ein Verhältnis der qualitativen Auslese im Kampf ums Dasein der Individuen. Die Reproduktion der Artform in den Individuen ist keine absolut genaue, sie variiert stets in gewissen Grenzen. Diese Variabilität ist der Boden der natürlichen Auslese, in der sich ständig eine Art qualitativer Regulation vollzieht; und da die letztere einen Überfluß an Individuen braucht, so kann sich das Leben der Art nur durch eine fortgesetzte Überproduktion an Individuen erhalten.

Man sieht hierbei, wie gerade das Versagen der Regulation im Gleichgewicht der Prozesse des Individuums den destruktiven Prozeß im Leben der Art ausmacht und so mittelbar das Gleichgewicht höherer Ordnung erst ermöglicht. Dasselbe Verhältnis aber kehrt weiter oberhalb zwischen Erhaltung und Umbildung der Art wieder; denn die Umbildung wird erst dadurch möglich, daß der Arttypus in der Individualreproduktion in gewissen Grenzen variiert, also sich als unstabil erweist. Dadurch allein kann es eine Erhaltung des Lebens über die Erhaltung der Art hinaus geben.

Auf beiden Stufen also haben wir ein schwebendes Verhältnis von Gleichgewicht und Ungleichgewicht. Beide Male ist die Selbstregulation eine begrenzte; aber beide Male auch wird die Labilität im Gleichgewicht niederer Ordnung durch einen Prozeß höherer Ordnung aufgefangen, in dem sich ein neues Gleichgewicht herstellt. Es sind auf diese Weise drei Stufen relativer Erhaltung übereinandergeschaltet, durch deren Zusammenwirken der phylogenetische Lebensprozeß sich fortsetzt.

Vergleicht man diese Art der Erhaltung mit der der leblosen Dinge, so ist es offenkundig, daß sie eine ganz andere und in mancher Hinsicht überlegene ist. Ein Ding, einmal gestört in seinem Bestande, stellt sich nicht wieder her. Es hat hinter sich nur die Trägheit des Subsistierenden, die aber ist gleichgültig gegen seinen Bestand. Die Erhaltung des Organischen hat nichts mit Subsistenz und nichts mit der Inertia seiner Bausteine zu tun. Sie ist aktive Selbstregulation des an sich um vieles höheren, abhängigeren und zerbrechlicheren Gebildes; ja, sie besteht darüber hinaus in einer eigenartigen Selbsttranszendenz des höheren Gebildes. Denn das ist das Geheimnis in der Erhaltung des Lebendigen, daß der Einzelorganismus seine eigene zeitliche Grenze in der Wiederbildung von Individuen »überschreitet«; genau so wie auch das Artleben seine eigene zeitliche Grenze in der Selbstumbildung und Neuanpassung überschreitet.

Das Wunder der aktiven Selbsterhaltung im Reiche des Lebendigen ist als Tatsache wohlbekannt. Nur der auf das Individuum allein gerichtete Blick, für den mit dem eigenen Tode alles aufhört, vermag es nicht zu sehen; er sucht die Erhaltung dort, wo sie nicht ist. Von alters her aber haben tiefere Denker das erstaunliche Phänomen gesehen und ihm Ausdruck verliehen. Platon erkannte seinen Sinn genau und nannte es direkt »Teilhabe an der Unsterblichkeit« in der »sterblichen Natur« (Symposion). Die ganze Größe des Phänomens, seine dreifache Stufung und Steigerung, konnte er freilich nicht sehen. Erst die Fortschritte biologischen Wissens haben diese Zusammenhänge erschlossen.

Das Merkwürdige aber ist nicht so sehr, daß diese zweite Art der Erhaltung der ersten überlegen ist, daß sie das Fragile zum Stärkeren, das Bedingtere und Bedrohtere zum Widerstandsfähigeren und Beharrungsmächtigeren macht, sondern daß sie dieses Resultat auf dem umgekehrten Wege erreicht wie jene. Das Prinzip eben ist ein von Grund aus anderes.

Dort beharrt das Einfachste und Primitivste, der Baustein oder das letzte Element, während das höhere Zusammengesetzte entsteht und vergeht. Hier wechseln die niederen und einfacheren Elemente, während das auf ihnen beruhende größere Ganze beharrt. Die Erhaltung liegt lediglich in der Einheit des höheren Gebildes, während innerhalb seiner alles im Fluß ist. Die Erhaltung liegt »oben auf«, nicht »unten zugrunde«. Sie stellt sich »über« der Unruhe der Prozesse her, ist nicht »unterhalb« ihrer und vor ihnen da. Sie haftet nicht am ontisch Primären, sondern gerade am Sekundären. Und darum kann sie nur auf aktiver Wiederbildung beruhen. Sie hat überhaupt nicht die Form des Darunterliegens, sondern – wenn man das Bild gelten lassen will – des Darüberschwebens, nicht der Subsistenz, sondern der Superexistenz.

Am Namen und an den Bildern liegt freilich nicht viel. Wichtig ist nur, die Eigenart des neuen Prinzips zu erfassen. An diesem Prinzip aber ist das Wesentliche die Umkehrung des Substanzverhältnisses. Man kann dies auch noch auf andere Weise belegen. Das Subsistierende widersetzt sich direkt der Auflösung, es führt, solange es währt, den Kampf gegen sie; und eben darum ist es im Nachteil, denn das ist ein ungleicher Kampf. Die lebendige Ganzheit dagegen wehrt der Vergänglichkeit nicht, nimmt sie vielmehr in ihr eigenes Gefüge auf. Sie ist eben kein bloßes Formgefüge, sondern auch – und erst recht – ein Gefüge der Prozesse. Sie nimmt also selbst die Form der Beweglichkeit an. Aber indem sie dem Gefüge der entgegengesetzten Prozesse ein Gleichgewicht gibt, welches sie selbst reguliert – und wo es versagt, durch ein höheres Gleichgewicht überbaut –, gibt sie diesem Gefüge selbst Dauer.

Und diese Dauer ist ihrer zeitlichen Ausdehnung nach derjenigen der subsistierenden Elemente sehr wohl vergleichbar. Sie kann von außen durch kosmische Katastrophen ein Ende finden, aus sich selbst heraus aber ist sie nicht begrenzt. Potentiell – und d. h. ihrem Wesen nach – ist sie in demselben Sinne eine ewige wie der Prozeß und das Werden überhaupt.

Mit dem Verständnis dieses zweiten und höheren Erhaltungsprinzips eröffnet sich eine durchaus neue Perspektive durch den Schichtenbau der realen Welt. Denn weiter aufwärts vom Organischen aus gibt es nur noch Erhaltung im Sinne dieses Prinzips, Erhaltung durch Selbstwiederbildung, Selbstregulation und Selbsttranszendenz. Das gilt von allen Stufen des seelischen und geistigen Seins. Und da im Reich des Geistes die gewichtigsten Sinn- und Wertkomponenten des Menschenlebens liegen, so ist es nicht anders zu erwarten, als daß hier erst das Prinzip seine ganze Tragweite zeigen muß.

Es kann an dieser Stelle die Aufgabe nicht sein, das weitverzweigte Reich geistigen Lebens auf seine mannigfachen Besonderungen und die ihnen entsprechenden, ebenso mannigfaltigen Sonderformen der Erhaltung hin zu durchwandern. Es muß statt dessen genügen, auf eine einzige, allerdings zentrale Erhaltungsform einen Blick zu werfen – einen Blick, der wenigstens so weit führt, daß sowohl die Wiederkehr als auch die Abwandlung des Prinzips erkennbar wird. Diese zentrale Erhaltungsform ist die geschichtliche Fortdauer des Geisteslebens in einem Volke, sein Fortbestehen im Wechsel der Generationen sowie im inhaltlichen Wandel seines Bestandes.

Die Art, wie der Geist eines Volkes sich erhält, ist der des Artlebens in mancher Hinsicht verwandt. Auch hier sind die Individuen nur zeitweilige Träger eines gemeinsamen Lebens, das sie übernehmen und weitergeben. Aber die inhaltliche Wiederbildung der Errungenschaften im einzelnen Individuum geht andere Wege. Durch organische Erblichkeit gibt der einzelne nur die Grundlage der geistigen Artung weiter, die Veranlagung zu ihr; die besonderen Inhalte vererben sich nicht. Sie müssen im Miteinanderleben von Bewußtsein zu Bewußtsein mitgeteilt, müssen in jedem jungen Menschenleben aus der gemeinsamen geistigen Sphäre übernommen, erlernt, verarbeitet und zu eigen gemacht werden.

So muß schon das Kind die Muttersprache erst erlernen. Das geschieht in tastenden Versuchen, durch Nachahmung und langsames Sichzurechtfinden im Sinne des Gehörten. Das gleiche gilt vom Hineinwachsen in die äußeren Formen des Zusammenlebens – durch Anleitung und Gewöhnung. Es gilt aber noch viel mehr von den höheren Gehalten des Geisteslebens, von den Wertungen, von der Moral, vom Wissen, vom Rechtsempfinden und von den Verpflichtungen gegen Volk und Staat. Auf all diesen Gebieten erfordert das Übernehmen ein hohes Maß von Aktivität, Einsatzkraft, Erfahrung und Verarbeitung. Es ist ein ganzer Lehr- und Werdegang, der den einzelnen erst bis auf die Höhe des gemeinsamen geistigen Lebens bringt. Und eben dadurch, daß ein jeder diesen Werdegang durchläuft – bis zum vollwertigen Träger und Repräsentanten des völkischen Geistes –, erhält sich der letztere im Kommen und Gehen der Individuen als ein geschichtlich identisches Ganzes, das seinerseits wohl manchen inhaltlichen Wandel, Schicksale, Rückschläge und Erhebungen durchmacht, aber kein eigentliches, von innen her bedingtes Abreißen erfährt.

Es war ein Fehler Hegels, daß er die Erhaltung des geschichtlichen Geistes, und speziell die des »Volksgeistes«, auf das Leben einer Geist-Substanz zurückzuführen suchte. Das mochte naheliegen, weil man in seiner Zeit für Erhaltung keine andere Kategorie als die der Substantialität kannte. Die Übertragung dieser Kategorie auf das Geistesleben hat von jeher das Mißtrauen der Besonnenen erweckt. Mit Subsistenz gerade hat die Erhaltung geschichtlichen Gemeingeistes nichts zu tun. Es liegt hier nichts zugrunde, was in passiver Trägheit beharrte. Es ist das umgekehrte Prinzip, das hier waltet: die aktive Selbsttranszendenz und Selbstwiederbildung, das schwebende Aufruhen des höheren Ganzen über dem verschlungenen Entstehen und Vergehen vielfachen individuellen Lebens, die Erhaltung des getragenen Geistes in der Flucht seiner Träger. Der geschichtliche Geist erhält sich im wandernden Jetzt, indem er das Werden in seine eigene Seinsform aufnimmt, sich in immer anderen Trägern selbsttätig erneuert, das Ephemere aber seinem Schicksal überläßt, unwiederbringlich in die Vergangenheit abzusinken. –

Es gibt noch mancherlei weitere Formen der Erhaltung im Reiche des Geistes. Sie zeigen alle den gleichen Grundtypus. Das eine Beispiel mag daher genügen. Die Untersuchung ist auch so bereits bei einem greifbaren Resultat angelangt; man braucht es jetzt nur auszusprechen, um es als ein solches zu verstehen.

Versetzen wir uns in die Anfangssituation zurück, von der wir ausgingen: in die Abneigung des spekulativen Denkens gegen Zeitlichkeit und Vergänglichkeit, das vergebliche Suchen der Metaphysik nach dem »Ewigen«, die erträumten »besseren

Welten« und das Phantom der Überzeitlichkeit. Das meiste von diesem metaphysischen Spuk ist vor der nüchternen Analyse der Zeit zerstoben. Die Zeit ist nicht das alles verschlingende Ungeheuer. Es gibt vielerlei Reales, das Dauer hat – genügend lange, um die kühnsten Träume des Menschen zu überbieten. Denn in Wahrheit ist es nicht Ewigkeit, was er sucht, sondern nur die über sein eigenes eng begrenztes Dasein hinausreichende Erhaltung im Jetzt.

Versteht man den Sinn jener alten Sehnsucht in dieser Einschränkung – d.h. bringt man ihr Gegenstandsfeld vom Himmel wieder auf die Erde, vom zeitlos Irrealen auf den realen Boden einer recht verstandenen Zeitlichkeit zurück –, so ist die Erfüllung, die sie erfährt, gar nicht so gering. Gäbe es keine andere Erhaltung als die Subsistenz, so ginge sie freilich leer aus. Denn sie hängt nicht an der Beharrung des Trägen, der Materie oder der Energie. Subsistenz eben gibt es nur in den Niederungen der realen Welt. Gibt es aber darüber hinaus den umgekehrten Typus der Erhaltung, so ist für Dauer des Höchsten und Wertvollsten, das der Mensch kennt, in dieser Welt wohl gesorgt. Denn das läßt sich eindeutig erkennen, daß Leben und Geist sich nur durch aktive Selbstwiederbildung und Selbsttranszendenz des Vergänglichen erhalten.

Das Ethos der Persönlichkeit

(1949)

I

Was Persönlichkeit ist, läßt sich erst im Gegensatz zur Person sagen. Denn beides ist nicht dasselbe. Person ist jeder Mensch, darin gleichen sich alle; das Personsein als solches ist darum ein Allgemeines, wie sehr auch die einzelnen Personen verschieden sein mögen. Persönlichkeit dagegen ist nicht jeder Mensch. Persönlichkeit ist das an einem Menschen, was er für sich allein hat, was nicht an anderen wiederkehrt, das Einmalige und Einzige an einer Person. Darin ist schon vorausgesetzt, was Person ist. Aber was ist Person? Sie ist nicht das Subjekt und nicht das Ich. Sie ist auch nicht das Bewußtsein, geschweige denn das Selbstbewußtsein. Sie setzt das erkennende Subjekt wohl voraus, desgleichen das geistige Bewußtsein mit seiner Objektivität und seiner charakteristischen Distanz zu den Dingen der umgebenden Welt; aber sie ist noch etwas mehr: das in die Zukunft schauende, vorsorgende, Zwecke setzende, handelnde und im Handeln sich frei entscheidende Wesen, das zugleich den Sinn für Wert und Unwert, das Wissen um Gut und Böse hat und selbst befähigt ist, gut oder böse zu sein.

Damit ist sie zugleich das durch seine Aktivität weltoffene Wesen, das von der umgebenden Welt Impulse empfängt und seinerseits handelnd in sie eingreift, sie umgestaltend und das Geschehen umlenkend. Sie zieht, indem sie Dinge benötigt und verwendet, eine Sphäre des ihr Zugehörigen um sich, die als Personsphäre zugleich die ihres Eigentums, ihr unmittelbarer Macht- und Einflußbereich ist. Sie erhebt den Anspruch, in dieser Sphäre respektiert zu werden. Denn sie kann in ihr auch verletzt werden.

Die Person fordert für sich die Anerkennung derer, die sie ihrerseits als Personen (mit einer Personsphäre) anerkennt. Das innere Korrelat dieser Forderung ist ihr ethisches Selbstbewußtsein, ihr Auf-sich-Halten, Stolz, Würde und Scham.

Auf der gegenseitigen Anerkennung beruht die Menschengemeinschaft. Auf die Person bezieht sich die Aristotelische Definition des Menschen als des »von Natur gemeinschaftbildenden Lebewesens«. Das bedeutet, daß ein personales Wesen nicht nur den Drang, sondern auch die Fähigkeit hat, seinen Zusammenschluß mit anderen gleichen Wesen zu organisieren.

Es gehört ferner die Fähigkeit dazu, sich selbst in Zucht zu nehmen, sich unter Forderungen oder Gesetze zu stellen, die dem personalen Wesen nicht von Natur gegeben sind und nicht aus seinen Artinstinkten entspringen, die ihm dann aber zu Maßstäben des Wertbewußtseins werden. Aus dieser Fähigkeit erst entfalten sich die verschiedenen Stufen der Solidarität und der als solcher empfundenen Mitverantwortung für das Ergehen und Handeln anderer Personen. Solche Stufen sind: die Gleichstellung unter dem Recht, das Vertrauensverhältnis (Treu und Glauben) und die allgemeine Nächstenliebe (Altruismus).

Zur Person wird der Mensch nicht einfach aus sich selbst heraus, sondern stets auf Grund eines Kulturzusammenhanges, der als geschichtlicher Geist vorbesteht und sich im Wechsel der Generationen herausgebildet hat. Der Einzelne wächst in diesen Zusammenhang hinein, übernimmt ihn im Heranwachsen und übergibt ihn der nächsten Generation weiter; aber er tut es nicht passiv, sondern im Maße seines Könnens trägt er auch das Seinige zu ihm bei. Die Geistesgebiete, auf denen dieser Umsatz läuft, sind: die Sprache, das Recht, die Sitte, die Moral, das Wissen, der Lebensstil, die Kunst, die Religion, die Technik und andere.

Die Einzelperson ist auf allen diesen Gebieten Träger einer lebendigen Tradition. Daß sie auf keinem Gebiete das Ganze umfaßt, hindert sie daran nicht. Auf manchen Gebieten bedarf es der besonderen Institution (Lehranstalt) und der besonderen Lehrpersonen zur Weitergabe des kulturellen Gutes. Denn der Geist vererbt sich nicht – wie die physischen und manche seelischen Eigenschaften –, sondern bedarf der aktiven Weitergabe. Die Person tritt damit in den unmittelbaren Dienst der Geistesgeschichte.

Über alles das hinaus fällt der Person noch eine größere Aufgabe zu – durch ihr Berufensein zur Lenkung des Geschichtsprozesses. Gäbe es ein überpersonales Bewußtsein mit eigener Aktionsfähigkeit, so wäre der Mensch als Person von dieser Beanspruchung frei. Aber es gibt kein Bewußtsein oberhalb der Einzelperson. Der geschichtliche Gemeingeist hat keines. Nur der personale Geist ist der Einsicht, der Zwecksetzung und Lenkung mächtig. Gerade er aber reicht für die ungeheure Aufgabe, die ihm hier zufällt, nicht zu. Sein Vorblick und seine Zielsetzung sind an den privaten Bedarf des persönlichen Lebens und dessen enge Perspektive angepaßt. Dennoch trägt er die Verantwortung für künftige Geschlechter, welche die Früchte seines Tuns ernten werden. Aus diesem Dilemma kommt der Mensch nicht heraus.

II

Zur Persönlichkeit reicht das alles nicht zu. Schon im Leben, diesseits aller Reflexion, meinen wir etwas den Einzelnen Auszeichnendes, wenn wir sagen, er sei eine Persönlichkeit. Denn Persönlichkeit ist das an einem Menschen, was ihm nicht mit anderen gemeinsam ist. Doch darf man hier dem Sprachgebrauch nicht zu weit nachgeben; oft meint man mit Persönlichkeit nur einen Menschen von größerer Tatkraft, von starkem, suggestivem Einfluß auf andere, ausgeprägtem Charakter oder auch nur den repräsentativen Vertreter eines Menschentypus.

Dieser Sprachgebrauch trifft nicht das Wesen der Sache. Er bleibt im Typenhaften stecken, dringt nicht bis in das Individuelle durch. Auch schwache, stille, unaufdringliche Menschen können Persönlichkeit haben. Auf die Eigenart, das Einmalige, die Einzigkeit und Unersetzlichkeit kommt es an. Persönlichkeit ist das an einem Menschen, was wir lieben oder hassen, wofür wir Sympathie oder Antipathie empfinden – meist ohne daß wir sagen könnten, worin es besteht. Auf sie sind fast alle höheren persönlichen Gefühle gerichtet.

Mit Individualismus hat das nichts zu tun. Am wenigsten mit dem ethischen. Die allgemeinen sittlichen Forderungen, die für jedermann ohne Unterschied gelten, werden von dem Anspruch der Besonderheit des Einzelnen gar nicht berührt, geschweige denn geschmälert. Sie bleiben in Kraft und bleiben die Grundlage, über der sich menschliche Eigenart als Ethos der Persönlichkeit allererst erheben kann.

Die ganze Alternative von Allgemein und Individuell – nicht nur am Menschen, sondern überhaupt an allem Seienden – ist ein Irrtum der alten Metaphysik. Es gibt in der realen Welt nicht zweierlei Seiendes (individuelles und allgemeines), sondern durchaus nur einerlei. Alles Reale, gleichgültig, ob Ding oder Mensch, Ereignis oder Zustand, ist individuell, nur freilich meist mit sehr unbedeutenden Differenzen; aber alle Einzelzüge des Individuellen sind allgemein. Der Einzelfall teilt sie mit unzähligen anderen. Was ihn individuell macht, ist lediglich die Kombination der Züge. Diese kehrt nicht wieder, und zwar schon deshalb, weil sie bei ihrer Wiederkehr in einen anderen Realzusammenhang eingeordnet und durch ihn jedenfalls eine veränderte wäre.

Dieses Verhältnis ist der einfache Ausdruck eines ontologischen Gesetzes, das nicht durch menschliche Verkennung aufgehoben werden kann. Man kann es auch so aussprechen: Alles Reale ist einzig, aber in ihm steckt schon die Realität des Allgemeinen; denn diese bedeutet nichts anderes als die Gleichartigkeit der einzelnen Züge. Nur das ideale Sein ist ohne Individualität. Dafür ist es auch ein bloß unvollständiges Sein. Die alte Metaphysik – seit Platonischer Zeit – hat es als das höhere Sein, als »bessere Welt« der reinen Formen verstehen wollen. Die neue Ontologie hat ihm den Nimbus genommen und seine Seinsweise, trotz aller Überzeitlichkeit, als die niedere erwiesen. Gerade das zeitliche, vergängliche, individuelle Sein ist das höhere.

An Dingen und niederen Lebewesen erscheint uns das Einzigsein gewichtlos, wir haben kein Interesse daran, und so bleibt es völlig unbemerkt. Am Menschen bekommt es für uns Gewicht, weil es auf Persönlichkeit beruht. Wäre der Mensch für den Menschen nicht etwas Besonderes, so würden wir vermutlich nichts Individuelles in der Welt entdecken können.

Durch alle Schichten des Menschenwesens erstreckt sich das persönlich Individuelle. Am Körper ist es direkt sinnlich wahrnehmbar, in der leibseelischen Sphäre wirkt es sich als durchsichtiger Ausdruck des Inneren im Äußeren aus; am moralischen Wesen der Person erscheint es als Charakter, in der intimen Beziehung von Mensch zu Mensch als das, was den Einzelnen unverkennbar heraushebt aus der Vielheit der Personen, was aber doch stets im Grunde unerkennbar und unaussprechbar bleibt.

Wesentlich ist hierbei auf allen Stufen das anschaulich-konkrete Hindurchleuchten des an sich unsichtbaren Seelisch-Inneren durch das Äußere – nicht in dessen Gestalt allein, sondern erst recht in der Dynamik der Bewegung, Haltung, mimischer Reaktion und so weiter. Die Gegebenheit der Persönlichkeit hängt ganz an diesem »Erscheinungsverhältnis«. Denn die sprachliche Mitteilung faßt vom seelisch Individuellen nur Bruchstücke. Die Persönlichkeit bedarf, um sich zu zeigen, einer differenzierteren Form der Offenbarung. Es ist mit ihr wie mit dem geistigen Gehalt eines Kunstwerkes: das Denken und seine Logik sind hier viel zu schwerfällig, gerade im Unwägbaren, nur flüchtig und blitzartig Aufleuchtenden, liegt das Wesentliche, und nur das feinste sinnliche Auffassen vermag das Übersinnliche – gleichsam im Fluge – zu ergreifen.

Der große Unterschied vom Kunstwerk ist nur der, daß hier das Erscheinende real ist. Es ist die geistige und seelische Realität des Menschen, die hier erscheint. Im Kunstwerk offenbart sich das in der Phantasie Erschaute und vom Künstler in die Objektivation erhobene, in der äußeren Erscheinung des Menschen die wirklich lebende Persönlichkeit. »Real« ist die letztere im Sinne des neuen ontologischen Realitätsbegriffs, der nicht am Räumlichen und Materiellen hängt, sondern an der Zeitlichkeit, dem Werden und der Individualität.

Diese Erscheinungsform ist so durchschlagend und der des begrifflichen Denkens so überlegen, daß auch im sittlichen Leben der Völker die führenden Ideen fast immer nur in der Form der Persönlichkeit konkret werden und Anhang finden. Der Mensch lebt nicht auf abstrakte Normen, Gesetze oder Dogmen hin, sondern auf erschaute Gestalten, persönliche »Vorbilder« hin – einerlei, ob sie privater Art sind und nur den Einzelnen vorschweben, oder gemeinsame, geschichtlich bewegende Ideale sind. Dadurch allein ist es möglich, daß auch der Dichter geschichtlich weltbewegend auf ein Volk wirkt, das ihn hört und seine Visionen versteht. Denn auch seine »Gestalten« sind, wenn sie überzeugen, dem Leben abgelauscht, und ihre Erscheinungsform ist dieselbe wie die der lebenden Persönlichkeit. Sie leuchten ein nicht durch das, was sie vertreten, sondern dadurch, wie sie sich im Leben verhalten.

Trotz aller Individualität und Konkretheit liegt aber das Kernstück der Persönlichkeit dort, wo sie sich wieder als bloße Person unter Personen in die Gemeinschaft und ihre geschichtlichen Schicksale eingliedert. Denn damit nimmt sie bewußt die Last einer höheren Verantwortung auf sich. Und erst im Tragen dieser Last und im Erstarken unter ihr zeigt sich ihr wahres Ethos. Am Überpersönlichen muß sich das Allerpersönlichste des Menschen bewähren.

Denn mit dem eitlen Selbstbewußtsein des Individuums hat echte menschliche Persönlichkeit nichts zu tun. Ein Leben, das die eigene Person zum alleinigen Selbstzweck, das eigene Wesen zum Gegenstand eines Kultus macht, ist eher noch die Verkennung als die Entfaltung der Persönlichkeit. Die wirkliche Eigenart wächst gerade dort, wo der Mensch seine Ziele weit über sich hinaus setzt und sich an Aufgaben hingibt, die ihn über sich hinausreißen. Alle Selbstbespiegelung wirft ihn moralisch zurück. Das wahre Ethos der Persönlichkeit ist kein Ethos des Sichselbstsuchens oder Sichdurchsetzens, sondern der Selbsthingabe und der Selbstvergessenheit.

III

Die letzten Punkte haben gezeigt, wie die Persönlichkeit nicht auf sich selbst gestellt, sondern stets in größere Zusammenhänge eingebettet dasteht. Das gilt nicht nur von ihrem Sein, sondern auch von ihrem Ethos und ihrem Wissen um sich. Ihr Geheimnis ist ein kategoriales. Sie ist ein Gebilde sui generis mit eigener Daseinsform. Diese letztere aber ist, wie in der ganzen Welt stets die höhere Form, eine »aufruhende«, von anderen Seinsformen getragene und insofern abhängige. Das hindert – entsprechend dem kategorialen Aufbaugesetz in der Schichtung der realen Welt – nicht ihre innere Autonomie.

Der Mensch als Person bildet durch seine eigentümliche Erhaltungsform (seine Konsistenz) eine Art sekundärer Substanz, an der die Zustände wechseln. Als solche ist sie das tragende Element der größeren Personenverbände, und diese Trägerschaft gehört mit zu ihren Aufgaben, aus denen man sie nicht herausreißen kann, ohne ihr den Boden zu entziehen, auf dem sie steht. Etwas Ähnliches gilt aber auch für die individuelle Persönlichkeit, und zwar deswegen, weil es zu ihrem Wesen gehört, das, was sie ist, auch »für jemand« zu sein. Da sie es aber nicht für sich sein kann, so kann sie es nur für andere Personen sein.

Die Persönlichkeit ist das eminent weltoffene Innenwesen des Einzelmenschen. Sie ist nicht nur durch ihre Seinsbedingungen, sondern noch weit mehr durch den Sinngehalt ihres Daseins, durch ihr Ethos und ihren Wertgehalt in ihre umgebende Welt, die geistig-kulturelle Menschenwelt, hineinbezogen. Und wie schon das bloße Personsein einen Kreis des Zugehörigen, eine Macht- und Einflußsphäre um sich her zieht, die die Person als die ihrige prägt, so auch die Persönlichkeit. Wir kennen solche persönlich geprägte Sphären im Leben als ihren dinglich-häuslichen Alltagskreis, ihren Wirkungskreis, ihren Freundeskreis (stets mit sehr eigenartig bestimmter Auslese), und wenn es hoch kommt, als ihren durch Ideen bestimmten Jünger- und Anhängerkreis. Ja, in gewissem Sinne kann man auch ihren Gegnerkreis dazu rechnen. Denn auch er ist durch ihr persönliches Ethos bestimmt.

Als »sekundäre Substanz« wirkt sich in der realen Welt jede stärkere Konsistenz, das heißt jedes sich irgendwie längere Zeit identisch erhaltende Gebilde aus. Mit Substantialität im strengen Sinne hat das nichts zu tun. So ist es auch mit der Erhaltung der Persönlichkeit. Von einem Hineinspielen »höherer« Seinsordnungen, etwa der eines Überzeitlichen (wie man manchmal geglaubt hat), ist dabei keine Rede. Aber ebensosehr muß man sich hüten, die personale Identität auf Einheiten anderer Größenordnung zu übertragen, wie das im metaphysischen Idealismus geschehen ist: es gibt durchaus keine Überperson größeren Stils, die Menschengemeinschaften bilden keine personalen Einheiten, obgleich sie aus Personen bestehen – genau so wenig, wie sie ein Subjekt oder ein Bewußtsein größeren Stils ausmachen. Und das gilt von ihnen, obwohl sie geschichtliche Individualität haben.

Es ist ein Irrtum, daß die sogenannte Menschenkenntnis des Lebenserfahrenen ohne weiteres den Zugang zur Persönlichkeit habe. Was der Menschenkenner erfaßt, sind stets nur einzelne hervorstechende Eigenschaften, Fähigkeiten oder Schwächen. Diese aber verführen zur typisierenden Auffassungsweise. Alles Typenhafte nun ist gerade das Gegenteil von Individualität. Der Menschenkenner registriert die Personen nach gewissen immer wieder begegnenden Grundzügen; über diese hinaus in sie einzudringen hat er keinen Anlaß. Gerade darauf beruht seine Treffsicherheit; in der unbegrenzten Differenziertheit des eigentlich Persönlichen könnte er mit solcher Vereinfachung sich niemals zurechtfinden. Sein schnell fertiges Urteil ist um den Preis der Persönlichkeit erkauft. Diese kann er bei seiner lebenspraktischen Einstellung gar nicht sehen.

Die Persönlichkeit erfaßt nur der persönlich interessierte, verweilende, sich liebevoll in sie vertiefende Blick. Zu solchem Verweilen und solcher Vertiefung bedarf es der Zeit, der Hingabe, des Einsatzes, ja nicht selten auch des Wagnisses – lauter Dinge, die wir im Drang des Lebens nur selten einmal aufbringen. Daher der hohe Wert, den es für die Persönlichkeit hat, wenn sie sich einmal wirklich von einem hingebend verweilenden Blick getroffen, sich verstanden und gewürdigt fühlt. Für sie ist es die Sinnerfüllung, die sie selbst sich nicht geben kann: das Bewußtsein dessen, was sie ist – im Spiegel der fremden Persönlichkeit.

Ethisch gesehen, hat dieses Verhältnis aber noch eine andere Seite. Sichtbar nämlich wird dem liebenden Blick nicht nur die empirische Persönlichkeit als das, was sie durch ihr Leben und ihre Schicksale geworden ist, der empirische »Charakter« mit seinen Schwächen und seinem vielfachen Verfehlen des eigenen Wesens. Hinter alledem wird ihm die ideale Persönlichkeit greifbar, der Mensch, wie er in seiner besonderen Eigenart sein sollte. Denn vieles kann den wirklichen Menschen von seinem eigensten Wesen, seinem individuellen Wert, ablenken. Ein Menschenleben kann seinen intelligiblen Charakter verfehlen oder erfüllen, und in der gewordenen empirischen Persönlichkeit ist stets beides oft so verhängnisvoll gemischt, daß das Eigentliche in ihr unter dem Uneigentlichen her kaum mehr erkennbar ist. Der liebende Blick aber kann hindurchstoßen bis auf das Wesen und den Menschen in dessen Lichte sehen.

Daß es einen solchen individuellen Wert im Hintergrunde der Persönlichkeit gibt, ist das größte Wunder im Wesen der Persönlichkeit. Es macht recht eigentlich erst das individuelle Ethos der Persönlichkeit aus. Worin inhaltlich ein Wert besteht, der nicht gemeinsam, sondern nur einem einzelnen Individuum eigen ist, läßt sich schwer sagen. Aber daß er besteht, und zwar unabhängig vom Grade seiner Verwirklichung in der realen Person, läßt sich nicht bestreiten. Denn gerade in der Fühlung mit ihm besteht die persönliche Liebe, die dem Menschen gilt. Der Liebende eben sieht nicht, was vor Augen ist – da ist er manchmal wohl blind –, sondern was dahinter steht, auch wenn es sich nicht zur Wirklichkeit hat durchringen können. In diesem Sinne ist er der allein Sehende.

Ein direktes Erstreben des individuellen Persönlichkeitswertes ist nicht möglich; das würde einen bewußten Kultus der eigenen Person ergeben, und es ist wohlbekannt, wie leicht ein solcher in eitles Selbstbewußtsein umschlägt und so zur gröblichen Selbstverfehlung wird. Wohl aber gibt es ein Hingelenktwerden der Person auf ihn durch den liebenden Blick einer anderen Person. Diese sieht den idealen Persönlichkeitswert als den des anderen, und darum ohne die Gefahr der Verfälschung. Sie braucht ihn auch dem Geliebten nicht bewußt zu machen, sie lenkt ihn einfach durch die Kraft ihrer Liebe auf ihn hin. Denn diese geheimnisvolle Macht hat die persönliche Liebe, daß sie ihren Gegenstand zu dem wandelt, was sie in ihm liebt.

Es unterliegt keinem Zweifel und ist nie bestritten worden, daß in dem Widerspiel von Lieben und Geliebtsein eine einzigartige Sinngebung des Menschenlebens liegt. Aber man hat sich selten einmal klargemacht, worin sie besteht. Am Ethos der Persönlichkeit wird die Sinngebung verständlich. Denn in ihm liegt der komplementäre Wert zum sittlichen Wert persönlicher Liebe. Schon Platon wußte, daß alle Liebe auf einen Wert gerichtet ist, den sie selbst nicht hat. In der persönlichen Liebe aber ist dieser Wert das ideale Wesen der Persönlichkeit. Und indem sie den Menschen durch ihre bewegende Kraft auf dieses sein Wesen hinlenkt, bringt sie ihn mittelbar zur Selbstverwirklichung der Persönlichkeit.

Einzelnachweise der Aufsätze

»Das Wertproblem in der Philosophie der Gegenwart«, erstmals erschienen in: *Actes du Huitième Congrès International de Philosophie à Prague, 2.–7. Septembre 1934*, Prag 1936, S. 975–981. Die vorliegende Ausgabe orientiert sich an: *Kleinere Schriften, Bd. III*, Berlin 1958, S. 327–332.

»Vom Wesen sittlicher Forderungen«. Erstmals erschienen in: *Kleinere Schriften, Bd. I*, Berlin 1955, S. 279–311.

»Über die Stellung der ästhetischen Werte im Reich der Werte überhaupt«, erstmals erschienen in: *Proceedings of the Sixth International Congress of Philosophy 13.–17. September 1926*, New York 1927, S. 428–436. Die vorliegende Ausgabe orientiert sich an: *Kleinere Schriften, Bd. III*, Berlin 1958, S. 314–321.

»Die Wertdimension der Nikomachischen Ethik«, erstmals erschienen in: *Abhandlungen der Preußischen Akademie der Wissenschaften*, Jg. 1944. Philosophisch-historische Klasse, Nr. 5, Berlin 1944. S. 3–27. Die vorliegende Ausgabe orientiert sich an: *Kleinere Schriften, Bd. II*, Berlin 1957, S. 191–214.

»Kants Metaphysik der Sitten und die Ethik unserer Tage«, erstmals erschienen in: *Philosophische Blätter der Kantgesellschaft 1924*. Die vorliegende Ausgabe orientiert sich an: *Kleinere Schriften, Bd. III*, Berlin 1958, S. 345–350.

»Sinngebung und Sinnerfüllung«, erstmals erschienen in: *Blätter für Deutsche Philosophie*, Jg. 8 (1934/35), S. 1–38. Die vorliegende Ausgabe orientiert sich an: *Kleinere Schriften, Bd. I*, Berlin 1955, S. 245–279.

»Zeitlichkeit und Substantialität«, erstmals erschienen in: *Blätter für Deutsche Philosophie*, Jg. 12 (1938/39), S. 1–38. Die vorliegende Ausgabe orientiert sich an: *Kleinere Schriften, Bd. I*, Berlin 1955, S. 180–214.

»Das Ethos der Persönlichkeit«, erstmals erschienen in: *Actas del Primer Congreso Nacional de Filosofía 30.3–9.4.1949*, Mendoza 1949, S. 300–308. Die vorliegende Ausgabe orientiert sich an: *Kleinere Schriften Bd. I*, Berlin 1955, S. 311–318.

Register